英語で経済・政治・社会を討論する技術と表現

「科学技術」「環境問題」「医療問題」など
さまざまな分野を英語で発信する

Advanced Training in Critical Thinking
and Argumentation in English

植田一三・上田敏子
Ueda Ichizo & Ueda Toshiko

CD BOOK

ベレ出版

プロローグ

　皆さんお元気ですか。英語の勉強はいかがですか。前著『英語で意見を論理的に述べる技術とトレーニング』が出版されてから早9年がたちました。前著は、非常にハイレベルな英語教育書にもかかわらず、おかげさまでベストセラーとなり、各界から大きな反響を頂きました。このことは、国際社会において、単なる日常英会話ではなく、論理的な英語の発信がますます重要になっていることを物語っていると言えます。

　その第2弾である本書『CD BOOK 英語で経済・政治・社会を討論する技術と表現』は、前作をバージョン UP し、社会問題を発信するための重要な例文集や表現集、サポートや反論のさばき方など討論やスピーチ、エッセイライティングの技術をふんだんに盛り込んだ渾身の一冊になっています。本書をうまく活用すれば、皆さんの社会問題を英語で討論する力が数段 UP すると確信しています。

　さて、本書の構成と活用法ですが、まず各章の「○○問題の最重要トピックはこれだ！」で、分野別によく討論されるトピックの図と、英検1級・準1級、国連英検特A級・A級、TOEFL iBT、IELTS など各種資格試験で頻出のトピックやランキングを紹介しますので、日頃から関連する英字誌や日英のニュースを見て、知識をインプットし、自分の意見を発信する準備をしておきましょう。

　次の「○○問題を英語で討論するためのアーギュメント＆表現力 UP」では、討論・エッセイライティングの核となる（エッセイでは各段落の Topic Sentence となる）非常に密度の濃い重要例文を斬れる英語で満載しています。これは付属の CD に音声が収録されていますのでシャドウイングやリプロダクションをして、いつでも意見を発信できるようにしておきましょう。また、この CD 音声は、リスニング力を飛躍的に UP させるために、意識的に速いスピードで読まれていますので、発信・受信双方を同時に鍛えることができます。「その他の重要例文集」の音声は、ベレ出版の HP（http://www.beret.co.jp/）からダウンロードできますので、併せて活用してください。そして、重要例文の直後には予測される関連質問（**Q1**、**Q2**、**Q3**…）（①反対尋問 cross-examination ②反論 counter-argument の2種類があります）を載せましたので、自分で回答や反論のさばき方を考えてから、後の解説を見てください。

これは、実際の面接試験や討論でよく問われるものなので、試験対策としても役立つでしょう。

続く**「強いアーギュメントをするためのロジカル・シンキング力UP！」**では、キー例文をサポートする具体的なデータや解説、また効果的な反論のさばき方を掲載していますので、incisive argument（斬れるアーギュメント）の作り方を会得していただきたいと思います。また、キー例文を裏付けるサポートを自分で考えてみることも、アーギュメント力を鍛えるために重要なトレーニングですので、ぜひ実践してみてください。また、最新情報をリサーチする際に必須の**「〇〇問題を討論するための最重要サイトTOP10」**（章末）や各トピックの争点を概観するのに役立つ**「社会問題を何でも英語で討論するための分野別最重要英字記事」**（巻末）を紹介しますので、参照してください。

本書の特長の一つである、「社会問題を英語で討論するためのテクニック」として、「因果関係」の表し方など13の技術を紹介していますので、意識的に用いて英語の論理的発信力をUPしていきましょう。また、**「Borderless Englishで言うとこうなる！」**では本書の基調となる引き締まった達意の英文を、世界のノン・ネイティブとコミュニケーションできるように、いかに平易な語彙と構文を駆使して言い換えるかのツボを伝授しています。

その他にも、トピックごとに挿入した**「〇〇問題を討論するための表現力UP！」**や章末の**「〇〇問題を発信するための必須表現クイズにチャレンジ」**では、討論でよく使われる分野別表現を厳選していますので、繰り返し音読していつでも発信できるようにしておきましょう。また、随所に挿入した**「〇〇問題を発信するための背景知識力UP！」**では、関連情報をふんだんに紹介していますので、知的な会話のネタに大いに活用してください。

最後に、2年にわたる本書の制作にあたり、惜しみない努力をしてくれたアクエアリーズスタッフの後藤堯啓氏（第1章）、小島優香氏（第2章）、長谷川幸男氏（第3章）、米岡エリ氏（第6章）、川守田弥生氏（第8章）、八田直美氏（第9章）、田中秀樹氏（校正）、および、本書執筆の母体となった参考文献の著書の方々には、心から感謝の意を表したいと思います。それから何よりも、われわれの努力の結晶である著書をいつも愛読してくださる読者の皆さんには、心からお礼を申し上げます。それでは皆さん、明日に向かって英悟（えいご）の道を、**Let's enjoy the process!（陽は必ず昇る！）Thank you!**

植田一三＆上田敏子

CONTENTS・英語で経済・政治・社会を討論する技術と表現

プロローグ　3
英語の発信力をUPするための極意　18

第1章　「経済」問題を英語で討論するための技術と表現力UP
Business & Economy

1. 「経済」問題の最重要トピックはこれだ！　24
2. 「経済」問題を討論するためのアーギュメント&表現力UP　26
    1. 自由貿易と保護貿易の是非　26
        ・「貿易・国際経済」問題を討論するための表現力UP！　28
        ・「投資」問題を討論するための表現力UP！　28
    2. 外注は良い現象か？　29
       英検1級2次試験出題トピックランキング　32
    3. 財政難に陥った企業を政府は支援すべきか？　33
        ・「財政・金融政策」&「景気」問題を討論するための表現力UP！　34
    4. 年功序列制と能力給制のどちらがよいか!?　35
       社会問題を討論するためのテクニック①
        「促す」encourageと「妨げる」discourageをマスター！　39
    5. ワークシェアリングの是非とは？　42
        ・「会社経営」問題を討論するための表現力UP！　44
    6. パートタイム雇用の傾向は日本社会に悪影響を与えるのか？　44
        ・「雇用」問題を討論するための表現力UP！　46
    7. 消費税は財源回収として公平的な税政策でなのか？　48
        ・「年金」・「税金」問題を討論するための表現力UP！　51
    8. 大企業の社会的責任　51
3. Borderless Englishで言うとこうなる！〜経済編〜　53
4. 「経済」問題を討論するためのその他の重要例文集　55
    9. 国際ビジネスで成功する秘訣　55
    10. 定年退職制の是非　55

11. 終身雇用制度の是非　56
　　　12. 定年の引き上げを行うべきか？　56
　　　13. １週間の労働時間を法的に規制するべきか？　57
　　　14. 在宅勤務の是非　58
　　　15. 普段着着用の是非　58
　　　16. 民営化対国有化　59
　5.「経済」問題を発信するための必須表現クイズにチャレンジ　60
　6.「経済」問題を討論するための最重要サイト TOP10　61

第２章　「科学技術」問題を英語で討論するための技術と表現力 UP
Science & Technology

　1.「科学技術」問題の最重要トピックはこれだ！　64
　2.「科学技術」問題を討論するためのアーギュメント＆表現力 UP　66
　　　1. 原子力発電は推進されるべきか？　66
　　　　・「科学技術」問題を発信するための背景知識力 UP ①
　　　　　● 原子力発電にかかるさまざまなコスト　69
　　　2. 水力発電のメリット、デメリット　70
　　　　・「科学技術」問題を発信するための背景知識力 UP ②
　　　　　● 新エネルギーの評価と課題　72
　　　　・「エネルギー・発電」問題を討論するための表現力 UP！　74
　　　3. ヒトのクローン化［複製］は推進されるべきか？　75
　　　4. 遺伝子組み換え食品の是非　77
　　　　・「科学技術」問題を発信するための背景知識力 UP ③
　　　　　● バイオテクノロジーのもたらす未来　79
　　　　・「バイオテクノロジー」問題を討論するための表現力 UP！　80
　　　　　英検１級エッセイライティング出題トピックランキング　81
　　　5. ネット犯罪を防ぐには？　82
　　　　・「科学技術」問題を発信するための背景知識力 UP ④
　　　　　● 世界を震撼させるネット犯罪集団　84
　　　社会問題を討論するためのテクニック②
　　　　「因果関係」を表す表現 cause, lead to, result in をマスター！　85

6. ソーシャル・ネットワーキング・サービスの是非　87
　　・「IT」問題を討論するための表現力 UP!　88
7. 電気自動車の是非　90
8. 今後のロボットの役割　91
　　・「ロボット」・「電気自動車」問題を討論するための表現力 UP!　93
9. 宇宙開発は費用に見合う価値があるか？　94
　　・「科学技術」問題を発信するための背景知識力 UP! ⑤
　　　　● 縮小する宇宙開発予算　96
　　・「宇宙開発」問題を討論するための表現力 UP!　97
3. Borderless English で言うとこうなる！〜科学技術編〜　98
4. 「科学技術」問題を討論するためのその他の重要表現集　100
　10. テレビゲームの是非　100
　11. 医療を目的としたクローン技術開発　101
5. 「科学技術」問題を発信するための必須表現クイズにチャレンジ　102
6. 「科学技術」問題を討論するための最重要サイト TOP10　103

第3章　「政治・国際関係」問題を英語で討論するための技術と表現力 UP

Politics & International Relations

1. 「政治・国際関係」問題の最重要トピックはこれだ！　106
2. 「政治・国際関係」問題を討論するためのアーギュメント & 表現力 UP　108
　1. 日本の世界での役割　108
　　・「政治・国際関係」問題を発信するための背景知識力 UP ①
　　　　● 頻発する地域・民族・宗教紛争の現状はいかに!?　111
　2. 世界平和実現の可能性は低いか？　112
　　・「戦争と平和」問題を討論するための表現力 UP!　115
　　・「政治・国際関係」問題を発信するための背景知識力 UP ②
　　　　● 米ソの二極構造から多極化へ　116
　3. 経済制裁は有効な外交政策か？　117
　　・「政治・国際関係」問題を発信するための背景知識力 UP ③
　　　　● 対テロ戦争の現状はいかに!?　119

7

4. 世界飢餓とテロリズム、どちらが脅威か？　120
  社会問題を討論するためのテクニック③
  「影響」を表す表現 have an influence [effect / impact] on ～ / have implications [consequences] for ～をマスター！　123
5. 大量破壊兵器をなくす方法とは⁉　126
  ・「政治・国際関係」問題を発信するための背景知識力 UP ④
    ● 核軍縮の歴史はいかに⁉　127
6. 国連は常備軍を持つべきか？　128
  ・「政治・国際関係」問題を発信するための背景知識力 UP ⑤
    ● 国連の役割 (The roles of the United Nations) とは？　131
  ・「国連の役割」を討論するための表現力 UP！　131
    国連英検特 A 級・A 級エッセイ出題トピックランキング　132
7. 民主主義は最善の政治体制なのか？　133
  ・「政治学・イデオロギー」問題を討論するための表現力 UP！　135
8. 司法制度は矯正と懲罰のどちらを重視すべきか？　136
3. Borderless English で言うとこうなる！〜政治・国際関係編〜　139
4. 「政治・国際関係」問題を討論するためのその他の重要例文集　141
  9. 国連安全保障理事会は拡大すべきか？　141
5. 「政治・国際関係」問題を発信するための必須表現クイズにチャレンジ　142
6. 「政治・国際関係」問題を討論するための最重要サイト TOP10　143

第4章　「環境」問題を英語で討論するための技術と表現力 UP
Ecology

1. 「環境」問題の最重要トピックはこれだ！　146
2. 「環境」問題を討論するためのアーギュメント & 表現力 UP　148
  1. 環境保護と経済成長は両立できるか？　148
    ・「持続可能な開発」問題を討論するための表現力 UP！　150
  2. 日本で夏時間を導入するべきか？　150
  3. ゴミを減らす方法とは？　154
    ・「ゴミ」問題を討論するための表現力 UP！　156

社会問題を討論するためのテクニック④
　　　　「もたらす・投げかける」pose, present, raise, cast をマスター！　158
　　4．地球温暖化に対してわれわれがすべきことは？　159
　　　・「環境」問題を発信するための背景知識力 UP ①
　　　　　● 地球環境問題への取り組みはいかに!?　162
　　　・「温暖化」問題を討論するための表現力 UP！　163
　　5．再生可能エネルギーは、いずれ化石燃料に取って代わるか？　163
　　　・「再生可能エネルギー」問題を討論するための表現力 UP！　165
　　6．動物実験の是非　166
　　　社会問題を討論するためのテクニック⑤
　　　　「対処する」を表す表現 deal with, cope with, address をマスター！　168
　　7．絶滅危惧種を救う方法とは？　169
　　　・「動植物の保護」問題を討論するための表現力 UP！　171
　　8．エコツーリズムの是非とは？　171
　　9．地震に備える方法とは？　173
3．Borderless English で言うとこうなる！〜環境編〜　176
4．「環境」問題を発信するためのその他の重要例文集　178
　　10．公共交通機関の是非　178
　　11．政府は地球温暖化対策に排出権取引を採用すべきか？　179
　　12．日本は自然災害に十分備えているか？　179
　　13．動物園での動物の飼育を禁止すべきか？　180
5．「環境」問題を発信するための必須表現クイズにチャレンジ　181
6．「環境」問題を討論するための最重要サイト TOP10　182

第5章　「教育」問題を英語で討論するための技術と表現力 UP
Education

1．「教育」問題の最重要トピックはこれだ！　184
2．「教育」問題を討論するためのアーギュメント＆表現力 UP　186
　　1．学校での体罰の是非　186

9

- ・「体罰」問題を発信するための重要表現集　188
- 2. 制服の是非　188
  - ・「教育」問題を発信するための背景知識力 UP ①
    - ●各国の制服市場とは⁉　190
    - 英検準１級レター問題出題トピックランキング　191
- 3. 青少年の非行の原因と対策とは?!　192
- 社会問題を討論するためのテクニック⑥
  - 「～を占める」make up, account for をマスター！　195
- 社会問題を討論するためのテクニック⑦
  - 「わかる・解明する」give ＋人＋ a better understanding of ～ , give ＋人＋ a glimpse of ～ , give ＋人＋ an insight into ～ をマスター！　196
- 4. 高校生のアルバイトは許されるべきか？　197
  - ・「制服」・「青少年の非行」・「高校生のバイト」問題を討論するための表現力 UP！　198
- 5. 日本の大学教育制度は改革すべきか？　199
  - ・「教育」問題を発信するための背景知識力 UP ②
    - ●大学改革：ボランティア活動単位化の是非とは⁉　201
  - ・「教育制度と改革」問題を討論するための表現力 UP！　201
  - ・「教育」問題を発信するための背景知識力 UP ③
    - ●ホームスクーリングの世界比較！　203
  - ・「試験」問題を討論するための表現力 UP！　203
- 6. 並はずれて優秀な学生は飛び級を許されるべきか？　204
  - ・「飛び級」問題を討論するための表現力 UP！　207
- 7. 成功する外国語学習の要因とは?!　208
  - ・「語学学習」問題を討論するための表現力 UP！　209
  - ・「教育」問題を発信するための背景知識力 UP ④
    - ●外国語授業の必須化　210
- 8. 子供の個性と創造性の育て方とは?!　210
3. Borderless English で言うとこうなる！～教育編～　213
4. 「教育」問題を討論するためのその他の重要例文集　215
  - 9. 少人数制クラスの是非とは？　215
    - ・「教育」問題を発信するための背景知識力 UP ⑤

　　　　●少人数クラス：日本 vs. 世界！　215
　10．講義型クラスの是非とは？　216
　11．道徳を学校で教えるべきか？　217
　　　・「教育」問題を発信するための背景知識力 UP ⑥
　　　　●日本の道徳教育の変遷とは?!　217
　　　・「教育」問題を発信するための背景知識力 UP ⑦
　　　　●日本の学校での道徳教育の是非とは?!　218
　12．E ラーニングの是非とは？　218
　13．日本の高校は義務教育にするべきか？　219
　14．高校生による教師評価の是非とは？　219
　　　・「教育」問題を発信するための背景知識力 UP ⑧
　　　　●米国の教師評価シート（Teacher Evaluation Sheet）の内容とは?!　220
　15．生涯教育の意義とは？　221
　　　・「教育」問題を発信するための背景知識力 UP ⑨
　　　　●目指せ、生涯学習！　221
5．「教育」問題を発信するための必須表現クイズにチャレンジ　222
6．「教育」問題を討論するための最重要サイト TOP10　223

第6章　「医療」問題を英語で討論するための技術と表現力 UP
Medicine

1．「医療」問題の最重要トピックはこれだ！　226
2．「医療」問題を討論するためのアーギュメント＆表現力 UP　228
　　1．医療の向上のための提案　228
　　　・「医療改革」問題を討論するための表現力 UP！　230
　　2．安楽死は合法化すべきか？　230
　　　・「安楽死」問題を討論するための表現力 UP！　232
　　3．臓器移植の是非　233
　　　・「臓器移植」問題を討論するための表現力 UP！　236
　　社会問題を討論するためのテクニック⑧
　　　「～を上回る」outweigh をマスター！　237

4. 心の病気の原因と対応策　238
　　・「メンタルヘルス」問題を討論するための表現力 UP!　240
　　・「医療」問題を発信するための背景知識力 UP ①
　　　● 効果的なストレス解消法とは！　240
5. 高まる禁煙の機運　241
　　・「喫煙」問題を討論するための表現力 UP!　244

（社会問題を討論するためのテクニック⑨）
　　「A と B に二極化する〜」polarize between A and B をマスター！　245

6. 代替医療の是非　246
　　・「代替医療」問題を討論するための表現力 UP!　248
7. 菜食主義の是非　248
　　・「食事」と「健康」問題を討論するための表現力 UP!　250
8. 女性の極端なやせ願望の原因と結果　251
　　・「極端なダイエット」問題を討論するための表現力 UP!　252
　　・「医療」問題を発信するための背景知識力 UP ②
　　　● ストレスは本当に悪なのか!?　253

3. Borderless English で言うとこうなる！〜医療編〜　254
4. 「医療」問題を討論するためのその他の重要例文集　256
　　9. 健康食品の価値　256
　　10. 医師によるガン告知は必要か？　256
　　11. 肥満の害　257
　　12. なぜ過剰医療が起こるのか？　257
5. 「医療」問題を発信するための必須表現クイズにチャレンジ　258
6. 「医療」問題を討論するための最重要サイト TOP10　259

第7章　「結婚・家庭」問題を英語で討論するための技術と表現力 UP
　Marriage & Families

1. 「結婚・家庭」問題の最重要トピックはこれだ！　262
2. 「結婚・家庭」問題を討論するためのアーギュメント & 表現力 UP　264

1. 同性結婚は法制化するべきか？　264
   - 「オルタナティブ・ファミリー」問題を討論するための表現力 UP！　266
   - 「結婚・家庭」問題を発信するための背景知識力 UP ①
     ● 伝統的家族から多様化する家族へ　267
2. 女性は子育てのために家にいるべきか？　268
   - 「結婚・家庭」問題を発信するための背景知識力 UP ②
     ● 日本の社会進出における男女格差ランキングは？　269
   - 「女性の社会進出」問題を討論するための表現力 UP！　270
3. 成功する子育てとは⁈　271
   - 「子育て」問題を討論するための表現力 UP！　272

　社会問題を討論するためのテクニック⑩
　　「改善する」improve, correct, rectify, alleviate をマスター！　273

4. 晩婚化と独身増加の原因とは⁈　274
   - 「晩婚化と独身増加の原因」問題を討論するための表現力 UP！　275
   - 「結婚・家庭」問題を発信するための背景知識力 UP ③
     ● ベビーブーマー、X 世代、Y 世代、ミレニアルズとは⁈　275
5. 見合い結婚の是非　276
   - 「さまざまな結婚」問題を討論するための表現力 UP！　278
6. 少子・高齢化社会の問題とは⁈　278
   - 「少子・高齢化社会」の問題を討論するための表現力 UP！　281
7. 超高齢化社会の原因と対策とは⁈　282
   - 「結婚・家庭」問題を発信するための背景知識力 UP ④
     ● スウェーデンやフランスに学べ、少子化対策！　284
   - 「少子・高齢化の原因と対策」問題を討論するための表現力 UP！　284

3. Borderless English で言うとこうなる！〜結婚・家庭編〜　286
4. 「結婚・家庭」問題を討論するためのその他の重要例文集　288
   8. 代理母の是非とは⁈　288
   9. 共稼ぎの是非とは⁈　288
   10. 夫婦別姓の是非　289
   11. 離婚増加の原因と結果とは⁈　290
   - 「結婚・家庭」問題を発信するための背景知識力 UP ⑤

13

- 離婚の現状とは？　290
- 12. 複婚を法制化するべきか？　291
- 13. 共稼ぎの両親は子供の養育に十分な役割を果たせるか？　292
- 14. なぜ育休を取る男性はそんなに少ないのか？　292

5. 「結婚・家庭」問題を発信するための必須表現クイズにチャレンジ　293
6. 「結婚・家庭」問題を討論するための最重要サイトTOP10　294

第8章　「メディア」問題を英語で討論するための技術と表現力UP
Media

1. 「メディア」問題の最重要トピックはこれだ！　296
2. 「メディア」問題を討論するためのアーギュメント & 表現力UP　298
    1. すべての印刷メディアはやがて電子メディアに取って代わられるのか？　298
    2. テレビや映画のバイオレンスが若者に与える影響　300
    - 「メディア」問題を発信するための背景知識力UP ①
        - Harmful effects of ads targeting at children（子供を対象にした広告の弊害）　301
    3. マスメディアは社会において肯定的な役割を果たしているか？　302
    - 「マスコミ」問題を討論するための表現力UP！　303
    - 「電話電信」問題を討論するための表現力UP！　304
    - 「メディア」問題を発信するための背景知識力UP ②
        - 国民だれもがジャーナリスト?!　305

    社会問題を討論するためのテクニック⑪
    「重要な役割を果たす」play a key [vital, pivotal] role in ～をマスター！　306

    社会問題を討論するためのテクニック⑫
    「最大限にする」maximize,「最小限にする」minimize をマスター！　307

    4. インターネットはメディアをどう変えたか？　308

- ・「メディア」問題を発信するための背景知識力 UP ③
  - ● インターネットのもたらす可能性と問題とは?!　309
- ・「メディア」問題を発信するための背景知識力 UP ④
  - ● ネットメディアの特徴　310
- 5. 有名人のプライバシーは守られるべきか？　311
  - ・「メディア倫理」問題を討論するための表現力 UP!　312
- 6. 音楽や映画のダウンロードの禁止について　312
  - ・「メディア」問題を発信するための背景知識力 UP ⑤
    - ● The roles of advertisement in modern society（現代社会における広告の役割とは？　314
  - ・「広告」問題を討論するための表現力 UP!　315
  - ・「メディア」問題を発信するための背景知識力 UP ⑥
    - ● 融合する広告・マーケティング手法　316
3. Borderless English で言うとこうなる！〜メディア編〜　317
4. 「メディア」問題を討論するためのその他の重要例文集　319
  - 7. 青少年犯罪者の名前・写真を公開すべきか？　319
  - 8. たばこ広告禁止の是非　319
  - 9. インターネット規制の是非　320
5. 「メディア」問題を発信するための必須表現クイズにチャレンジ　322
6. 「メディア」問題を討論するための最重要サイト TOP10　323

第9章　「レジャー」問題を英語で討論するための技術と表現力 UP
Leisure Activities

1. 「レジャー」問題の最重要トピックはこれだ！　326
2. 「レジャー」問題を討論するためのアーギュメント & 表現力 UP　328
   1. オリンピック開催地となるメリット・デメリット　328
      - ・「レジャー」問題を発信するための背景知識力 UP ①
        - ● 2012 ロンドン五輪の予算・経済効果・雇用促進はどれくらいか？　331

15

2. 子どもにとってのスポーツの持つ意義とは？ 331
　　・「スポーツ」問題を討論するための表現力UP！ 332
3. ギャンブルの是非 332
　　・「レジャー」問題を発信するための背景知識力UP ②
　　　● ギャンブルの還元率を比較してみよう！ 334
　　・「レジャー」問題を発信するための背景知識力UP ③
　　　● ギャンブルの人気ランキングと収益ランキングは？ 334
4. 社会における音楽の役割とは!? 335
　　社会問題を討論するためのテクニック⑬
　　「機能を果たす」serve as ～と「手本・流行・目標・基準を示す」set an example [a trend, a goal, a standard] をマスター！ 337
5. 日常生活におけるペットの役割 338
　　・「ギャンブル・音楽・ペット」問題を討論するための表現力UP！ 339
　　英検準1級2次試験出題トピックランキング 340
6. パッケージツアーの是非 341
7. 日本人海外旅行者への注意 343
8. 日本人の好きな余暇の過ごし方はどのように変化しているか？ 345
　　・「旅行その他の余暇」問題を討論するための表現力UP！ 347
3. Borderless Englishで言うとこうなる！～レジャー編～ 348
4. 「レジャー」問題を討論するためのその他の重要例文集 350
　9. 海外旅行でトラブルを避けるためのアドバイス 350
　10. オンラインギャンブルの是非 350
　11. スポーツにおいて、運動能力向上薬使用は非合法化されるべきか？ 351
　12. オリンピックの商業主義化の是非 351
　13. プロ選手のオリンピックへの参加の是非 352
5. 「レジャー」問題を発信するための必須表現クイズにチャレンジ 353
6. 「レジャー」問題を討論するための最重要サイトTOP10 354

社会問題を英語で何でも討論するための分野別最重要英字記事　355
エピローグ　358
英語のプロ・達人への道　360
　・主な参考文献　362

英語の発信力を UP するための極意

　前著『CD BOOK 英検 1 級 100 時間大特訓』では、英語の達人になるための 10 のファクターについて述べましたが、本書ではまず、英語の発信力、ひいては英語力全体を UP させるための十訓について述べたいと思います。

英語の発信力を UP するための十訓

1. シャドウイングとリプロダクションで英語のリズムと表現力を同時に身につける。
2. 音（速）読で語彙・表現力、黙（速）読で知識力を UP する。
3. ディベートとライティングで論理的思考を鍛える。
4. 英英辞典の英単語の定義を読んで「英悟」する。
5. 英文法を「理屈」と「コーパス」と Input で会得する。
6. トランスレーションで日英の発想の違いを知る。
7. 資格試験を活用して英語のスキルを UP する。
8. 節制・ヨガ・身体トレーニングでチャクラを開き、ポテンシャルを最大に高める。
9. 高い目標を持ち、決してあぐらをかくことなく精進し続ける。
10. 楽しいことも苦しいことも真理探究と自己実現への道として、そのプロセスをエンジョイする。

　1 のシャドウイングがリスニングしながらすぐについていくのに対して、リプロダクションは一文聞き終わってからそれを再現するものですが、これは「受信力」と「発信力」を同時に UP させることのできる非常に効果的な英語学習法です。私の場合、バイリンガル放送がスタートした 33 年前に英語の勉強を本格的に始めてから最初の 3 年間に延べ 1000 時間、毎日欠かさずにニュースのシャドウイング（モノマネ）をしたことによって、英語のリズム感と表現力が同時に UP しました。その後 10 年間で英語の音声教材が激増しましたが、社会問題について討論する英語の発信力を UP させるためのお薦めの教材としては、本書以外にも、NHK ラジオ『実践ビジネス英語』、『茅ケ崎方式英語教本 Book3 上級 1』、『CNN ENGLISH EXPRESS』などで、英語力を本

気で UP させたいならば、まずはそれらをシャドウイングすることを日課にしましょう。

　2 は、「精読」と「速読」が車輪の前と後ろとよく言われますが、「音読」と「黙読」も然りです。つまり、効果的に英語力を UP させるためにどちらが欠けてもいけないもので、音読によって語彙・表現力が UP しやすくなりますが、150wpm ぐらいでしか読めない人が多く、それだけでは情報力が UP しないので最低 250wpm のスピードで「黙速読」もする必要があります。両者のバランスを取るのが難しい人は、「音速読」にチャレンジするのもいいでしょう。私の場合は、音読は 300wpm 前後のスピードで、黙読はその 3 倍ぐらいのスピードで行いますが、Input day を決めて一気に『タイム』、『ニューズウィーク』、『サイエンティフィックアメリカン』などを 10 冊以上読むことが多いので、自然にそうなってしまいます。

　3 は、何も正式のディベートとは限りません。前著『英語で意見を論理的に述べる技術とトレーニング』で詳述したような、ポイントを述べてそれを証明したり、相手のポイントを反証するアーギュメントトレーニングでもかまいません。またできれば 1 人ディベートも実践してほしいもので、自分が賛成なら反対の立場に立って、反対なら賛成の立場に立って自分の論点をたたき、「究論」していきます。それができれば "intellectual maturity" があると言えます。そのための基礎体力作りや準備段階としてライティングトレーニングをする必要性も起こってきます。とにかく、英語の発信力を UP させるには、それらを通じて、固定観念や既存の価値観にとらわれず、社会問題を掘り下げ、賛否の両方を検討する（put an issue into perspective）ことのできるロジカル（クリティカル）シンキング力を養う必要があります。私の場合は、社会問題のみならず、日常のどんな問題でも、そのアプローチで掘り下げ、すぐに論理的分析ができるように普段からトレーニングを行っていますが、皆さんもできる限りロジカルシンキングの努力をしてみてください。

　4 に関しては、私は人生でわからないことに直面した時に、英英辞典の定義を読んで、その答えを見出そうとすることがよくあります。例えば、不健康の原因になることの多い「ストレス」とは何か、また対処法とは何かについて考えた時、英英辞典のその定義を読むと、「仕事や私生活で重要なことをずっと心配して、どうなるか不安で落ち着かない気持ちがプレッシャーとなる状態」となっていました。その時、ということは「楽観的で不安な気持ちがなければス

トレスはなくなる」と気づき、さらに"think positive"を読んで、「迷いなく自信を持って楽観的にとらえる」とまったくストレスがなくなることがわかります。人間の気持ちというものは楽観と悲観の間を揺れ動くものですが、ネガティブな部分を言葉と自己暗示によって取り除こうとする意識的努力の意義を、こうして英英辞典の活用によって悟るわけです。また、成功するための条件としてよく言われる"dynamic"の定義を読むと、"full of energy and new ideas, and determined to succeed（何が何でも成功するという意気込みがある）"となっていますが、そこから成功するためには、パワフルでアイデアパーソンであることが重要であることがわかります。さらに、よく尊敬される人の特質として使われる"sophisticated"の定義を読むと、「人生経験が豊富で、世の中のことをよく知っており、アートの鑑識眼や教養もあり、学問、哲学など複雑な思想も理解できる思慮深さがあり、その結果、心に余裕が生まれ、自分に自信がある」となっています。これなども、単に英和辞典の訳にあるような「洗練された」ではつかみにくい意味がはっきりとわかり、かつそこから人生において大切なものとは何かのヒントが得られます。このように、言葉とその意味・用法の根底にある人間の心を洞察することによって、英単語の意味を深く理解できると同時に、「英悟」することができるわけです。

　5の英文法の知識が英語の発信力UPに欠かせないのは言うまでもありません。特に冠詞、時制、前置詞、助動詞などつかみにくいものは、理屈もわからずに丸暗記するのではなく、コンセプトを理解し、文法哲学を持ち、多読・多聴によって「文法感」を養い、さらにコーパスも参考にして、「習うと同時に慣れよ」の精神で、ぜひ会得してほしいものです。詳しくは、前著『スーパーレベルパーフェクト英文法』を参照してください。

　6のトランスレーションの発信力UPにおける重要性は、前著『発信型英語スーパーレベルライティング』で詳しく述べましたが、日英翻訳練習を通して、運用語彙力、文法力がUPするだけでなく、日英の発想の違いが身に染みてわかり、cross-cultural awarenessが高まるので、ネイティブの発想の英語や日本人の発想の英語を状況に応じて使い分けて英語を発信することができます。

　7に関しては、英語の各種資格試験を目指して勉強すると、モチベーションが上がり、集中して効果的にスキルUPを図ることができますが、試験合格後にモチベーションが激減するので、さらにスキルUPをしたい人は、どんどん新たな資格試験にチャレンジする必要があります。そしてほとんどすべての試

験にパスしてしまった場合は、心得 9 に基づいて、**360 ページの表にあるように**英語の達人を目指して精進できればさらによしです。私の場合、日本で英語の勉強を毎日 12 時間以上、真剣に 15 年勉強した後、それ以上の伸びが日本では困難と見なすや、1000 万円以上あった年収も、自分の学校の英検 1 級・準 1 級、大学入試、TOEFL 対策指導の仕事もすべて捨てて、約 3 年間米国に留学することで、さらなるスキル UP を図りましたが、そのおかげで、留学後は高度なクラスの英語教育書を書くことができるようになりました。また 40 歳を過ぎてからの厳しい留学生活を乗り越えるために、20 年間吸っていたたばこをやめて緑茶とヨガに変え、食事も節制し（断食食にも変えたり）、チャクラを開き、lateral thinking（水平思考：既存の考え方にとらわれず逆発想）と logical thinking の両方のトレーニングをし、自分のポテンシャルを最大に高めようと努力しました。

　最後に、ヨガとマラソン修行を通じて悟ったことは 10 の教訓です。ヨガでは最初の頃、体が固くて、足を開いて胸をつけようとしても痛いだけで全然できませんが、苦しい時にやめてしまうのではなく、その痛いのが気持ちいい、どんどん筋肉が伸びていくと自己暗示にかけて、深呼吸とともに頑張るとだんだんと軟らかくなってきます。マラソンも最初の頃しばらく走るとだんだん苦しくなってきますが、すぐにやめずに、気持ちがいいと暗示にかけながら頑張るとどんどん走り続けることができます。そこで得た教訓は、そういった努力のプロセスをエンジョイすることが、何の分野にチャレンジしようが、潜在能力を最大に引き出し（maximize one's potential）、真理探究と自己実現（self-actualization）をするのに重要であるということです。そういった私の人生哲学を込めた私の座右の銘（motto / guiding principle）が、いつも本の締めくくりに用いている次の言葉です。それでは皆さん、明日に向かって英語発信力 UP の道を、

Let's enjoy the process!（陽は必ず昇る！）

第1章

「経済」問題を英語で討論するための技術と表現力UP

Business & Economy

1.「経済」問題の最重要トピックはこれだ！

経済問題 (Problems)
- 財政赤字問題 (Fiscal Deficit)
- 失業問題 (Unemployment)
- 所得格差 (Income Disparity)
- 資本主義の問題点 vs. 社会主義の問題点 (Problems with Capitalism vs. Problems with Socialism)

経済改善法 (Measures)
- 雇用政策 (Employment Policy)
- 税制改革 (Tax Reform)
- グローバル化 (Globalization)
  → 貿易自由化 (Free Trade)
- アウトソーシング (Outsourcing)
- 政府の企業支援 (Government Bailout)

⇧ ⇧

経済改善 (Economic Reform)

　経済問題の討論の際には「**経済改善**」が主題となり、「問題点」とそれらの「改善法」へと発展していきます。問題としては、大きな経済枠組みである「資本主義と社会主義の問題点」から始まり、「財政赤字」、「失業問題」、そして結果的に起きる「所得格差」があり、改善方法として内政面では「雇用政策」、「税制改革」、「政府の企業支援」があり、近年注目されている「グローバル化」では、「貿易の自由化」や「アウトソーシング」が挙げられます。これらを軸にして、経済問題のアーギュメントに臨んでみましょう。

経済問題は、社会問題を語る上で極めて重要（**pivotal issues**）で、これを中心に世界の重大な出来事（**momentous events**）が動いていると言えます。まず、世界経済では、**保護貿易と自由貿易**（**protectionism vs. free trade**）、**資本主義と社会主義**（**capitalism vs. socialism**）に関する議論と、**世界経済の回復と南北経済格差の是正策**（**measures to revitalize the global economy and redress economic disparity between developing and developed countries**）が重要です。一方、国内経済では、**財政問題と税制改革**（**fiscal problems and tax reform**）、**年功序列制度と能力給制度**（**seniority system vs. performance based-pay system**）などが重要です。

また、**大企業への公的資金投入救済措置**（**taxpayer-funded bailout of major companies**）、**世界経済のグローバル化の是非**（**the pros and cons of globalization of the world economy**）、そして労働者の**最低賃金**（**minimum wage**）なども知っておく必要があります。特に、**企業の民営化と国有化**（**privatization vs. nationalization of companies**）、**日本企業の国際競争力の再生方法**（**measures to revitalize Japanese companies' international competitiveness**）、そして**世界経済の立て直し方**（**measures to revitalize the global economy**）など、世界と日本の**長引く不況の解決策**（**measures against prolonged recession**）に関するトピックは、経済問題を語る上で不可欠です。本章の例文・表現集・背景知識を駆使して、説得力のある議論ができるようにしましょう。

下記のランキングは、国内外で最も議論され、また英検1級、国連英検、IELTSなど各種英語資格試験で頻出のトピックです。

▶国内外で最も議論されているトピック「経済」ベスト5

1	**Fiscal problems and tax reform**（財政問題と税制改革）
2	**Free trade and protectionism**（自由貿易と保護貿易）
3	**Capitalism vs. Socialism**（資本主義と社会主義）
4	**Mandatory retirement age**（定年退職制）
5	**Pros and cons of outsourcing**（外部委託の是非）

2.「経済」問題を討論するためのアーギュメント＆表現力 UP

論争度★★★★　　　　　　　　　　　　　　　　　　　　　　CD-1

| 世界経済のグローバル化 | **1. Free trade vs. Protectionism**（自由貿易と保護貿易の是非） |

保護貿易とは、国際間の取引での**関税（tariff）**などを用いて、**国内産業を保護する（protect domestic industries）**貿易であり、自由貿易とは、**関税介入がない（undutiable）**貿易のことです。前者は、非効率的な外国資源の運用や競争力の低下を招く恐れがあります。近年、1995年に国際レベルでの自由貿易の実現に向けて**世界貿易機関（the World Trade Organization [WTO]）**が設立されるなど、自由貿易を国際取引の主流にする動きが多く見られますが、競争激化による**所得格差の拡大（widening income gap）**や**外資系企業（foreign-affiliated company）**による国内産業の侵食などといった問題が生じているため、行き過ぎた自由貿易に疑問を持つ意見もあり、自由貿易と保護貿易に関する議論が絶えません。では、自由貿易と保護貿易についての賛成・反対双方の主張を見てみましょう。

Free trade – PROS（自由貿易賛成派の主張）

1. 自由貿易は、**国際貿易を促進**し、国際経済の成長を促す。	Free trade **promotes international trade**, thus **promoting the growth of the world economy**.
2. 自由貿易が、**国際市場を拡大**し、雇用の機会を大幅に増やす。	Free trade will **expand the international market**, thus **dramatically increasing job opportunities**.（**Q1** どれくらい恩恵を受ける？）

Free trade - CONS（自由貿易反対派の主張）

1. 自由貿易は、競争力のない発展途上国の産業を**弱体化させ、所得格差が拡大する**。	Free trade will **undermine** less competitive industries in developing countries, thus **exacerbating income disparity**.
2. 海外の低価格製品が原因で、	Free trade will **seriously undermine**

自由貿易が**国内産業に打撃を与える**。	**domestic industries** because of foreign low-price products.
Protectionism – PROS（保護貿易賛成派の主張）	
1. **保護貿易**は、**産業空洞化**を防ぎ、国際競争から国内産業を保護する。	**Protectionism** will prevent **industrial hollowing-out** by protecting domestic industries against foreign competition.
2. 保護貿易は、より多くの国内雇用を生み、**地域産業を育てる**。	Protectionism will produce more domestic employment, thus **fostering local industries**.
Protectionism - CONS（保護貿易反対派の主張）	
1. 保護貿易は、**海外からの投資**を弱め、経済をむしばむ。	Protectionism will **discourage foreign investment,** thus **undermining the economy**.
2. 保護貿易は、国際取引**の障壁**となり、世界経済を悪化させる。	Protectionism will **be an obstacle to** the international trade, thus **undermining the world economy**.

> 強いアーギュメントをするためのロジカル・シンキング力UP！

　英国系金融グループである**HSBC**によれば、自由貿易により今後15年で**国際取引（international trade）**が90％近く成長すると見込まれており、今後も自由貿易が世界経済の主流取引システムになることが予想されます。また、自由貿易による**雇用機会の拡大（expansion of employment opportunity）**と**労働者の賃金増加（increase in workers' wages）**も期待されており、**欧州委員会（the EU Commission）**によれば、自由貿易による市場の統一（single market）で100万規模の雇用機会が増加すると言われており、メキシコでは6割以上の輸出業者が他の産業よりも4割増の賃金を支払っています**Q1**。

　しかし、**新自由主義（neoliberalism）**と並行して自由貿易が拡大すると国内の経済格差も拡大すると指摘されており、**北米自由貿易協定（NAFTA）**を締結したメキシコでは、米国からの低価格商品の流入が原因で経済格差が拡大しました。日本でも**環太平洋戦略的経済連携協定（the Trans-Pacific Partnership [TPP]）**の締結により、**競争激化（intensified competition）**に伴う格差拡大と**外国による日本産業界の侵食（foreign companies' inroads into the Japanese industry）**を危惧する声が大きいのも現状です。

「貿易・国際経済」問題を討論するための表現力 UP！

- □外国為替レート　foreign exchange rate
- □円高［円安］　the appreciation［depreciation］of the yen（「円相場」は yen quotation）
- □基軸通貨　key currency
- □**貿易赤字**　**trade deficit** ⇔ **貿易黒字**　**trade surplus**
- □貿易摩擦　trade friction［dispute］
- □保護貿易主義　protectionism（「貿易自由化」は trade liberalization［free trade］、「通商禁止」は embargo）
- □デカップリング論　decoupling（米国経済が減速しても、中国・インドなど新興国の高成長により、世界は経済成長を続けていくという考え方）
- □特恵関税　preferential tariff（「報復関税」は punitive［retaliatory］tariff）、「非関税障壁」は non-tariff barrier）
- □排他的経済水域　the EEZ［exclusive economic zone］
- □産業の空洞化　deindustrialization / industrial hollowing-out
- □頭脳流出　brain drain ⇔ 頭脳流入　brain gain
- □FTA　特定の国と国が関税その他の障壁を撤廃か軽減する協定
- □ドーハ開発ラウンド　the Doha Development Round　WTO による多角的貿易自由化交渉
- □環太平洋戦略的経済連携協定 TTP［the Trans-Pacific Partnership］（環太平洋地域の国々による経済の自由化が目的）
- □ダボス会議　the Davos Forum（世界各国の政策当局者や有力企業の経営者が参加する経済フォーラム）
- □マイクロファイナンス　microfinance（貧困層・低所得者層のための金融サービス）
- □途上国低所得者への少額無担保融資　micro credit
- □重債務貧困国　HIPC［heavily-indebted poor countries］
- □**自給自足農業**　**subsistence agriculture**

「投資」問題を討論するための表現力 UP！

- □弱気市場　the bearish market ⇔ 強気市場　the bullish market
- □普通株式 equities（「社債」は debenture、「優良株」は blue chips）

- □先物市場　futures market
- □ヘッジファンド　hedge fund（金融派生商品、債券、外国為替などの市場に投資し、高い運用パフォーマンスをめざす投資信託）
- □土地投機　land speculation（「投機家」は speculator）
- □機関投資家　institutional investor
- □（株式などの）資産売却所得　capital gains（「配当」は dividend）
- □株式公開買い付け　TOB（takeover bid：買収対象の株式を時価より高い価格で市場を通じて買い取るという宣言）
- □市場の買い占め　corner the market（「寡占市場」は oligopoly market）

論争度★★★★　　　　　　　　　　　　　　　　　CD-2

| 世界経済のグローバル化 | 2. Is outsourcing a positive phenomenon?（外注は良い現象か？） |

市場の国際競争が激化する中、労働コストが安い海外に業務を委託するためにアウトソーシングを導入する企業がIT産業を中心に年々増加しており、今後もその傾向が続くと予想されています。しかし、**人件費（labor costs）**を抑制する一方で、国内の**産業空洞化（industrial hollowing-out）**を招くなどといった問題を生じさせているため反対の意見も多数見受けられます。アウトソーシングが本当に良いシステムなのか、以下の賛成・反対双方の主張を見て一緒に考えてみましょう。

YES（賛成側の主張）	
1. 海外拠点を増やせるので、アウトソーシングは国際ビジネスの拡張を促進する。	**Outsourcing promotes the expansion of global business** as it increases the number of overseas offices.
2. アウトソーシングによって、企業は運営費を削減でき、中核業務を伸ばすことができる。	Outsourcing saves operating costs, thus helping companies **develop their core competence**.
3. アウトソーシングによって、企業は、海外で従業員を確保でき、国内の労働者不足を緩和できる。	Outsourcing allows companies to employ foreign workers, thus **alleviating domestic labor shortage**.

NO（反対側の主張）	
1. アウトソーシングは、**産業空洞化を進め**、国内の失業問題を**悪化させる**。	Outsourcing will **accelerate the industrial hollowing-out**, thus **exacerbating** domestic unemployment.
2. **能力給制度**に基づいているので、アウトソーシングは、能力に差のある労働者間の**賃金格差を広げてしまう**。	Based on the **performance-based pay system**, outsourcing will **widen the wage gap** between high- and low-skilled workers.

強いアーギュメントをするためのロジカル・シンキング力 UP！

1980年代初頭から、米国で**アウトソーシング（outsourcing）**を採用する企業が増え、1990年代から日本でも同様の現象が起きました。企業の**経営効率（business efficiency）**を格段に高め、結果的に**国の経済の発展（national economic development）**が期待されています。日本企業がアウトソーシングを導入する主な理由は、以下のとおりです。

第1位	専門性の向上（development in specialized skills）
第2位	コスト削減（cost reduction）
第3位	業務のスピード化（streamlining business operation）

アウトソーサーの供給量（outsourcer's supply）の増加と、**専門性の向上（development in specialized skills）**にはユーザー市場の拡充が必要で、今後、**ベンチャービジネス市場（the venture business market）**と、**公的サービス部門（the public sector）**の参加が必要となります。また、**業務分担（division of work）**によって業務の**専門性（expertise）**が高まりますが、給与は通常**能力給（performance-based pay）**なので**所得格差（income disparity）**が広がり、**国内労働需要の低下（decrease in demand for domestic labor）**を招く恐れもあり、今後もアウトソーシングの妥当性に関する議論が続くでしょう。

ところで、**所得格差（income disparity）**には、**各国間（between countries）**

と**国内**（**within a country**）があります。前者に関しては、*The Economist*誌によれば、19世紀には最富裕10か国の**1人当たりの年間所得**（**per capita annual income**）は最貧国10か国の6倍であったのが、1990年代初期には40倍となったが、90年代以降、中国、インドなど**新興経済国**（**emerging economies**）の台頭と欧米や日本の**高齢化**（**rapid aging**）によって縮小してきたと言われています。その一方、同時期から**国内所得格差**（**income disparity within a country**）が、先進国を中心に拡大し、その指数である**ジニ係数**（**the Gini coefficient**）は、米国では70年代の0.31から40年後には0.38となっており、その原因はグローバル化によって富裕層の所得が市場の拡大で増大したことと言われています。

英検1級2次試験出題トピックランキング

英検1級2次試験の過去10年間の出題トピック分野別ランキング**第1位「政治・国際関係・法律」**は、全体の約2割を占める最も頻度の高い最重要分野で、その内訳は、核問題、犯罪対策など**政策・制度**に関するものが約4割、貧困、テロなど**政治問題**に関するものが4割弱、**国際関係**が約1割、その他に**日本の役割**などが出題されます。

第2位「経済・ビジネス」は、全体の約2割程度を占める2番目に頻度の高い分野で、そのうち**増税、雇用政策**のような「経済問題」に関するものが8割近くを占め、**途上国への財政・技術援助、アウトソーシング**など**経済改善法**に関するものが約2割となっていますので、まず、よく問われる問題の現状分析をし、その対策法もセットで答えられるように準備しておきましょう。

第3位「教育」は、全体の約1割を占める分野で、そのうち**大学教育改革、創造性の育て方、カリキュラム内容**など**教育方法**に関するものが最重要です。

第4位の「環境」「メディア」「文化・レジャー」はそれぞれ全体の約1割を占めています。**「環境」**の最重要トピックは**持続可能な開発**で、次に重要なのは**資源問題や動物実験・絶滅危惧種・動物園**など**動物**に関するものですので事実と意見を整理しておきましょう。**「メディア」**では**インターネット**に関するものが最重要で、役割・問題点・検閲など多角的に問われています。**「文化・レジャー」**では**音楽の役割・芸術の価値**や、**オリンピック開催**など**スポーツ関連**が多く出題されています。

第7位の「科学技術」と**「家庭・結婚・高齢化」**はそれぞれ全体の約1割弱を占めるカテゴリー。前者は**IT**に関するものが最重要で、教育、飢餓・防犯、文化面など多角的に問われ、次に**遺伝子組み換え食品**や**クローニング**など**遺伝子工学**に関するものが重要です。後者は**少子高齢化**が最重要で、その次に**共稼ぎやジェンダー**に関するものが重要です。

第9位「医療」では、**医療改革**が最重要で、その他にも**生活習慣病対策**などが重要です。

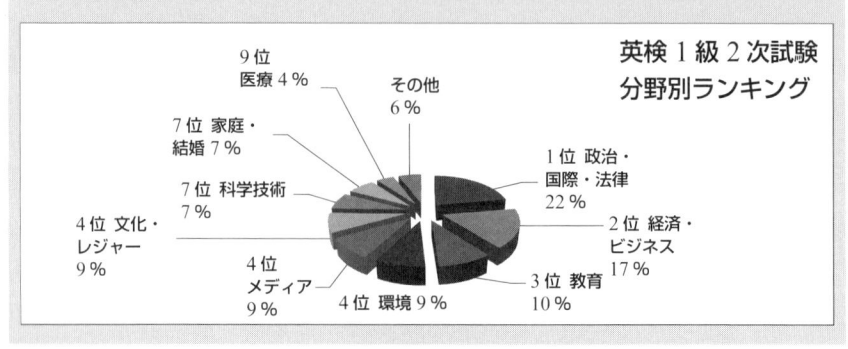

英検1級2次試験 分野別ランキング

- 1位 政治・国際・法律 22%
- 2位 経済・ビジネス 17%
- 3位 教育 10%
- 4位 環境 9%
- 4位 メディア 9%
- 4位 文化・レジャー 9%
- 7位 科学技術 7%
- 7位 家庭・結婚 7%
- 9位 医療 4%
- その他 6%

論争度★★★★　　　　　　　　　　　　　　　　　　　　　CD-3

| 経済体制の矛盾 | 3. Should major companies in financial trouble receive government support? (財政難に陥った企業を政府は支援すべきか？) |

2008年の**金融危機**（**financial crisis**）を契機に財政難に陥った企業への政府による**公的資金注入**（**injection of public funds**）が米国を中心に行われ、大きな物議を醸しています。「**大きくて潰せない**」（**too big to dissolve**）という理由で大企業が主に財政支援を受けていますが、「**自助の精神**」（**the spirit of self-reliance**）を掲げる米国では大きな是非論が繰り広げられており、財政危機に陥った企業に公的資金を注入すべきなのかを以下の賛成・反対双方の主張を見て行きながら一緒に考えてみましょう。

YES（賛成側の主張）	
1. 巨大金融機関の世界経済への影響力が非常に大きいので、その倒産は世界経済の混乱を引き起こす。	Major financial institutions **have such a profound influence on** the global economy that their bankruptcies will **put the global economy into a tailspin**. (**Q1** どんな世界経済の混乱を引き起こすのか？)
2. 財政難に陥った企業の倒産は、投資家を投資から遠ざけ、経済成長を鈍化させる。	Bankruptcies of major companies in **financial trouble** will **keep investors away from investment**, thus **undermining economic growth**.
3. 公的資金の投入がないと巨額の負債が原因で企業が倒産し、国内の失業率を増大させる。	Without **an injection of public funds, a huge amount of debt** will cause companies in financial trouble to go bankrupt, thus increasing domestic unemployment.
NO（反対側の主張）	
1. 企業の財政難は経営を誤ったための当然の結果であるので、国民の税金から民間企業の救済支援金が拠出されるのは不公平である。	As financial troubles of companies are the natural consequence of their own **mismanagement**, it is unfair that **the bailout money** is taken from **tax revenues**.
2. 財政支援は、政府の財政負担となる。	The bailout money will **make a financial burden on the government**.

> 強いアーギュメントをするためのロジカル・シンキング力 UP！

　2008年、米国の**大手投資銀行グループ**（**leading investment banking group**）Lehman Brothers の倒産後、アメリカ政府は、7000億ドルの**公的資金枠**（**public funds limit**）を用意し、約600の**金融機関**（**financial institutions**）や、**大手自動車メーカー**（**major automobile manufacturer**）などに投入しました。最終的に、**大手保険会社**（**leading insurance company**）AIGに1800億ドルと大手自動車業界に500億ドルの**公的資金投入**（**injection of public funds**）を行い、**経営改善**（**administrative improvement**）を図りました。

　このことは、納税者の反感を招きましたが、公的役割が特に大きい**金融機関の破綻**（**bankruptcy of financial institutions**）と市場に大きな影響力を持つ大手民間企業の破綻は、**貸し渋り**（**credit crunch**）を招き、結果的に実体経済を悪化させ、損失がさらに拡大する**悪循環**（**vicious circle**）につながる恐れから、企業の財政支援が正当化されています**Q1**。しかし、巨額の**公的資金**（**public funds**）がさらなる**財政負担**（**fiscal burden**）の増加を懸念する声もあり、2010年にアイルランド政府が**大手金融機関**（**large financial institutions**）に公的資金を投入した結果、GDPの30%、つまり150兆円もの**財政赤字**（**fiscal deficit**）を招き、実質的な**財政破綻**（**financial collapse**）を引き起こしたため、今後も政府による公的資金投入の議論が続くと思われます。

> 「財政・金融政策」＆「景気」問題を討論するための表現力 UP！

- □財政政策　fiscal policy（「金融政策」は monetary policy）
- □歳出　expenditure ⇔ 歳入　revenue
- □**金融引締め政策**　**tight-money policy / belt-tightening policy**
- □景気刺激策　economic stimulus package（「呼び水政策」は pump-priming measures）
- □**自由放任主義**　**laissez-faire**
- □大きな政府　big government（公共事業や社会福祉に大金を使い民間企業に口を出す政府）

- □トリクルダウン政策　trickle-down economics　大企業優先の経済政策
- □国債発行残高　outstanding government bonds（「赤字国債」は deficit-covering bonds）
- □公定歩合　official discount rate（「超低金利」は rock-bottom interest rate、「ゼロ金利政策」は zero-interest-rate policy）
- □債務不履行　default（「支払い不能」は insolvency）
- □金融庁　the Financial Services Agency
- □**金融破綻　financial meltdown**（「不良債権」は non-performing loans）
- □**景気の変動　economic fluctuation**（「一時的活況」は boom-and-bust）
- □スタグフレーション　stagflation（景気停滞下のインフレ、「hyperinflation」は物価の上昇と通貨価値の下落が急激に起こる極度のインフレ、「悪性インフレ」は inflationary spiral）
- □**1人あたり年間所得　per capita annual income**
- □助成金　subsidy / grant / bounty（「住宅助成金」は housing subsidy）
- □**金融緩和　credit relaxation [expansion]** ⇔ 貸し渋り　credit squeeze
- □地方交付税　local tax grants
- □公共料金　utility charges

論争度★★★★　　　　　　　　　　　　　　　　　　　CD-4

雇用制度の変化　**4. The seniority system vs. the performance-based pay system**（年功序列制と能力給制のどちらがよいか!?）

　雇用制度に関しては、近年では日本特有の「年功序列制度」、欧米では一般的な雇用体系である「能力給制度」の是非をめぐって議論がなされています。最近では、年功序列と能力給とを融合した雇用体系を採用している日本企業が多く見られます。皆さんはどちらの雇用体系を希望しますか？　以下の各制度の賛成・反対双方の主張を見て、考えてみてください。

The seniority system – PROS（年功序列制賛成側の主張）

1. **年功序列制度**は、長期間にわたって**従業員の仕事の技術を発展させ**、結果的に**生産性を増加**させる。	**The seniority system** can **develop employees' job skills** over time, thus leading to an increase in their productivity.
2. 年功序列制度が**社員の会社への忠誠心や貢献**を高めるので、**熟練した人材**を確保できる。	The seniority system allows companies to keep **skilled human resources** because it enhances **workers' loyalty and dedication** to their companies.
3. 年功序列制度のおかげで、社員は住宅のような大きな買い物をするための**長期ローンを組む**ことができ、**景気をよくする**。	The seniority system allows workers to **take out a long-term loan** to make a big purchase like house-buying, thus **boosting the economy.**

The seniority system – CONS（年功序列制反対側の主張）

1. 年功序列制度は、**非常に有能な従業員の働く意欲を損ねて**しまい、生産性を低下させる。	The seniority system will **undermine highly competent employees' motivation for work,** thus decreasing their productivity. (**Q1** 意欲を損ねることに関する意識調査はあるのか？)
2. **社員の連続勤続年数**を非常に重視する年功序列制のもとでは、**育休**を取る女性社員の**昇進**が妨げられる。	The seniority system, which highly values **the length of employment, undermines the promotion of** female workers who often take a **maternity leave.** (**Q2** なぜ年功序列制度は、男性中心主義の制度なのか？)

The performance-based pay system – PROS（能力給賛成側の主張）

1. **業績に見合った給与**は、社員の労働意欲を駆り立て、社内の生産性を向上させる。	**Salaries corresponding to their job performance** will **encourage workers to work hard**, thus **increasing the productivity of** companies.
2. **能力給制度**は社員の生産性を向上させるので、**会社の利益を増やす**。	**The performance-based pay system** will enhance workers' productivity, thus **increasing companies' profits.**

3. 能力給制度は**科学技術の刷新**を促進するので、景気を良くする。	The performance-based pay system **promotes technological innovation,** thus boosting the economy.
The performance-based pay system – CONS（能力給反対側の主張）	
1. 調和を重視する国において、能力給は社員間の**協力精神**を損ね、企業を弱体化させる。	In countries where **group harmony is highly valued,** the performance-based pay system **undermines team spirits** among workers, thus weakening the strength of companies.
2. 能力給制度は、中間層の減少と低所得者層の増大を引き起こし、**所得格差を悪化させる**。	The performance-based pay system decreases the number of middle-income earners and increases the number of low-income earners, thus **exacerbating income disparity**.
3. 社員にとって**住宅購入など額の大きい買い物**が難しくなるので、能力給制度は**経済に打撃**を与える。	The performance-based pay system will **deal a blow to the economy** because workers will have difficulty **making a large purchase like house-buying**.

強いアーギュメントをするためのロジカル・シンキング力 UP！

　1970年代のオイルショック以降、**非流動的労働市場（fixed labor market）**による**長期雇用（long-term employment）**への反省から、**能力給（performance-based wages）**導入が拡大しました。1990年代の平成不況になると、**流動的な労働市場（uncertain job market）**となり**短期雇用体系（short-term employment）**が広まり、能力給を採用する企業が大幅に増えましたが、それは、能力給が、**労働者の働く意欲を高め（enhance workers' motivation for work）**、**各個人の実績を伸ばし（increase workers' job performance）**、不況下でも組織の**生産性（productivity）**を高めることができるという理由からです。事実、**労働政策研究・研修機構（the Japan Institute for Labor Policy and Training）**による**就業者の意識調査（opinion-poll among workers）**によれば、年功序列制を否定的に捉えている割合が肯定的な割合の2倍ほど上回っています **Q1**。

また、年功序列制度は、**職場での強い一体感（deep sense of unity at the workplace）、企業への忠誠心（corporate loyalty）**を求める**企業風土（corporate culture）**を強めることを意図しているので、**長期の育児休暇（long-term maternity leave）**を取る女性に不利だという指摘もあります**Q2**。

　日本能率協会の調査によると、日本での能力給の採用率は約80％もあり、70％以上の企業が能力給と年功序列を組み合わせており、年功序列を重視しているのは約30％にとどまっています。大阪商工会議所の調査によると、約50％の企業が**管理職（administrative position）**に能力給を導入しており、幹部など上級職ほど能力給が適していると言えます。また欧米諸国では、ほとんどの企業が能力給を採用しており、年功序列制度はほとんど見られません。

　しかし、能力給は、明確な基準を設けられる**営業職（sales position）**や**管理職（administrative position）**に適していると言えますが、**労働者の勤労意欲低下（decline in workers' motivation for work）**や**評価結果に対する労働者の不満（workers' dissatisfaction with evaluation）**を引き起こしているとも報告されています。実際、売り上げなど明確な数値基準がある**営業職（sales position）**と異なり、**客観的な評価基準（objective standard）**を設けることが難しい事務系の**総合職（general work）**や**経理（accounting work）**では、社員からの不平が起こっています。また、**一般社員（rank-and-file employees）**に能力給が適さないのは、成果を出した人間を年齢や先輩・後輩の**上下関係（hierarchical relationships）**に関係なく評価できる風土が日本にはないからです。

　評価基準の明確化（the definition of the appraisal standards）、評価過程の情報公開（the disclosure of the assessment process）などが今後の能力給制度の課題ですが、こうした業績評価制度の運用の改善は、企業の負担を増大させ、**能力給の運用性の困難さ（the difficulty of maintaining the performance-based pay system）**から、大企業を中心に**能力給と年功序列制を併せた雇用体系を導入する（adopt a combination of the seniority and the performance-based systems）**動きが多く見られます。

　ではここで、社会問題を英語で討論する際に、覚えておくと大変役立つテクニックのレクチャーをいたしましょう。まず、「促す」と「妨げる」表現の使い方からスタートです。

> 社会問題を討論するためのテクニック①

「促す」encourage と「妨げる」discourage をマスター！

　encourage と discourage は、社会問題を討論する際に幅広く使える、非常に便利な語です。前者は「無生物主語（方策（measure）、システム、アプローチなどの状況・事柄）」が次の事柄を「促す」場合に、後者は「妨げる」場合に用いられます。以下のコロケーションは、すべてその両方に使うことができます。

- □ **活動（activity, participation, consumption, cooperation, reform, interaction, innovation, exchange, study）**－最も多いカテゴリー！
  encourage cross-cultural communication　異文化間コミュニケーションを促す
  encourage consumer spending　消費を促す
  discourage illegal immigration　不法移民を阻止する
  discourage global trade and investment　世界貿易と投資を妨げる
  discourage women's growing participation in paid work　女性の社会進出を妨げる
- □ **状態（trend, tendency, stability）**
  encourage the global trend toward environmental protection　環境保護の世界的傾向を促す
  discourage competition among the workers　労働者間の競争心を妨げる
  encourage political stability　政治的安定を促す
- □ **発展・成長（growth, development, expansion, spread, process）**
  encourage economic development[growth]　経済発展を促進する
  discourage technological innovation　技術革新を妨げる
- □ **産業（industry, commerce, agriculture, tourism）**
  encourage the recycling industry　リサイクル産業を促す
  encourage ecotourism　エコツーリズムを促進する
- □ **感情（confidence, spirit, initiative, commitment）**
  encourage creative thinking　創造的思考を促す

> **discourage** team spirit　チームスピリットを阻止する
> **encourage** individual initiative　個人のやる気[自主性]を促す

「促す・高める」を表すその他の表現と比較して覚えましょう。

> □ **promote**(「産業、投資、意識、交流、理解」などを**成長・増大・普及するのを促す**」の意味で、最も幅広く用いられる)
> □ **develop**(何かを**成長・進化・強大化**させたり、「能力・性質」を高める)
> □ **enhance**(「価値、質、度合い、魅力、地位」などを高める)
> □ **stimulate**(「活動、経済、成長、興味、ニーズ」などを**促進・発展**させたり、「感情」を高める)などで、さらに **raise, heighten, boost, elevate** などがあります。

「促す・高める」を意味する語のコロケーション

	industry	awareness	interest	growth	trend	value
encourage	○	×	△	○	◎	×
promote	◎	◎	△	◎	○	△
develop	○	△	◎	×	○	×
enhance	△	△	×	△	△	◎
stimulate	△	×	○	○	×	×

＊ economy には stimulate が圧倒的に多く使われます。awareness(意識)には、raise が圧倒的に多く、次に promote、heighten の順に多く使われます。「感情」を表す、motivation には enhance が stimulate よりはるかに多くなります。また、consumption には stimulate, encourage, promote が、investment には encourage, promote, stimulate の順に多く使われます。

また、「妨げる・害する」を表すには次の表現を覚えておくと便利です。

> □ **undermine**(「勢い、健康、自信、評判、信用、地位、権威」など「パワー」に関するものを**徐々に間接的に弱める**)
> □ **hamper**(「活動、努力、発展、進行」などを妨げる)
> □ **threaten**(「安定(security)、健康、生命、環境、成長」などに脅威・害を与える)
> □ **exacerbate**(「問題、戦い、不足、病気、悪意」などの**悪い状況を悪**

化させる）

「妨げる・害する」類語のコロケーション

	development	health	operation	security	efforts	position
undermine	○	○	○	○	◎	◎
hamper	◎	×	○	×	○	×
threaten	×	◎	△	◎	×	○
exacerbate	△	×	×	×	×	×

表内の◎は使用頻度が圧倒的に高いもの、○は使用頻度が高いもの、△はあまり使わないもの、×は使わないものをそれぞれ示します。

| 論争度★★★ | CD-5 |

雇用制度の変化 — 5. The pros and cons of work-sharing
（ワークシェアリングの是非とは？）

ワークシェアリング（work-sharing）とは、欧州で広く普及した、労働者が、**連帯の精神で仕事を分担し（share the tasks in the spirit of cooperation and solidarity）**、**失業の防止（prevention of unemployment）**と**ゆとりの確保（having enough leisure time）**を目的とした雇用体制です。欧州では一般的な雇用体制で、日本でも導入する議論がなされていますが、欧州が前提とする**労働者の負担軽減の欠落（no reduction of workload）**や、**企業の利益追求（company's pursuit of profit）**が横行しているため、日本での導入は進んでいません。以下の賛成・反対双方の意見を見てワークシェアリングを導入すべきかを一緒に考えてみましょう。

PROS（賛成側の主張）	
1. **ワークシェアリング**によって、企業は、**従業員をより効率的に扱うことができ、生産性が向上**する。	Work-sharing will allow companies to **utilize their staff more efficiently,** thus **enhancing their productivity.** (**Q1** どれくらい生産性が向上するか？)
2. ワークシェリングは、賃金と手当を削減することで、人件費を抑える。	Work-sharing will reduce labor costs by cutting employees' wages and benefits. (**Q2** どれくらい人件費が削減できるか？)
3. ワークシェアリングによって**企業は低賃金でより多くの労働者を雇えるので失業率が下が**る。	Work-sharing will decrease **unemployment rate** by **allowing companies to employ more workers for lower pay.** (**Q3** どれくらい失業率が下がっているのか？)
CONS（反対側の主張）	
1. ワークシェリングは、低賃金労働者を増加させ、結果的に**労働者間の賃金格差を広げる。**	Work-sharing will increase the number of low-income workers, thus **widening income disparity between workers.** (**Q4** 賃金格差はどれくらいか？)
2. ワークシェリングは、労働者の賃金を下げるので、**熱心に**	Work-sharing will reduce workers' wages, thus **undermining their motivation for**

| 働く意欲を削いでしまう。 | hard work. |
| 3. ワークシェアリングは、労働時間を短縮するので、**従業員の会社に対する献身意欲を損ねる**。 | Work-sharing will decrease workers' labor time, thus **undermining their dedication to their companies.** |

強いアーギュメントをするためのロジカル・シンキング力 UP！

　ワークシェアリングは、**1人あたりの労働時間の短縮（reduction of labor time per worker）** による労働者の生産性の向上を目的としたもので、厚生労働省の意識調査によれば、生産性が向上したと回答した企業は37%で、**生産性の低下（decline in workers' productivity）** を訴える割合の28%を上回っています**Q1**。また、**人件費削減（reduction of labor costs）** 効果に関しては、ワークシェアリングが人件費を抑制するという回答が約19%であるのに対して、効果的でないという回答が約60%というのが実情です**Q2**。さらに、失業率の低下に効果的であると期待されており、事実1982年に12%超の失業率（unemployment rate）だったオランダは、ワークシェアリング導入後、失業率は2000年には3%、2001年には2.1%にまで低下しました**Q3**。

　しかし、日本では男女間と正社員とパートタイマー間との賃金格差が深刻で、女性のパートタイマーは男性正社員の3分の1しか賃金がないという現状では、**賃金格差の是正（reduction of income disparity）** をしなければ、**低賃金労働者(lower-income workers)** の数を増やす恐れがあります**Q4**。また、日本では、賃金カットが前提となっており、**労働者の負担（workload）** が増すような事態が多く見られ、**通勤手当（commuting allowance）** や**保険（insurance）** の支払率が低い**非正社員（part-time workers）** が、**正社員の残業（overtime work of full-time workers）** をすることで、人件費を削減している企業が増えています。

「会社経営」問題を討論するための表現力UP！

- 中小企業　small-and-medium-sized businesses
- 外資系企業　foreign-affiliated [owned] companies
- 子会社　subsidiary（「関連会社」は affiliated company、「下請会社」は subcontractor）
- 人件費　personnel costs（「交際費」は expense accounts）
- 資産と負債　assets and liabilities（「赤字会社」は deficit-ridden company）
- 価格破壊　price busting（「薄利多売」は low-margin high-turnover）
- 企業縮小　corporate downsizing
- 低価格商品　low-end product ⇔ 高額商品　high-end product（「金持ち消費者」は upscale consumers）
- 小売価格　retail price（「小売店」は retail outlet、「卸売価格」は whole-sale price）
- 販売促進戦略　sales-promotion gimmick（「しつこい売り」は sales pitch）
- 口コミによる宣伝　word-of-mouth advertising（「比較広告」は comparative advertising）
- 合併買収　mergers & acquisitions（「借入金をてこにした企業買収」は leveraged buyout [LBO]）
- 淘汰　shakeout（競争が激化し業界で1社か2社だけが生き残ること）
- 債権者　creditor ⇔ 債務者　debtor
- 商品損害賠償責任　product liability（「不良品」は defective products）
- 特許権、印税　royalty（「独占契約」は exclusive contract）
- 24時間営業　around-the-clock operation
- 計画的陳腐化　planned obsolescence（製品や部品が時代遅れになるように思わせる販売戦略）

論争度★★★　　　　　　　　　　　　　　　　　　　　CD-6

| 雇用制度の変化 | 6. Will the trend toward part-time employment negatively affect Japanese society?（パートタイム雇用の傾向は日本社会に悪影響を与えるのか？） |

パートタイム雇用比率は1980年代末には20％未満だったのに対して、2008

年の金融危機を契機に世界的に増加し、2011年には30%を超えました。**正社員（full-time employees）**に比べて**人件費（labor costs）**が安い**派遣労働者（temporary workers）**やパートタイマーの雇用数が増加した結果、正規雇用者と非正規雇用者間の**賃金格差（income disparity）**の拡大が問題になっています。一方、**人件費削減（reduction of labor costs）**や**雇用調整（employment control）**など企業にとって利点があります。パートタイムが本当に社会に悪影響を与えるのかを、以下の賛成・反対双方の主張を見て一緒に考えてみましょう。

YES（賛成側の主張）	
1. 収入が低いパートタイム労働者は子育てが経済的に厳しいので少子化を引き起こす。	Part-time workers with a low income have financial difficulty raising their children, which will **lead to a decline in birth rates.** (**Q1** どれくらいパートタイムの可分所得は少ないのか？)
2. パートタイマーの可処分所得は少ないので、**日本の国内消費**を弱める。	The low disposable income of part-time workers will **decrease Japanese domestic consumption**.
NO（反対側の主張）	
1. **パート雇用**は人件費を抑え、会社の利益を増やす。	**Part-time employment** will reduce labor costs and thus increase profits for companies.
2. パートタイム雇用の増加は、**失業率を低下させる**。	An increase in part-time employment will **decrease the unemployment rate.**

強いアーギュメントをするためのロジカル・シンキング力 UP！

日本では、**非正規雇用の比率は（the ratio of non-permanent workers）**、1980年代末には20%未満でしたが、2011年に30%以上となり、**労働市場（the labor market）**に大きな変化が生じました。世界的にも、2008年の**金融危機（financial crisis）**を契機に、**非正規労働者（non-permanent workers）**の増加が起こり、この流れは今後も続くと予想されています。

正規雇用者の年収が平均約 300 万円であるのに対して、パートタイマーを含む非正社員は平均 195 万円となっており**Q1**、**賃金格差（income disparity）**だけでなく、両者間におけるその他の労働条件（**working conditions**）もかなりの違いが見られます。2000 年以降、非正規雇用者などを含めた**給与所得者（wage earners／salaried workers）**全体が約 2.6％増加しているのに対して、年間に支払われた給与の総額は約 210 兆円から約 190 兆円へと約 11％減少しており、このことはパートタイム雇用比率の増加を示しています。

　事実、70％以上の日本企業がパートタイム雇用を採用理由として**人件費削減（reduction of labor costs）**を挙げています。しかし、**企業パフォーマンス（business performance）**に好影響を与えるかは疑問で、**人的資本（human capital）**が減少するなど、**生産性に悪影響を与える（negatively affect productivity）**可能性があります。

　2008 年のリーマンショックから 2009 年末までに、25 万人の非正規雇用者が失業し、**派遣切り（lay-off of temporary workers）**が社会問題化し、日本政府は、**労働者派遣法改正案（the Draft Revision of the Worker Dispatch Law）**を 2010 年に提出し、非正規雇用者問題の是正を図りましたが、派遣労働者が雇用者全体の 2 ～ 3％しか占めておらず、雇用問題の抜本的な解決策にはなりませんでした。今後は、**雇用不安定（insecure employment situations）**と**差別処遇（unequal treatment of workers）**、正社員と非正社員間の**賃金格差（income disparity）**などの是正や**雇用形態の多様化（diversified employment systems）**が求められてきます。

「雇用」問題を討論するための表現力 UP！

- 有効求人倍率　active opening rate（「就職口」は **job opening**）
- 内定　informal job offer（「就職内定率」は job offer rate for school graduates）
- **応募者選考　applicant screening**
- 職業紹介　employment placement service
- 青田買い　early scouting of university students
- **派遣社員　temporary worker**（「契約社員」は **contract worker**）
- **中途採用　mid-career recruiting**

- 一方的解雇　arbitrary layoff
- 離職率　employee turnover rate
- 能力給　performance-based pay system ⇔ 年功序列制度　seniority system
- 退職手当　retirement allowance（「失業手当」は unemployment allowance、「解雇手当て」は severance pay、「残業手当」は overtime allowance）
- 平社員　rank and file [employees with no title]
- ガラスの天井　glass ceiling（昇進を妨げる見えない壁）
- 実地訓練　hands-on training（「見習い期間」は probation period）
- 付加給付　fringe benefit（「役得」は perquisite）
- 有給休暇　paid vacation [holiday]
- 育児休業　maternity [paternity] leave
- 交代制勤務　work shift（「夜勤」は night shift）
- 勤務評定　performance appraisal [evaluation, review]
- 昇進コース　career track（「栄転」は promotion transfer）
- 労働者搾取　exploitation of workers
- 単身赴任　job transfer away from one's home
- 服装規定　dress code
- 早期退職優遇制度　early-retirement incentive plan（「希望退職」は voluntary retirement [resignation]）
- 定年退職　mandatory retirement（「終身雇用」は lifetime employment）

論争度 ★★★★ CD-7

税制改革 — **7. Is consumption tax a fair way of raising government revenues?** (消費税は財源回収として公平的な税政策なのか？)

　私たちにとっても最も身近な税の一つである消費税は、その税率の引き上げが議論される際には必ず公平性（fairness）が問われます。消費税の**逆進性**（**regressive taxation**）が議論され、税制度としての公平性を疑問視される一方、すべての消費者に**一律の税率**（**across-the-board tax rate**）を課すので公平であるという主張もあります。本当に消費税は公平的な税制度なのかを、以下の賛成・反対双方の主張を見て一緒に考えてみましょう。

YES（賛成側の主張）	
1. 消費者全員が、**所得額に関係なく、一律に税を支払うので**、**消費税**は公平な税制度である。	**Consumption tax** is a fair taxation system because all consumers **pay tax at a uniform rate, regardless of their income**.
2. 消費者全員が支払うので、消費税は、**脱税を防ぐ**。	Consumption tax can **prevent tax evasion** because all consumers have to pay the tax.
NO（反対側の主張）	
1. 富裕層は**低所得者や中間層**に比べて消費税の悪影響を受けにくいので、消費税は不公平な税制である。	It is an unfair taxation system because the wealthy suffer fewer negative effects of consumption tax than **low- and middle-income earners**.
2. **税金滞納総割合**のうち約50%を占める企業の消費税の滞納を防ぐのは非常に難しい。	It is quite difficult to prevent **the delinquency of consumption tax by companies,** which **accounts for** about 50 percent of **the total tax delinquency**.
3. 日本企業の約99%を占める**中小企業**は、**余分な経費や販売低下**に非常に苦しむ。	**Small and medium-sized companies**, which **account for** about 99 percent of all Japanese businesses, will **suffer severely from additional costs or a decline in sales**. (**Q1** なぜ中小企業が大企業よりも重い税負担を負うようになるのか？)

強いアーギュメントをするためのロジカル・シンキング力 UP！

　日本の消費税は、1989年に税率3%で導入、1997年に5%へ引き上げられ、さらに2015年までに10%へと**引き上げ案（tax hike plan）**が提出され、さらなる増税が予測されています。そこで、**消費税の是非**が物議を醸しており、反対意見として、**逆進性（regressivity）**の問題があります。つまり富裕層の消費税負担率は低く、**低所得者の負担率（tax burden on low-income earners）**は高くなります。一見、同税率に思えても、**所得**によって**税負担の不公平性（unfair tax burden）**が生じます。例えば、世帯年収250万円以下の場合は年間11万円の負担増が見込まれており、さらに労働総研の試算によると、5%の増税で**家庭の消費支出（household spending）**が約14兆円減少し、**国内生産額（volume of domestic production）**が約21兆円失われ、2.5%のGDP減少と約114万人の雇用が失われると予測されています。

　世界各国と比較すると、商品やサービスによって税率が異なるため、一概に比較するのは難しいのですが、日本の**消費税率（consumption tax rate）**は低く、引き上げの余地があると指摘されています。近年では、**少子高齢化社会（aging society with a declining birthrate）**に伴って、**社会保障費（welfare costs）**の財源確保が厳しく、**消費税増税（consumption tax hike）**が避けられない状況にあります。

　歴史的に見ると、**大恐慌（the Great Depression）**の最中である1932年にアメリカで消費税が導入された結果、**国民総所得 GNP（gross national product）**が47%も減少したことから、不況下では消費税が経済に打撃を与えることがわかります。特に、日本経済の根幹である中小企業**（small and medium-sized companies）**への打撃は大きく、それは**親会社（parent company）**である大企業からの価格引き下げ要求（demand for price decrease）に追われ、資本がある大企業と異なり、製品に消費税分の価格転嫁ができないためです**Q1**。

　財政再建（financial reconstruction）として、消費税の増税ではなく、**所得税の増税（income tax hike）**の主張もされていますが、GDPの1%にあたる約5兆円の増税をした場合、約7兆円ものGDPの減少が予測されています。

◎主要各国の税金比較◎

国名	標準税率	消費支出への課税割合		減税対象品
日本	5%	89%	非課税	土地の譲渡、家賃（居住用）、切手、医療、教科書、介護など
イギリス	20%	62%	非課税	土地の譲渡、金融、郵便、保険、医療、教育、賃貸、福祉など
			ゼロ税率	食料品、上下水道、新聞、雑誌、医薬品、子供の衣服など
			5%	光熱費、生理用品、太陽光パネル、チャイルドシートなど
ドイツ	19%	77%	非課税	医療、教育、金金融、保険、不動産取引、賃貸、郵便など
			7%	食料品、水道水、新聞、雑誌、書籍など
フランス	19.6%	71%	非課税	非課税医療、教育、保険、不動産取引、賃貸、郵便など
			5.5%	食料品、水道水、雑誌、書籍など
			2.1%	新聞、医薬品
スウェーデン	25%	58%	非課税	処方箋による医薬品、住宅の新築、既存住宅の取引など
			12%	飲食料品、レストラン、宿泊、旅客輸送、芸術など
			6%	新聞、定期刊行物
イタリア	20%	52%	非課税	金融、保険、学校、不動産賃貸、切手、塩、煙草、電話、定期刊行物など
			4%	農漁業生産物、基礎的食料品、薬品、医療設備、雑誌、書籍、住宅の新築、譲渡、既存住宅の譲渡
			10%	住宅の改良、修繕、種々の食料品、ホテル、映画、サービス、電気、ガス、家畜など

＊非課税の場合、小売の段階で課税がないだけです。

「年金」・「税金」問題を討論するための表現力UP！

- □ 厚生年金　**employee pension plan**（「国民年金」は national pension）
- □ 年金掛け金　**pension contributions [premiums]**（「年金積み立て」は pension reserve）
- □ 配偶者［扶養家族］控除　**tax deduction for spouse [dependents]**
- □ 法人税　**corporate tax**（「相続税」は inheritance tax）
- □ 累進課税　**progressive taxation** ⇔ 逆進課税　**regressive taxation**
- □ 脱税　**tax evasion**（「不正資金浄化」は money laundering、「税逃れの場所」は tax haven）
- □ 税優遇措置　**tax break**

論争度 ★★★　　CD-8

CSR（大企業の社会的責任）　8. The social responsibility of large corporations（大企業の社会的責任）

経済や環境、そして地域社会に大きな影響を与える**大企業の社会的責任 CSR（Corporate Social Responsibility）**が注目を集めており、多くの大企業は、企業のイメージUPだけでなく、従業員の労働条件や製品の向上などをCSRに含ませています。それでは大企業の社会的責任には何があるのかを、以下の例文と背景知識を見て一緒に確認していきましょう。

1. 大企業は、**公正取引を規定し贈収賄を禁じた社会的ルールと法律**を順守しなければならない。	Large corporations have to observe **social rules and laws that stipulate fair trade and prohibit bribery**.
2. 大企業は、公害対策や**省エネ**を推進することで環境保護の責任を負う。	Large companies take responsibility for protecting the environment by dealing with pollution and **promoting energy saving**.
3. **従業員の搾取や酷使**を防止し、労働環境の健全化に努める責任が大企業にはある。	Large corporations take responsibility for preventing **the exploitation and abuse of employees**.

> 強いアーギュメントをするためのロジカル・シンキング力 UP！

　企業の社会的責任（Corporate Social Responsibility [CSR]）とは、寄付（donation）、フィランソロピー（philanthropy）、メセナ（mécénat）などの社会貢献や企業イメージ UP ではなく、消費者、従業員、**株主（shareholders）**・投資家、取引先 NPO などの**利害関係者（stakeholders）**に対する、**説明責任（accountability）**を含んだ適切な対応や、地域社会（community）への貢献や環境問題への配慮（eco-consciousness）のことです。それは**利益の追求（pursuit of profit）**だけではなく、社会的責任を果たすことで、結果的に**企業の持続可能な成長（sustainable development of corporations）**をもたらすことを意味しています。このコンセプトは、グローバリゼーションや**情報技術の発展（development of information technology）**、**国際市場における競争激化（fierce competition in the global market）**に伴い、欧米諸国を中心に浸透し、**国際標準化機構（the International Organization for Standardization [ISO]）**による CSR の**国際規格（the International Standard）**が 2001 年に正式に発行されました。

　皆さん、いかがでしたか？　では、ここで **Borderless English 言い換えトレーニング**にトライしていただきましょう。アカデミックディスカッション用の英語で書かれた本章のキーアイディア集のいくつかを、平易な構文や語彙を使い、世界のノンネイティブが理解しやすい Borderless English で表現してみましょう。

3. Borderless Englishで言うとこうなる！〜経済編〜

1. Outsourcing will **accelerate the industrial hollowing-out, thus exacerbating domestic unemployment**.（アウトソーシングは、産業空洞化を進め、国内の失業問題を悪化させる）

Borderless English Outsourcing will **increase the number of companies that move their factories overseas, and will therefore increase domestic unemployment**.

解説 accelerate industrial hollowing-out（産業空洞化を進める）は **increaes the number of companies that move their factories overseas** とパラフレーズし、分詞構文の **thus exacerbating domestic unemployment** は、**and will therefore increase domestic unemployment** と、易しい構文に言い換えています。

2. Free trade will **undermine** less competitive industries in developing countries, **thus exacerbating income disparity**.（自由貿易は、競争力のない発展途上国の産業を弱体化させ、所得格差が拡大する）

Borderless English Free trade will **cause damage to** less competitive industries in developing countries **and will therefore increase income gap**.

解説 undermine（弱体化させる）を **cause damage to** にパラフレーズし、分詞構文 **thus exacerbating income disparity**（所得格差が拡大する）を **and will therefore increase income gap** と易しい構文に言い換えています。

3. The **low disposable income** of part-time workers will decrease Japanese domestic consumption.（パートタイマーの可処分所得は少ないので、日本の消費力を弱める）

Borderless English **A small amount of money** part-time **workers can receive** will decrease Japanese domestic consumption in Japan.

解説 low disposable income（少ない可処分所得）は **a small amount of money workers can receive** と易しく言い換えています。

4. Based on the **performance-based pay system**, outsourcing will **widen the wage gap** between high and low skilled workers.（能力給制度に基づいているので、アウトソーシングは、能力に差のある労働者間の賃金格差を広げてしまう）

Borderless English Outsourcing will **increase gap in pay** between high and low skilled workers because **salary depends on job performance.**

解説 widen the wage gap（賃金格差を広げる）は increase gap in pay に、performance-based pay system（能力給制度）は salary depends on job performance に、易しく言い換えています。

　皆さん、いかがでしたか？　では、「経済」のその他の重要例文にまいりましょう。

4.「経済」問題を討論するためのその他の重要例文集

論争度★★

9. The key ingredients of success in global business
（国際ビジネスで成功する秘訣）

Key factors of success（成功の主要要因）	
1. インターネットで販売を促進する。	Promoting sales through the Internet.
2. 安い労働力を求めて**外国に業務を委託**する。	**Outsourcing work overseas** for cheap labor.
3. 国際的な視野と異文化間での職務能力を身につける。	Having **a global perspective and cross-cultural competence**.
4. 英語能力とコンピューター操作能力を身につける。	Acquiring **English proficiency and computer literacy**.

論争度★★

10. The pros and cons of the mandatory retirement system
（定年退職制の是非）

PROS（賛成側の主張）	
1. 高齢者の高い人件費を省けるので効率的な会社の経営手段である。	It is an efficient way to run a company as it can eliminate **high labor costs of elderly workforce**.
2. 求職中の若者や中年者に、より多くの仕事の機会を与える。	It will give more job opportunities to **job-seeking young and middle-aged people**.
3. 能力低下を理由に退職を希望している労働者に**セーフティーネット**を与える。	It provides **a safety net** for workers who want to retire because of their declining abilities.
CONS（反対側の主張）	
1. 高齢労働者の技術を無駄に	It is a waste of **the expertise of elderly**

する。	workforce.
2. 年齢差別問題を引き起こす。	It will cause **the problem of age discrimination**.
3. 退職手当が高額なので、会社の財務に**負担を与える**。	**Retirement allowance** is costly enough to **put a strain on** corporate finance.

論争度★★

11. The pros and cons of lifetime employment(終身雇用制度の是非)

PROS（賛成側の主張）	
1. 雇用保障を与えることで、従業員の忠誠心を高められる。	It will **enhance employees' loyalty** by providing job security.
2. 会社は技術力のある熟練労働者や彼らが蓄積した多くの技術を確保できる。	It allows companies to **secure skilled workforce and their accumulated expertise**.

CONS（反対側の主張）	
1. 過剰人員や非生産的労働者を減らしたり取り除いたりできないために人件費を増やす。	It will increase labor costs because companies cannot decrease or eliminate **redundant or unproductive workforce**.
2. 従業員の競争心を損ね、生産性を低める。	It will decrease workers' productivity by **dampening their competitive spirits**.

論争度★★

12. Should the retirement age be raised?
（定年の引き上げを行うべきか？）

YES（賛成側の主張）	
1. 労働力不足を緩和する。	It helps alleviate labor shortage.
2. 60代の人々により多くの仕事の機会を与える。	It gives more job opportunities to people in their 60's.
3. **年金危機問題**の解消に役立つ。	It will help solve **the problem of pension crisis**.

NO（反対側の主張）	
1. 現在の定年を維持することで	**Maintaining the current retirement age**

企業は業務を効率的に行える。	allows companies to run their business efficiently.
2. 現在の定年を維持することで、求職中の学生や中年者により多くの仕事口を与える。	Maintaining the current retirement age will give more job opportunities to job-seeking young and middle-aged people.
3. 現在の定年を維持することで、**高齢労働者たちが仕事から解放され**、定年後の生活を楽しめる。	Maintaining the current retirement age will **liberate elderly workers from work**, thus allowing them to enjoy their life after retirement.

論争度★★

13. Should there be a legally mandated ceiling on weekly working hours?（1週間の労働時間を法的に規制するべきか？）

YES（賛成側の主張）	
1. 従業員の生産性を高める。	It will increase employees' work efficiency.
2. 労働者を**搾取と酷使**から守る。	It will protect workers from **exploitation and abuse**.
3. 労働者が家族と過ごす時間が増え、家族の絆が深まる。	It will encourage workers to spend more time with their family, thus strengthening their family ties.
4. **残業時間を減らす**ので、人件費が抑えられる。	It will reduce labor costs by **cutting overtime**.
NO（反対側の主張）	
1. **労働力不足**が起きる。	It will lead to **labor shortage**.
2. 同僚と過ごす時間が減るので、**労働者間の結束力が弱まる**。	It can **weaken solidarity among workers** because they spend less time with their coworkers.

論争度★★

14. The pros and cons of telecommuting（在宅勤務の是非）

PROS（賛成側の主張）

1. 通勤する時間と費用を省ける。	It can **save time and money to for commuting.**
2. 交通渋滞と通勤ラッシュを緩和する。	It will **alleviate traffic congestion and a commuting rush**.
3. 特に多くの主婦と障害者により多くの仕事口を与える。	It will increase job opportunities especially for many homemakers and physically challenged people.

CONS（反対側の主張）

1. 自宅では**監視がなく**、テレビなど**集中を妨げるもの**があるので、従業員が熱心に働かなくなり、生産性が下がる。	**Lack of supervision** and **distracting factors** at home such as TV **discourages workers from working hard**, thus **decreasing their productivity**.
2. 他者との交流を減らすので、対人関係処理能力の発達を妨げる。	It will decrease interactions with other people, thus **hampering the development of people skills**.

論争度★★

15. The pros and cons of casual dress（普段着着用の是非）

PROS（賛成側の主張）

1. **エネルギー節約**につながる。	It contributes to **energy conservation**.
2. **創造的な仕事に就いている労働者の生産性**を高める。	It will increase **the productivity of workers engaged in creative jobs**.

CONS（反対側の主張）

1. 労働者の規律意識を損ねるので、生産性を低める。	It will decrease the productivity of workers by **undermining their sense of discipline**.
2. 職場でのセクハラにつながる。	It will lead to sexual harassment in the workplace.

論争度★★

16. Privatization vs. nationalization (民営化対国有化)

Privatization (民営化)

1. 企業間のより熾烈な競争を通じて、**生産性を高める**。	[Pro] It **increases productivity** through keener competition among companies.
2. 民間企業に利益を上げさせることで、**景気を刺激する**。	[Pro] It **boosts the economy** by allowing private companies to make profits.
3. 消費者が**手ごろな価格の質の高い製品やサービス**を享受する機会が増える。	[Pro] It will give consumers more chance to enjoy **affordable goods and services of higher quality**.

Nationalization (国有化)

1. 利潤とは関係なく、**社会全体の利益**に役立つ。	[Pro] It works for the **common good of society, regardless of profitability**.
2. **計画経済**を通して**経済を安定**させる。	[Pro] It **stabilizes the economy** through **the planned economy**.
3. 産業の生産性を下げるので国の経済を弱める。	[Con] It will **undermine the national economy** by decreasing the productivity of industries.
4. 政府の財政負担を増加させる。	[Con] It can **increase the fiscal burden on the government**

5.「経済」問題を発信するための必須表現クイズにチャレンジ

本章で取り上げた表現の中から厳選した20の表現を英語で説明してみましょう。

1	金融引締め政策	11	産業の空洞化
2	税優遇措置	12	自給自足農業
3	自由放任主義	13	一方的解雇
4	累進課税	14	有効求人倍率
5	公定歩合	15	普通株式
6	早期退職優遇制度	16	淘汰
7	円高［円安］	17	口コミによる宣伝
8	実地訓練	18	販売促進戦略
9	特恵関税	19	外資系企業
10	平社員	20	市場の買占め

解答例 即答できるまで繰り返し音読して覚えましょう！

1	tight-money policy / belt-tightening policy	11	deindustrialization / industrial hollowing-out
2	tax break	12	subsistence agriculture
3	laissez-faire	13	arbitrary layoff
4	progressive taxation	14	active opening rate
5	official discount rate	15	equities
6	early-retirement incentive plan	16	shakeout
7	the appreciation [depreciation] of the yen	17	word-of-mouth advertising
8	hands-on training	18	sales-promotion gimmick
9	preferential tariff	19	foreign-affiliated [owned] companies
10	rank and file	20	corner the market

6.「経済」問題を討論するための最重要サイトTOP10

- **World Trade Organization [WTO]**（世界貿易機関）http://www.wto.org/index.htm　世界の貿易に関する情報と経済協定に関する情報が入手でき、自由貿易が先進国と後進国の経済に与える影響を分析することができる。
- **Organization for Economic Cooperation and Development [OECD]**（経済協力開発機構）http://www.oecd.org/　各国のGDPや貧困率などの比較データがGetでき、将来の社会変化や経済動向を予測することができる。
- **U.S. Department of the Treasury**（米国財務省）http://www.treasury.gov/Pages/default.aspx　米政府による財政難に陥った大手金融機関や企業への公的資金投入情報をGetできる。
- **Center for Economic and Social Justice [CESJ]**（経済社会公正センター）http://www.cesj.org/index.html　資本主義と社会主義の基本項目や長所と短所の比較に関する情報と統計が入手でき、また新たな経済的な枠組みを予測するページも設けてあるので、将来の世界経済動向を予測するのに役立つ。
- **International Monetary Fund [IMF]**（国際通貨基金）http://www.imf.org/external/　世界の金融市場と金融政策に関する情報・法令・各種統計資料などをGetでき、国際金融市場の現在を理解したり、将来の動向を予測できる。
- **国税庁**　http://www.nta.go.jp/index.htm　消費税や所得税など日本国内の税金に関する情報、各種統計資料をGetできる。
- **厚生労働省**　http://www.mhlw.go.jp/　年功序列制度、能力給制度など、日本国内の雇用に関する国政や法令の情報、各種統計資料などを入手できる。
- **財務省**　http://www.mof.go.jp/　日本の財政状況、各年度予算の取り組みに関する情報をGetでき、日本の金融政策・税制政策・財政政策の背景知識を深めることができる。
- **経済産業省**　http://www.meti.go.jp/　海外諸国との経済協定や貿易に関する情報、法令、各種統計を入手でき、経済協定が日本に与える影響を予測することができる。
- **独立行政法人 経済産業研究所**　http://www.rieti.go.jp/jp/index.html　ワークシェアリングや雇用に関する情報や論文が入手でき、将来の労働制度の変化や経済への影響を予測することができる。

第2章

「科学技術」問題を英語で討論するための技術と表現力UP

Science & Technology

1.「科学技術」問題の最重要トピックはこれだ！

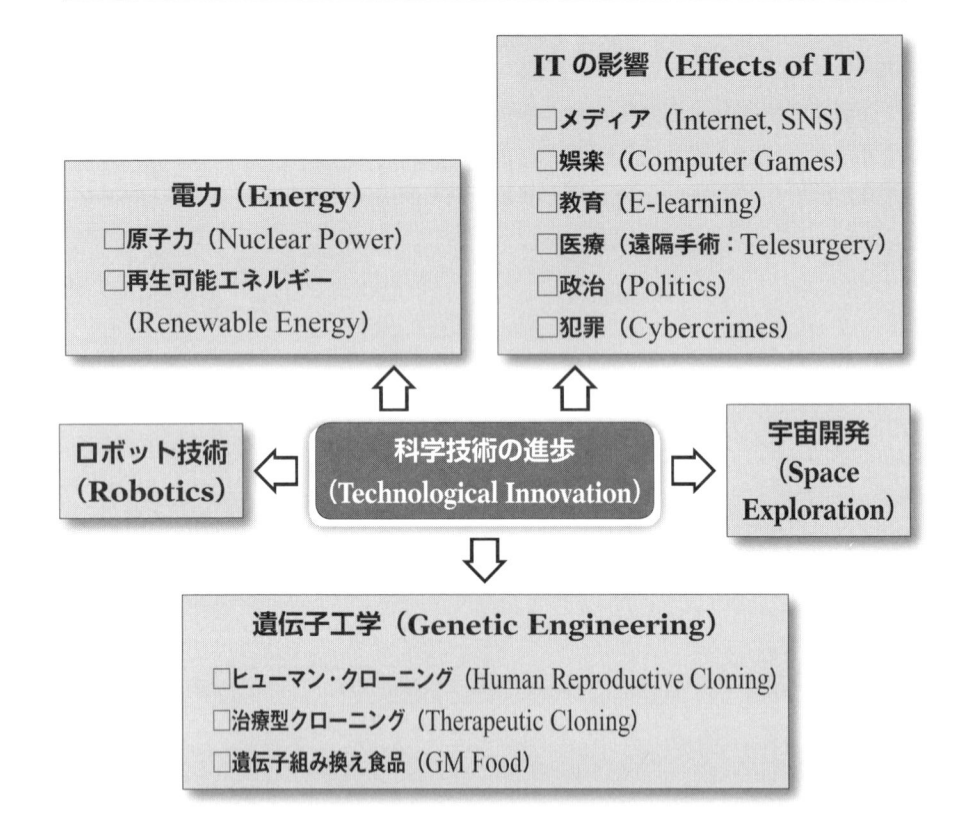

ITの影響（Effects of IT）
- メディア（Internet, SNS）
- 娯楽（Computer Games）
- 教育（E-learning）
- 医療（遠隔手術：Telesurgery）
- 政治（Politics）
- 犯罪（Cybercrimes）

電力（Energy）
- 原子力（Nuclear Power）
- 再生可能エネルギー（Renewable Energy）

ロボット技術（Robotics）

科学技術の進歩（Technological Innovation）

宇宙開発（Space Exploration）

遺伝子工学（Genetic Engineering）
- ヒューマン・クローニング（Human Reproductive Cloning）
- 治療型クローニング（Therapeutic Cloning）
- 遺伝子組み換え食品（GM Food）

　「科学技術」問題は、**「技術の進歩」**を核として、原子力や再生可能エネルギーなどの「電力」問題、インターネットやSNSなどのメディアが教育、政治に与える影響、医療の進歩や世界の食糧問題、倫理問題に発展する「遺伝子工学」、その他「宇宙開発」や「ロボット技術」などへと展開していきます。これらの流れを念頭に置いて、科学技術問題のアーギュメントを見ていきましょう。

科学技術分野では、エネルギー供給の問題、**バイオテクノロジーがもたらす恩恵と危険性（benefits and risks of biotechnology）**、**IT社会の課題（challenges facing the information technology society）**、**エコカーの開発（development of environmentally friendly vehicles）**、**ロボット時代の到来（the advent of robotics）**や宇宙開発の意義などが盛んに議論されています。いずれも私たちの生活に深くかかわる重要な話題ですので、日頃からしっかりアンテナを張り、生きた情報を蓄積しておくことが大切です。

その中でも、いま国内外で特に激しく議論されているのが「エネルギー問題」です。**原子力発電の是非（pros and cons of nuclear power generation）**、**再生可能エネルギーの可能性（potential of renewable energy）**については世界的に議論されています。

さらに、「バイオテクノロジー」関連では、**遺伝子工学（genetic engineering）**の進歩が**遺伝子組み換え食品（genetically modified (GM) food）**や**再生医療（regeneration treatment）**などの新技術をもたらす一方で、**ヒトのクローン化（human reproductive cloning）**や**生物兵器（biological weapons）**の開発が懸念されています。こうした**倫理的な問題（ethical issues）**や**生態系に与える悪影響（negative impact on the ecosystem）**についても自分の意見を述べられるようにしておきましょう。

また、今後ますます重要性を増す**環境負荷の低減（reduction of environmental impact）**や**少子・高齢化社会対策（countermeasures for an aging society with a declining birthrate）**に「ロボット技術」がどう応えられるのか、「宇宙開発」は必要か、といったトピックについても常に問題意識を持って情報を収集し、同時に発信力を磨いておきましょう。

▶国内外で最も議論されているトピック「科学技術」ベスト5

1	**Nuclear energy**（原子力発電）
2	**Renewable energy sources**（再生可能エネルギー）
3	**Social networking services**（ソーシャル・ネットワーキング・サービス）
4	**Genetically modified organisms**（遺伝子組み換え食品）
5	**Space exploration**（宇宙開発）

2.「科学技術」問題を討論するためのアーギュメント＆表現力UP

論争度★★★★　　　　　　　　　　　　　　　　　　　　　　　CD-9

| エネルギー | **1. Should nuclear power be promoted?**
（原子力発電は推進されるべきか？） |

　エネルギー政策（energy policies）を考えるには、まず①**エネルギーの安定供給**（energy security）、②**環境保全**（environmental protection）、③**経済発展**（economic growth）という3Eの視点が必要です。しかし、これらは相反する利益を目標にしているため、同時に達成することは非常に難しく、**エネルギーのトリレンマ**（trilemma）と呼ばれています。

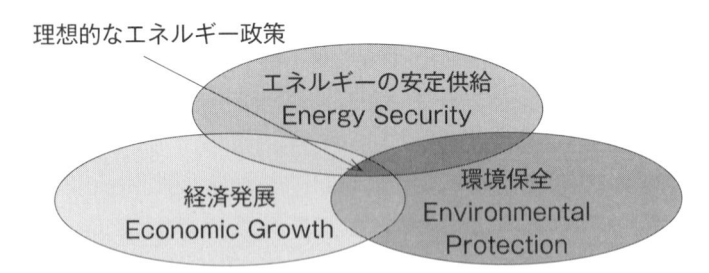

理想的なエネルギー政策

エネルギーの安定供給
Energy Security

経済発展
Economic Growth

環境保全
Environmental Protection

エネルギー供給のトリレンマ

　日本の**エネルギー自給率**（energy self-sufficiency rate）は、わずか数％で、経済開発協力機構（OECD）加盟国の平均エネルギー自給率である7割をはるかに下回っています。日本のように**国内資源の乏しい国**（resource-poor countries）にとっては、いかに安定的にエネルギーを確保するか、いかに**環境保護と経済成長を両立させるか**（balance environmental protection against economic growth）が議論の中心となっています。

　その一方で日本政府は、CO_2を排出しない**ゼロ・エミッション比率**（the percentage of emission-free energy sources）を2030年には現状の34％から70％程度に引き上げるという目標を掲げており、原子力がこの目標達成のカギを握る**基幹エネルギー**（core energy）とされていました。しかし、2011年3月の福島第一原子力発電所事故以来、「**反原発**」、「**脱原発**」（denuclearization）

を求める国民感情が一気に高まっています。では、原子力発電のメリット・デメリットについて、以下のキーアイディアを見てみましょう。

YES（賛成側の主張）	
1. 原子力は、**二酸化炭素排出量を大幅に削減**できるクリーンなエネルギー源なので、**地球温暖化を緩和**できる。	Nuclear power is a clean energy that can **dramatically reduce CO_2 emissions** and thus can **alleviate global warming**.
2. 原子力は、**化石燃料に代わる**エネルギー源として**急増する世界のエネルギー需要に応える**ことができる。	Nuclear power can **meet rapidly increasing global energy demand** as **an effective alternative to fossil fuels**.
3. ウランは安価で、施設も長寿命なので、原子力発電は他の発電方法よりも**費用効率が高い**。	Given the low cost of uranium and the long life of plants, nuclear power generation is more **cost effective** than the other forms of power generation. (**Q1** ウランの発電効率とは？)
NO（反対側の主張）	
1. 原子力発電所は、チェルノブイリや福島原発事故のような**大事故**を引き起こす**危険性**を常に**有している**。	Nuclear power plants always **carry a potential risk of** causing **devastating** accidents such as the Chernobyl and Fukushima disasters.
2. 放射能の**半減期**は非常に長いため、**放射性廃棄物**は将来にわたって環境を**脅威**にさらすことになる。	**Radioactive waste poses threats to** the environment for present and future generations due to its extremely long **half-life**. (**Q2** 放射能の寿命とは？)
3. 原子力発電所が**テロ攻撃**に遭えば、大規模な放射能汚染が起き、国家に**甚大な被害**を及ぼす。	**Terrorist attacks** on nuclear plants can cause massive radioactive contamination, resulting in **extensive damage to** the country.
4. 原子力発電技術は、罪のない大勢の人々の命を奪う核兵器の製造に**悪用される**可能性がある。	Nuclear power generation technology can **be misused to** create nuclear weapons which can cause deaths of countless innocent people.

> 強いアーギュメントをするためのロジカル・シンキング力 UP！

　日本の原子力発電は、1966年の東海発電所の**営業運転（commercial operation）**開始以降、全国17ヵ所54基の原子炉で国内**総電力（total power output）**の約2割を担っていました。しかし、2011年の**福島第一原子力発電所事故（the Fukushima Daiichi nuclear accident）**以降、**ストレス・テスト（健全性検査）（stress test）**実施などの名目で次々と原発の運転は停止されました。**国際原子力機関（the International Atomic Energy Agency [IAEA]）**によると、前述の事故以降、原発の数はヨーロッパ諸国で局所的には縮小するものの世界的な減少には至らず、**原子炉（reactor）**稼働数は2011年末の435基から20年後には最高8割程度増えると見込まれています。その原因として、**世界の高まるエネルギー需要（increasing global energy demand）**、**気候変動の懸念（concerns about climate change）**、**化石燃料価格の変動（volatile fossil fuel prices）**、**エネルギー供給の安定（stable energy supply）**などが挙げられています。

　原子力推進派は、主なメリットとして、①発電時の二酸化炭素を削減できる、②**酸性雨（acid rain）**や**光化学スモッグ（photochemical smog）**、**大気汚染（air pollution）**の原因となる**窒素酸化物（nitrogen oxides）**や**硫黄酸化物（sulfur oxides）**を排出しない、③燃料の**エネルギー密度（energy density）**が高く、発電量あたりの単価が安いため、**経済的（cost-effective）**、④政情不安な中東に依存するガスや石油に対し、ウランは入手ルート・価格が安定している、といった点を挙げています。また、発電所地域では、⑤**雇用促進（boost employment）**、⑥**地域交付金の交付（subsidies granted to local host communities）**や⑦**電力会社からの税収（tax revenues from power companies）**などの**多大な経済効果（enormous economic benefits）**が見込まれます。さらに、⑧優れた原発技術を海外に売り込み、**技術力を国際的にアピールする（impress the world with advanced technology）**こともできます。

　その一方で、原子力廃棄物の**安全な処理方法（safe disposal of nuclear waste）**が未だに確立されていないことから「トイレのないマンション」と呼ばれ、最大の課題となっています。日本の原子炉で発生した**使用済燃料（燃料棒）（spent fuel）**は、フランスのラ・アーグ再処理工場や茨城県の東海再処理施設

に運ばれ、ウランやプルトニウムを分離抽出した後、**高濃度放射性廃棄物（highly radioactive waste）**としてガラス固化され、それを30～50年間地上で冷却保管されます。その後、**地層処分（deep geological repository）**により隔離保管する方法をとっていますが、その**半減期（half-life）**は数万年と言われ、その間の**放射能の漏洩（radiation leakage）**や輸送時の**被ばく（exposure）**の恐れなどから地域住民の反対が強く、国土の少ない日本では処分地確保が難航しています。また、原子炉が損傷すると**放射性物質（radioactive material）**が大量放出され、**周辺環境に甚大な被害（immense damage to the local environment）**が及び、その地域一帯が**機能不全（social dysfunction）**に陥ることさえあります。さらに、発電施設および核廃棄物処理施設がテロの標的とされたり、使用済み核燃料に含まれるプルトニウムが**核兵器（nuclear weapons）**の材料となり得ることから、**軍事転用（diversion to military use）**の可能性も否めません。

とはいえ、急速な原発廃止は**電力不足（electric shortages）**を引き起こし、**経済の減速（economic slowdown）**や**社会の混乱（social upheaval）**を招きかねません。原発停止による日本経済への影響は、①電力価格上昇により消費が約4％減少、②消費の低迷が国内企業収益を圧迫、③国内投資が10数％減少、などと見込まれています。原発の利用を続けるには国民が納得する**安全対策（safety precaution）**が不可欠であり、逆に、原発を廃止するには**代替エネルギー（alternative energy sources）**の開発が急務で、いまだ行き先は不透明です。

「科学技術」問題を発信するための背景知識力UP①

原子力発電にかかるさまざまなコスト

Q：原子力発電炉を1基建設するのにかかる費用は？
A：規模によって異なりますが、一般的には3000億～5000億円程度。
Q：1基あたりの発電可能量は？
A：約60万kWh。例えば、風力発電は建設費約120億円／発電量約6.6万kWh、LNG（火力発電）は建設費約190億円／発電量約100万kWh。
Q：地層処理にかかる費用は？
A：試算による低レベル放射性廃棄物の処分費用は、約7400億円。
Q：原子力発電炉1基を廃炉にするための費用は？

A：日本原子力発電（電力会社9社が出資する企業）によると、標準的な原子炉1基を解体し、放射性廃棄物を処分するためにかかる費用は、約550億円と試算されています。しかし、東海原発（出力16.6万kW）の場合は約930億円かかると言われており、さらに、福島第一原発事故による最低補償額は10兆円とも100兆円とも言われています。これらのコストを考えると、原子力発電が安価なエネルギーだとは言いにくいようです。

Q：ウランの価格、発電効率は？
A：燃料用濃縮ウラン中のウラン235が3〜5%だとすると、1gのウラン235に匹敵する規模の発電を行うには、石炭なら2.2t、石油なら1.3t、天然ガスなら1.1tが必要だと言われ、そのエネルギー効率は桁違いです Q1 。福島第一原発事故以来、経済協力開発機構（OECD）諸国で脱原発の風潮が加速される一方、アジアでは原発の新設が進み、中国では数十基、インドや韓国でも数基の建設に取り組んでいます。こうしたアジアでの原発新設ラッシュによってウランの需要は増加し、今後さらなる価格上昇が予想されます。

論争度★★★★　　　　　　　　　　　　　　　　　　　　**CD-10**

| 自然エネルギー | 2. The pros and cons of hydroelectric power generation（水力発電のメリット、デメリット） |

　現在、われわれは**エネルギー・ポートフォリオ（energy portfolio）**の見直しを迫られており、**再生可能エネルギーの開発（development of renewable energy）**、**エネルギー供給の効率化（effective energy supply）**、**最先端省エネ技術の開発と普及（development and spread of cutting-edge energy saving technologies）**が急務となっています。**持続可能な経済発展（sustainable economic growth）**を続けるためには、①**実現可能性（feasibility）**、②**安定供給（stable supply）**、③**環境負荷（environmental impact）**、④**発電コスト（energy generation cost）**、⑤**今後の電力需要（future energy demand）**（少子高齢化、経済成長の鈍化、環境対策［省エネルギー化］によるエネルギー消費低下の可能性）という**5つの最重要項目（the five key criteria）**を考慮する必要があり、取り組むべき課題は山積しています。では、再生可能エネルギーの代表例である水力発電のメリット・デメリットについて、以下のキーアイディアを見てみましょう。

PROS（賛成側の主張）	
1. 水力発電は、温室効果ガスや有害化学物質を大気中に排出する燃料の燃焼を伴わないので環境にやさしい。	**Hydroelectric power generation** is environmentally friendly, eliminating the need for **fuel combustion** that **releases greenhouse gases** and **toxic chemicals** into the atmosphere.
2. 水力発電施設は、寿命が原子力発電施設よりも 100 年以上長い。	Hydroelectric facilities can last 100 years longer than nuclear power plants.
3. 水力発電は、埋蔵量の不足や価格変動といった化石燃料の不安要素を払拭する。	Hydroelectric power generation eliminates the **destabilizing factors** of fossil fuels, such as **scarce reserves** and **cost fluctuations**.
4. 水力発電に使用された水は、灌漑や工業用水、生活用水など、他の用途にも再利用される。	Water used in power generation can be reused for various other purposes including **irrigation, industrial use,** and **civic water supply**.
5. 水力発電は、他の再生可能エネルギーに比べ、電力を安定的かつ継続的に生み出すことができる。	Hydroelectric power generation provides more **stable** and **consistent** power supply, as compared with the other renewable energy sources. (**Q1** 日本に適した自然エネルギーとは？)
CONS（反対側の主張）	
1. ダムの建設によってその上・下流域の生態系が変化し、多くの動植物種を絶滅に追いやる可能性がある。	Dam construction completely changes the **ecosystem** up- and down-stream, which can lead to **the extinction** of many species.
2. 大規模なダム建設のために地域の住人が立ち退きを余儀なくされることが多い。	Large-scale dam construction often requires the **eviction** of **residents** from the area.
3. 水力発電は、降水量不足や干ばつによって多大な影響を受ける可能性がある。	Hydroelectric power generation can be seriously affected by limited rainfall and **droughts**.
4. 多量の水を有する水力発電施設が損傷すると大惨事を招きかねない。	Damage to hydroelectric facilities containing a large volume of water can cause **catastroplic disasters**.

第2章 「科学技術」問題を英語で討論するための技術と表現力UP

> 強いアーギュメントをするためのロジカル・シンキング力 UP！

　水力発電は、**水の流れ（water flow）**という**自然エネルギー（natural energy）**を利用しているため、発電時に**温室効果ガスを排出しない（zero emission）**という点で環境にやさしく、特に日本は**水資源には恵まれ（water-rich country）**、**山がちの地形（mountainous landscape）**のため、水力発電に適しています**Q1**。しかし、発電所建設のための**森林伐採（deforestation）**や周辺地域の**生態系の破壊（destroy the ecosystem）**、川の上流に建設された発電所から**送電する設備（power transmission facilities）**の建設やダムに堆積した土砂処理にかかる多額の経費、**送電ロス（power transmission loss）**といった問題が残されています。

> 「科学技術」問題を発信するための背景知識力 UP②

新エネルギーの評価と課題

　再生可能エネルギーに共通するメリットは、一般に①**枯渇する心配がない（unlimited potential）**、②**原料費がかからない（no cost for raw materials）**、③**発電時の CO_2 排出量を削減できる（reduction in CO_2 emissions）**などです。

　一方、デメリットは、①**供給が不安定（unstable supply）**、②**非効率（inefficiency）**、③**初期費用が高額（high initial cost）**などです。

　経済産業省らによる試算では、2010年の1kWhあたりの発電コストは、火力発電が7～10円/kWh程度（石油火力は近年の原油の価格高騰により37円/kWh程度）、原子力発電が5～10円/kWh（放射性廃棄物の処理費用、廃炉費用などは含まない）となっています。

　各再生可能エネルギーにおけるその他の特徴を把握し、「今後成長する見込みが高い発電方法は何か（Which power generation method do you think has the greatest growth potential?）」、「発電所の建設地問題についてどう思うか（What do you think about the location problem of power generation facilities?）」などの問題にも答えられるよう、自分の意見を準備しておきましょう。

Cost	Advantages	Disadvantages
太陽光発電 Solar power 発電コスト： （42円/kWh）	・導入が簡単（easy installation） ・需要地の近くに発電装置を設置でき、送電ロスを低減（reduction of transmission loss） ・需要の多い日中に発電（daytime power generation）	・エネルギー密度が低く（low energy density）、多くの電力量を賄うには広大な面積が必要 ・夜間は発電できない（no power generation during the night） ・発電出力が天気に左右され（at the mercy of weather conditions）、不安定（unstable）
風力発電 Wind power （9〜14円/kWh）	・CO_2を排出しない（no CO_2 emission） ・発電コストが低い（low generation cost） ・海岸線を有効利用できる（effective use of coastlines）	・エネルギー密度が低く、広大な面積が必要 ・風向きや風速は変動しやすく、不安定 ・風車回転時の騒音（noisy） ・景観を害する（spoil the landscape）
潮力発電 Tidal power （6〜8円/kWh）	・発電コストが低い ・エネルギー密度が高い（high energy density）	・設置場所が限られる（limited location） ・海洋生態系に悪影響（damage to the marine ecosystem） ・いまだ開発段階である（still under development）
地熱発電 Geothermal power （8〜22円/kWh）	・火山国に適している（beneficial to volcanic countries） ・純国産エネルギー資源（100％ domestic energy source） ・季節や天候に影響されにくい（unsusceptible to bad weather）	・候補地が温泉地や国立・国定公園内にある（located in scenic leisure spots） ・行政からの支援が乏しい（limited government subsidy）
バイオ燃料* Biomass energy （大規模製造： 9〜11円/kWh）	・大気中のCO_2を相殺 ・連続的に得られる安定的電源（sustainable energy source） ・設備費用が安い（low facility costs） ・低価格 ・有害物質をほとんど含まない（containing few harmful substances）	・発電効率が低い（low generation efficiency） ・さらなる環境負荷低減が必要（need to reduce environmental impact） ・食糧問題とのトレードオフ（trade-off with food supply）

＊ biomass energyとは、sawdust（おが屑）、manure（糞尿）、kitchen garbage（家庭のゴミ）等の biogenic energy（生物起源のエネルギー）の総称で、combustion（燃焼）などの化学反応によって得られる。

低炭素社会の実現に向けて、日本では太陽光発電の普及を目指した**法整備（legislation）**や**助成金（subsidy）・補助金（grant）**の導入が進められており、メガソーラー（megawatt solar system）と呼ばれる出力1MW（1000kW）を超える大規模発電設備の建設が各地で計画されています。

　また、太陽光発電施設は、火力発電所や原子力発電所に比べて**メンテナンスが容易（simple maintenance）**で、発電装置を建物屋上にも設置でき**スペースを有効利用できる（efficient use of space）**といった利点から、一般企業・自治体が売電または**自家発電（in-house power generation）**目的で太陽光発電設備を導入する事例も増えています。現在、日本の太陽光発電市場の約8割は住宅用ですが、2009年に始まった**余剰電力買取制度（feed-in tariff program）**により太陽光発電の余剰電力買い取りが電力会社に義務づけられたことから、ドイツ、イタリア、フランス、スペイン、アメリカなどと同じく日本においても電力事業用システムの需要が大幅に増大する見込みです。

「エネルギー・発電」問題を討論するための表現力 UP！

- □火力発電　thermal power generation　□水力発電　hydroelectric power generation
- □地熱発電　geothermal power generation
- □太陽電池モジュールと集熱トラフ　photovoltaic panels and solar heating trough
- □燃料電池　fuel cell　　□停電　blackout [power failure]
- □臨界点　critical mass (point)　□臨界事故　critical nuclear accident
- □劣化ウラン　degraded uranium
- □核廃棄物処理　nuclear waste disposal　（「核燃料再処理工場」は nuclear fuel reprocessing plant）
- □使用済み燃料処理　spent fuel disposal
- □放射能汚染　radioactive contamination
- □メタンハイドレート　methane hydrate（メタンガスが結晶格子の中に閉じ込められたシャーベット状の水和物）

論争度★★★ CD-11

クローン技術 **3. Should human reproductive cloning be promoted?**
（ヒトのクローン化［複製］は推進されるべきか？）

ヒトのクローン化については、2005年の**国連総会（the UN General Assembly）**で「**クローン人間禁止宣言（the Nonbinding Declaration on Human Cloning）**」が採択されました。ドイツ、フランスが中心となって条約制定を求め、アメリカやイタリアなどのカトリック諸国が**クローン技術の人間への応用の全面的禁止（total ban on the application of cloning technologies to humans）**を主張し、**賛成多数（approved by a majority）**で可決されました。しかしこの宣言は、**胚性幹細胞（ES細胞）（embryonic stem cells）**研究における**医療目的（therapeutic cloning）**での研究も禁止しているため、日本やベルギー、中国、イギリス、スウェーデン、シンガポールなどは強く遺憾の意を表し、独自に医療目的の研究を認める立場を取っています。では、クローン研究推進のメリット・デメリットについて、以下のキーアイディアを見てみましょう。

YES（賛成側の主張）	
1. 複製技術の研究によって、**再生医療**や**臓器移植**といった医療の開発に貢献する。	Human cloning research contributes to the development of medical science exemplified by **regenerative medicine** and **organ transplantation**.
2. **治療型クローンニング**によって、臓器提供を受けられない人の命を救うことができる。	**Therapeutic cloning** could save the lives of patients who cannot receive an organ transplant.
3. クローン化技術は、**不妊に悩む夫婦**に子供を授けることができるので、従来の**不妊治療**よりも**優れている**。	Human cloning, which enables **infertile couples** to have a child, is **superior to** conventional **medical infertility treatments**.
NO（反対側の主張）	
1. ヒトのクローン化は、**優生学的思想に基づくヒトの遺伝子操作**につながり、**生物学上の多様性**が損なわれる。	Human cloning will lead to the **eugenics manipulation** of human genes, which will **undermine biological diversity**.

2. ヒトのクローン化は、自然生殖への介入に他ならず、神の意志に反する。	Human cloning is a **gross intervention** in the **natural process** of reproduction, which constitutes an act against the will of God.
3. クローン化技術で生み出された人は、ガンなどの発症リスクが高く、短寿命に終わる危険性がある。	**Cloned** human beings can have a short life and **an increased risk of** cancer or other illnesses.
4. クローン技術により生み出された人は、使用人や兵士として差別されたり、搾取されたりする可能性がある。	**Cloned** humans can be **abused** or **exploited** as servants or soldiers.

強いアーギュメントをするためのロジカル・シンキング力 UP！

　クローン技術を人に適用できる可能性が出てきたことで、**臓器移植（organ transplant）、遺伝子治療（gene therapy）、延命治療（life-sustaining treatment）、生殖医療（reproductive medical treatment）**（不妊夫婦の子供の出産、出生前診断など）をめぐって次のような問題が取り上げられるようになりました。

①移植によって動物の持つ未知の**ウイルスに感染（viral infection）**する危険性
②特定の性質を持つヒトを作り出す**優生学（eugenics）、育種学［品種改良］（thremmatology）**につながることへの懸念
③自分のクローンから必要な臓器を取り出す場合の**クローンの人権（cloned humans' rights）**問題
④クローンが同じ指紋を持つことにより**犯罪捜査を混乱させる（hamper criminal investigation）**可能性
⑤独裁者の死後もそのクローンが次々に現れ、**永遠に悪政を続ける（eternal replication of dictators）**危険性
⑥クローン技術で生まれた子供は細胞主のコピーであって、両親の一方とは血縁関係がないため、**愛情が薄れる（weaken family ties）**可能性

　これらの問題は、いずれも医学や生物学の側面からだけでなく、倫理・哲学・宗教・文化・法律などの人文社会的側面からも十分に検討していく必要があります。

論争度★★★★　　　　　　　　　　　　　　　　　　CD-12

遺伝子組み換え　**4. Are genetically modified (GM) foods beneficial to our society?**（遺伝子組み換え食品の是非）

　ダイズ、トウモロコシ、ナタネ、ワタなどの**遺伝子組み換え作物（genetically modified (GM) crops）**は、今や世界29カ国で生産されています。最大のGM食品推進国であるアメリカでは、約120種の遺伝子組み換え作物について**商業栽培（commercial cultivation）**が認可されており、**ダイズ（soybean）**はほぼ100%、**トウモロコシ（corn）**は約80%など、アメリカ産作物の半分以上が遺伝子組み換え食品であると言われています。また、中国では多額の研究費用を投じて国家レベルでGM作物開発に注力し始めました。**慎重な姿勢（cautious stance）**を取っていたEU諸国においても、**害虫耐性トウモロコシ（insect-resistant corn）**に次いで、**工業用ジャガイモ（industrial potato）**の商業栽培が許可されました。現在、**バイオ燃料（bio fuels）**への高まる期待もあり、さらに多くの国が遺伝子組み換え作物の開発、実用化に積極的に取り組み始めています。

　一方、日本では、遺伝子組み換え作物に対して**漠然とした不信感（vague sense of distrust）**を抱く人が多く、いまだ国民の間には**根強い抵抗感（deep-rooted aversion）**が見られます。しかし、わが国の約40%の**食糧自給率（food self-sufficiency rate）**を考慮すると、**安全な食料を安定確保する（secure a safe and stable food supply）**ために非常に重要な問題となっています。

　では、遺伝子組み換え食品のメリット・デメリットについて、以下のキーアイディアを見てみましょう。

YES（賛成側の主張）	
1. 遺伝子組み換え作物は、**穀物生産量**を増加させ、**増え続ける世界の人口**の暮らしを改善し、**飢餓**の軽減に貢献する。	GM foods can help reduce world **hunger** by increasing **crop yields,** thus improving the lives of **an ever-increasing global population**. (**Q1** 食糧不足は遺伝子組み換え作物で完全に解消できる？)
2. **害虫対策がなされた**遺伝子組み換え作物は、**化学薬品**の利用が少なくて済み、環境保護や農業従事者・消費者らの健康に	**Pest-resistant** GM crops, which require fewer **insecticides,** contribute to environmental protection and promotion of health among farmers and consumers.

77

とって好ましい。	
3. 遺伝子組み換え食物は、従来の食物よりも**ミネラル**や**ビタミン**などの**栄養**を多く含んでいる。	GM foods contain more **nutrients** such as **minerals** and **vitamins** than traditionally grown foods.
NO（反対側の主張）	
1. 遺伝子組み換え食物は、新たな疾病や**アレルギー**などを引き起こす**危険性があり**、人体に**悪影響**を及ぼすかもしれない。	GM foods may have **harmful effects** on the human body **with the potential danger of** causing new diseases or **allergies**.
2. バイオファームで推進されている穀物の**画一化**は、植物の**遺伝的多様化**を妨げ、病気への**脆弱性**を増加させる。	Crop **uniformity,** which has been promoted by biotech firms, will decrease the **genetic diversity** of plants and thus increase their **vulnerability** to various diseases.
3. 遺伝子操作技術は、発展途上国の農家には**高額で手が届か**ず、貧富の**二極化**を**助長する**だけだ。	Genetic engineering technology is **unaffordable** to farmers in developing countries, which will **exacerbate** the **polarization** of rich and poor.

強いアーギュメントをするためのロジカル・シンキング力 UP！

　国連の推計では、世界の総人口は 2050 年には 90 億人以上になると言われていますが、地球上の**耕作可能地（arable land）**は大半がすでに**農地化（cultivated）**されており、このままではさらなる食糧生産率の増加は見込めず、すでに 9 億人を超えている**飢餓人口（starvation）**は今後ますます増加するだろうと考えられています。そこで近年、遺伝子組み換え作物で**世界の食糧危機を解決しようとする動き（movement toward solving the global food-supply crisis）**が高まりつつあります。しかし、遺伝子組み換え技術によって**穀物生産量（crop yields）**は増加しますが、それだけでは世界に広がる食糧不足を完全に解消することはできません。事実、北朝鮮やナイジェリア、パキスタンのように国力はありながらも国民が飢えている地域があることからもわかるように、生産された食物がきちんと国民に行き渡る**国家の仕組み（national framework）**が必要であり、そのためには**人口増加の抑制（control of the population growth）**や教育、**経済力強化（increase in economic power）**や政治改革など、**多角的な取り組み（multifaceted approach）**が不可欠なのです Q1。

「科学技術」問題を発信するための背景知識力 UP ③

バイオテクノロジーのもたらす未来

バイオテクノロジー（biotechnology）は、動植物や微生物など**生物学の知見（biological knowledge）**を暮らしに活かすことを目的とした技術で、身近な例では日本の味噌や醤油、欧米のビールや乳製品などが挙げられます。今や私たちは、**医療・医薬品（medical and health care）**、**食品・農業（crop production and agriculture）**、**工業（industrial use）**、**環境保護（environmental protection）**の主要4分野において大いに**バイオテクノロジーの恩恵を受けている（benefit from biotechnology）**と言えます。

分　野	期待される応用技術
医療・医薬品	・遺伝子診断（genetic testing）、遺伝子治療（gene therapy）、再生医療（regeneration treatment）、個人の体質をゲノム情報（genomic information）レベルで把握し未然に発病を防ぐ予防医療（preventive healthcare）、テーラーメイド医療（personalized medicine） ・副作用の発現リスク低減（reduce the risk of side effects）、新薬の研究・開発（R&D of new medicines）
食品・農業	・作物の品質改良（breed improvement）による生産増加（increase in production）、農薬の低減（reduction in pesticides）、健康増進（health promotion）を目的とした機能性食品（functional food） ・個人の体質に合わせた栄養バランス食品（nutritionally balanced food）、アレルゲンフリー食品（allergen-free food）などの製造
工業	・微生物の働きを利用した製造法（bioprocess）、精錬法（bioleaching）、環境修復・浄化法（bioremediation）、食品廃棄処理（decomposition of food waste） ・省エネルギーで環境にやさしい新素材（green products）開発
環境保護	・家庭や工場からの廃水処理（waste water treatment）や海に流れ出た石油の除去（clean-up of marine oil spills） ・生態系が持つ機能を効率的に引き出すことで、費用やエネルギーの消費を抑え（cost-and-energy efficient）、環境と産業・社会の調和を図る技術の開発（the development of technology to promote harmony between environment, industry and society）

「バイオテクノロジー」問題を討論するための表現力 UP！

- □遺伝子操作　genetic manipulation　□形質転換動物　transgenic animal
- □遺伝子操作された家畜　genetically engineered livestock
- □ヒトゲノムと人権に関する世界宣言　the Universal Declaration on the Human Genome and Human Rights
- □国家生命倫理諮問委員会　the National Bioethics Advisory Commission
- □遺伝病　genetic disorder　□欠陥遺伝子　defective gene
- □遺伝子療法　gene therapy
- □生命の遺伝子コードを操作する　tinker with the genes of plants and animals
- □化学物質で合成DNAを作り上げる　forge chemicals into synthetic DNA
- □老化に関係する非常に複雑な問題に取り組む　wrestle with the vastly complex problems associated with human aging
- □生体情報科学　biomimicry（生物の構造や機能から着想を得て、それらを人工的に再現する技術）

英検1級エッセイライティング出題トピックランキング

英検1級1次試験エッセイライティングが新傾向になった2004年以降9年間の出題トピックの分野別ランキングを見てみましょう。

第1位「政治・法律・国際」は全体の約3割を占め、**国際社会における日本の役割、世界の貧困対策、飢餓対策推進、南北問題、犯罪対策**などが出題されており、「貧困」がこの分野の最重要テーマとなっています。

第2位「科学技術」は全体の約2割を占め、**原子力推進の是非、遺伝子組み換え食品の是非、宇宙開発、政府によるインターネット閲覧規制の是非**などが出題されています。これら2つの分野だけでエッセイライティングの5割を占める最重要分野ですので、政治・国際と科学分野の背景知識を持ち、自分の意見を発信できるようにしておきましょう。

第3位の「**環境**」と「**文化・レジャー**」はそれぞれ全体の1割強を占め、前者では**動物の権利、公共交通機関の是非、水資源の管理**などが出題されています。後者では**ギャンブル禁止の是非、国際競技開催の意義**などが出題されています。

第5位の「**教育**」と「**経済・ビジネス**」はそれぞれ全体の1割弱を占め、前者では**大学教育の是非、道徳観の低下**が、後者では**労働重視の検証、職業選択の条件**が問われています。**第7位**の「**家庭・高齢化**」では**少子高齢化社会の行方**が出題されています。

それ以外にも、"When future generations look back on this era, for what they praise and/or criticize?"（現代の良い点と悪い点）では、キーワードに、□医療と健康（health and medicine）□人権（human rights）□国際関係（international relations）□文学と芸術（literature and the arts）□道徳と価値観（morals and values）□科学技術（scientific endeavor）とあるように、**【多分野混合型】**も出題されていますので、日頃から一つのトピックを、経済、政治、家庭、科学、医療など各分野から多角的に見るように習慣づけておきましょう。

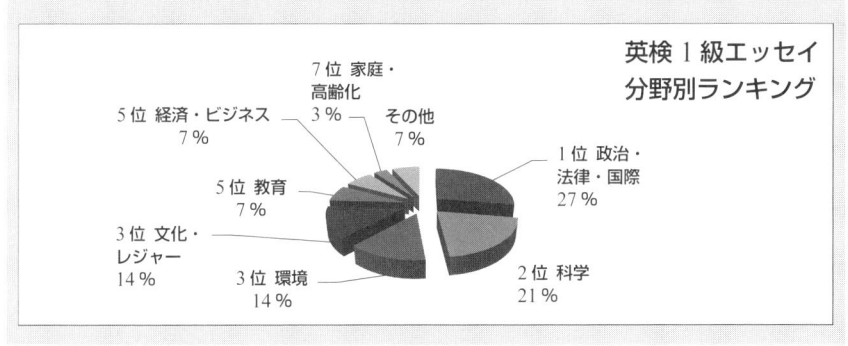

英検1級エッセイ 分野別ランキング

- 1位 政治・法律・国際 27%
- 2位 科学 21%
- 3位 環境 14%
- 3位 文化・レジャー 14%
- 5位 教育 7%
- 5位 経済・ビジネス 7%
- 7位 家庭・高齢化 3%
- その他 7%

論争度★★★★　　　　　　　　　　　　　　　　　　CD-13

| ネット犯罪 | **5. Countermeasures against cyber crimes**
（ネット犯罪を防ぐには？） |

　ブロードバンド接続サービス（broadband connection service）が低価格で提供されるようになった2000年頃から**インターネットの利用者**（Internet subscribers）は爆発的に増加し、現在ではパソコンを利用した**情報収集**（information retrieval）や**ネットショッピング**（Internet shopping）、**ブログ**（blog）や**ツイッター**（twitter）などで不特定多数の人とのやり取りなどを楽しむ人が増えています。また、**無線通信技術**（wireless telecommunication technology）が普及し、インターネット端末機能を持つ携帯電話やゲーム機が一般化したことから、**いつでも、どこでも情報ネットワークにアクセスできる環境**（ubiquitous communication environment）が整いつつあります。

　しかし一方では、**インターネットに極度にはまり込んでしまい**（pathological computer use）、社会生活にも影響を及ぼすほどの「**インターネット依存症**（Internet addiction）」に陥る人が現れるなど、社会問題にもなっています。また、携帯電話でのメールやインターネットの利用が進むことで、子供の**学力の低下**（decline in academic achievement）や、家庭内での会話の減少による**心の発達への影響**（negative impacts on mental development）も懸念されています。さらに、先進国の多くは、**機密情報の流出**（leakage of classified information）や**有害サイトによる悪影響**（malign influence of harmful web sites）、**ネット犯罪**（cybercrimes）といった新たな問題への対策に追われています。では、ネット犯罪の予防策について、以下のキーアイディアを見てみましょう。

Countermeasures（対策）	
1. ファイアウォールを使ってネットワーク接続中の不正なアクセスを防ぐ。	Use a **firewall** to protect your computer from **unauthorized** access **while on a network**.
2. ウイルス対策ソフトや迷惑メール防止プログラムをインス	**Install** and update **antivirus software** and **spam filtering/blocking programs**.

トールし、更新しておく。	
3. パスワードは頻繁に変更し、適度に難解なものにしておく。	Make your password complex and change it frequently.
4. ウイルスチェックを頻繁に行い、CD-ROM などの**外付けメディア**を用いる場合は事前にスキャンする。	Frequently check your computer for viruses and scan any **external media**, such as CD ROMs, before running them.
5. メールアドレスは公開せず、知らないユーザーからのメールは開封しない。	Keep your e-mail address private and do not open e-mails from unknown users.
6. 電子メールフィルターで受信箱に届くメールを**監視し**、疑わしいものや不要なメールを自動的に削除して、**ネット攻撃**や**なりすまし**に遭う危険性を減らす。	Use e-mail filters to **monitor** the inflow of mails to the inbox and automatically delete any suspicious or useless e-mails to prevent **hacking** and **spoofing**.

強いアーギュメントをするためのロジカル・シンキング力 UP！

インターネットの普及に伴い、**ネット犯罪（cybercrimes）**の被害件数、被害額はともに急増しています。FBI をはじめとする**捜査当局（investigation agency）**が日夜戦っていますが、犯罪の内容はますます巧妙化し、深刻な社会問題となっています。

当初、ハッカーたちの動機は、**知的探究心（intellectual curiosity）**や**技術的課題への挑戦（technical challenge）**、**功名心（ambition for fame）**といったものでしたが、今ではクレジットカード番号や**銀行口座の番号（bank account number）**などの**個人情報や知的財産を盗み出して手っ取り早くお金を稼ぐ（steal personal information or intellectual property for a quick buck）**手段として行われています。実際、ネット犯罪の約 8 割が**金銭目的（for monetary gains）**で行われており、**なりすまし（spoofing）**による**フィッシング詐欺（phishing）**や**スパイウェア（spyware）**を用いてパスワードなどを盗み出す**ロギング（keylogging）**といった手法で盗み出された情報が**地下経済（the underground economy）**で取引されています。

その他、**未成年者に対する性的行為の勧誘（sexual solicitation of minors）**

やネットを利用したストーキング（cyberstalking）、いじめ（cyberbullying）なども横行しています。

「科学技術」問題を発信するための背景知識力 UP④

世界を震撼させるネット犯罪集団

　世界に約 1000 人の構成員がいると言われている**国際ハッカー集団（international hacker group）のアノニマス（Anonymous）**は、特定のリーダーを持たず、全員が対等の立場で行動します。具体的には、「**ネット上における表現の自由を守る（fight for freedom on the Internet)**」という名目で、標的と定めた政府や団体、企業などのサーバに一斉にアクセス（DDoS 攻撃）してサービスを妨害するよう呼びかけたり、**要人の個人情報を流出させたり（leak the personal information of key figures）**しています。2010 年には、**内部告発サイト（whistle-blowing website)「ウィキリークス（WikiLeaks)」**との取引を停止したクレジットカード大手 MasterCard や VISA のサーバを攻撃しサービス停止に追い込んだり、アラブ諸国の民主化運動をサポートするため、チュニジアやエジプト政府のサイトに攻撃を仕掛けたりしています。2012 年、国際刑事警察機構（the International Criminal Police Organization ［ICPO］）は、**全世界一斉摘発作戦（the global operation to crack down on the hacker group)**によりそのメンバーだと思われる 25 人を逮捕したと発表しましたが、その発表直後に ICPO のウェブサイトがアノニマスの支持者から攻撃を受けてダウンしました。

　ではここで、社会問題を英語で討論する際に覚えておくと大変役立つ表現テクニックのレクチャーにまいりましょう。今回は、「**因果関係**」を表す表現です。

社会問題を討論するためのテクニック②

「因果関係」を表す表現
cause, lead to, result in をマスター！

英語ではSVOで「因果関係」を表すことが非常に多いため、それを表す動詞、特にcause / lead to / contribute to / result inの使い分けは最重要です。

- □ **cause**：「因果関係」を強調して、主に「悪いこと」を引きおこし、悪影響を与える場合に使い、**cause a problem [damage, an increase, a decrease, a loss, an accident, illness, a shortage]** のように用います。
- ・Cyber terrorism can **cause** social dysfunctions, paralyzing the governmental system.（サイバーテロは政治システムを麻痺させ、社会的機能不全を引き起こす）
- ・Obesity generally **causes** chronic diseases such as diabetes.（肥満は糖尿病などの慢性病を引き起こす）
- □ **lead to**：「一定期間経過後に結果を引き起こす、（ある結果・状態）に向かう」という意味で、give rise to や result in に比べて**過去時制（led to）**でよく用いられます。
- ・Daylight Saving Time will save electricity, thus **leading to *a decrease*** in carbon dioxide emissions in most countries.（夏時間は節電になり、多くの国で二酸化炭素排出量の削減につながる）
- ・Excessive dieting can l**ead to *health problems*** such as eating disorders and hormone imbalance.（極端なダイエットは、摂食障害やホルモンバランスの乱れなどの健康問題を引き起こすことがある）
- □ **result in**：「(結果的に) ～をもたらす、～に終わる」場合に使い、**result in failure [loss, a dispute]** の例に見られるようにネガティブ寄りの表現です。
- ・Corporal punishment at school **results in** children's intense dislike toward authority.（学校で体罰を与えると、児童が権威に対して強烈な嫌悪感を抱くようになる）
- ・Obesity can **result in** premature death.（肥満のために早死する可能性がある）

- □ **contribute to (toward)**：「物事が起こる一助となる」という意味で、悪いことにも使いますが，ポジティブな文脈で使うことが多い表現です。
  - Animal testing **contributes greatly to** the development of medical science.（動物実験は、医学の発展に大きく貢献する）
  - Ecotourism **contributes to** the cultural and ecological integrity of host communities.（エコツーリズムは、主催国の文化保全と生態系保全の一助となる）

ワンランクUP表現

- □ **bring about**：「ある状況に変化をもたらす時」によく使う表現。
  - Nuclear accidents brought about a change in people's awareness about renewable energy.（原発事故で、再生可能エネルギーに対する人々の認識に変化が起きた）
  - The advent of the solar panel can **bring about** a change in the environment.（ソーラーパネルの出現が環境に変化をもたらす可能性がある）
- □ **make for**：「ある特定の結果を生み出したり、何らかのことを起こすのを可能にする場合」に用いる表現。
  - The latest-model computers will **make for** much greater productivity.（その最新型コンピュータが生産性を上げてくれるだろう）
- □ **give rise to**：「（不愉快で、意外なこと）を起こす」の固い表現。**give rise to** a doubt [a dispute, a misunderstanding]（疑念［争い・誤解］を起こす）のようにネガティブな文脈で使います。
  - Her speech gave rise to a bitter argument.（彼女の発言は激しい論争を引き起こした）
- □ **trigger off**：「悪いことを起こし、それが速く連続して起こる場合」に用いる表現。
  - The assassination **triggered off** a wave of rioting.（暗殺事件が一連の暴動を引き起こした）
- □ **conducive to**：「物事がそうなりやすい状況を作る」を意味する固い表現。
  - Teachers need to create a classroom atmosphere that is **conducive to** learning.（教師は勉強しやすいクラス作りをする必要がある）

論争度★★★★　　　　　　　　　　　　　　　　CD-14

SNS　6. The pros and cons of social networking services（ソーシャル・ネットワーキング・サービスの是非）

FacebookやMySpace、mixiなどの**ソーシャル・ネットワーキング・サイト**（social networking sites）が普及し、個人間の**情報交換手段**（communication tools）としてのみならず、**国際市場**（globalized market）における**新しいビジネス・モデル**（new business model）としても注目されています。

では、ソーシャル・ネットワーキング・サービスのメリット・デメリットについて、以下のキーアイディアを見てみましょう。

PROS（賛成側の主張）	
1. ソーシャル・ネットワーキング・サービスは、**どこにいても**友人や家族など共通の**趣味**を持つ人たちを**つないでくれる**。	Social networking services **connect** families, friends, and those who share common **interests**, regardless of their **geographic locations**.
2. ソーシャル・ネットワーキング・サービスは強力な**マーケティング手段**であり、企業は膨大な数の読者を対象とした**広告発信**や**リアルタイムのフィードバック**などのやり取りができる。	Social networking services can be powerful **marketing tools,** through which businesses can **interact with** a huge number of **subscribers** for **advertisement** and **real-time feedback**. (**Q1** SNSで巨額のお金が動く仕組みとは？)
3. ソーシャル・ネットワーキング・サイトでは、**ブログ**から写真の保存、イベントへの招待まで、さまざまなサービスが提供されており、便利なコミュニケーション・ツールとなっている。	Social networking services are convenient communication tools which provide various services ranging from **blogging** to photo storage to event invitations.
CONS（反対側の主張）	
1. ソーシャル・ネットワーキング・サービスは、**身元詐称**や**詐欺**などのネット犯罪に遭う危険性をはらんでいる。	Social networking services **carry the risk of online crimes** such as **identity theft** and **fraud**.

2. ソーシャル・ネットワーキング・サイトは、**対面型のいじめ**より、被害者をさらに傷つける可能性のある**ネット上でのいじめを助長する**。	Social networking services **encourage cyberbullying** which can cause more harm to the victim than **face-to-face bullying**.
3. ソーシャル・ネットワーキング・サービスのために、ユーザーは**つい**時間を無駄に費やしてしまう。	Social networking services **entice** people to spend more time on time-wasting activities.

強いアーギュメントをするためのロジカル・シンキング力 UP！

　日本のネットショッピング(消費者向け電子商取引(business-to-consumer e-commerce))の市場規模は約 10 兆円に上り、近年客離れの進む百貨店やコンビニエンスストアの売り上げを追い抜く勢いで成長を続けています。最近では、ソーシャル・ネットワーキング・サイトやブログなどのソーシャル・メディアと電子商取引を組み合わせて販売を促進する**「ソーシャル・コマース」(social commerce)** も注目されています。これは、①**人気ランキング (popularity rating)** や**推薦の言葉 (testimonial)** を参考にする、②**専門家、有名人の意見 (experts' and celebrities' opinions)** に従うという消費者が増えたためで、消費者の口コミや個人間のコミュニケーションなどが売り上げに対して重要な役割を果たしています Q1 。こうしたソーシャル・コマースの増加や、買い物に出にくい高齢消費者の増加、スマートフォン・タブレット端末の普及などによって、**電子商取引市場 (e-marketplace)** は今後もますます成長してゆくと思われます。

「IT」問題を討論するための表現力 UP！

　□光ファイバーケーブル　optical fiber cable [fiber-optic cable]
　□集積回路　integrated circuit [IC]（「大規模集積回路」は large-scale integrated circuit [LSI]、「超大規模集積回路」は very large-scale integration [VLSI]）
　□インターネット普及率　Internet penetration rate

- □**インターネット閲覧ソフト**　**web browser**
- □インターネット接続料　Internet connection fee
- □掲示板システム　bulletin board system [BBS]
- □情報検索 [処理]　information retrieval [processing]
- □**記憶容量**　**memory capacity**　□データ圧縮　data compression
- □中央演算処理装置　central processing unit [CPU]
- □液晶ディスプレイ　liquid crystal display [LCD]
- □全地球測位システム　global positioning system [GPS]
- □スパム　spam (「迷惑メール」は unsolicited e-mail)
- □ウイルス送付による PC の破壊　vandalism of computers by transmitting viruses through websites and e-mail
- □フィッシング　phishing (個人情報を不正に取得する詐欺)
- □ボットネット　botnet (外部から不正に遠隔操作できるネットワーク)
- □**ユビキタス社会**　**ubiquitous society** (いつでもどこでも情報にアクセスできる環境が整った社会)
- □暗号　encryption (「暗号化」scramble、「暗号解読」は decryption)
- □**海賊版ソフト**　**pirated software**
- □音楽ダウンロード　music downloading (「インターネット音楽配信サービス」は online music distribution service)
- □個人情報保護法　the Personal Information Protection Law
- □コンピュータ支援教育　computer-assisted instruction [CAI]
- □**出会い系サイト**　**Internet dating [matchmaking] site**
- □文字化けした電子メール　garbled e-mail
- □露骨なアダルトデータのやり取り　exchange of sexually explicit materials
- □コンピュータに精通している　computer-savvy
- □注目されているブログ　high-profile blogs
- □**誰にも気づかれずに行われるネット犯罪**　**undetected** and **unreported** cybercrime
- □**情報格差**　**digital divide**

論争度★★★　　　　　　　　　　　　　　　　　　　CD-15

7. The pros and cons of electric vehicles
電気自動車
（電気自動車の是非）

　環境負荷の低減（reduction of environmental impact）、低炭素社会（low-carbon society）の実現を目指して、これまでのガソリン自動車（gasoline vehicles）に代わって電気自動車（electric vehicles [EVs]）やハイブリッド自動車（hybrid electric vehicles [HEVs]）など、低燃費・低排出車（vehicles with high fuel efficiency and low gas emissions）の開発が進んでいます。では、電気自動車のメリット・デメリットについて、以下のキーアイディアを見てみましょう。

PROS（賛成側の主張）	
1. 電気自動車は、二酸化炭素や**汚染物質**を大気中に排出せず、環境にやさしい。	Electric vehicles are environmentally friendly without emitting CO_2 or **pollutants** into the air.
2. 電気自動車は、**石油以外のエネルギー**を利用するので、化石燃料**枯渇**に対する不安がなくなる。	Electric vehicles, which run on **non-fossil fuels,** rule out concerns about oil **depletion**.
3. 電気自動車は、**ガソリン自動車**と異なり、**燃焼**エンジンを必要としないため、**車内**が広々としており、走行中も**静か**で乗り心地が良い。	Unlike their **gasoline counterparts,** electric vehicles with no **combustion engine** offer a comfortable ride in a **roomy interior** with **excellent noise resistance**.
CONS（反対側の主張）	
1. 電気自動車用電池は高額なため、一般消費者にはまだ**手が届きにくい**。	Batteries used in electric vehicles are very expensive, and thus still **unaffordable** to general consumers.
2. 電気自動車は、電気モーター**によって非常に静かに走行する**ため、歩行者は車が近づいていることに気づかず、危険である。	Electric vehicles **powered by** quiet electric motors can be dangerous as they may not be noticed by pedestrians.
3. 電気自動車は常に充電が必要なので、**産業用長距離移動**には	Electric vehicles, which require constant charging, are unsuitable for **long-distance**

| 不向きである。 | travel for commercial use. |

強いアーギュメントをするためのロジカル・シンキング力 UP！

注目される電気自動車の特徴と今後の課題は以下のとおりです。

特　徴	課　題
・走行中は**排出量を出さない**（**no CO_2 emission**） ・石油以外のエネルギーを利用（**use of non-fossil fuels**） ・エネルギー効率が高い（**high energy efficiency**）：ガソリン車の3倍 ・都市環境の改善（**urban environmental improvement**）：排気ガスがなく、騒音が小さい ・乗り心地の改善（**comfortable driving**）：振動・騒音が少なく、静か	・電池の価格が高い（**high battery cost**）：技術開発・大量生産により低価格化 ・電池が大きい（重い）（**bulky battery**）：技術開発により小型軽量化 ・充電スタンドが少ない（**charging station shortage**）：電気自動車の普及とともにインフラも整備 ・走続可能距離がガソリン車よりも短い（**lower mileage than gas vehicles**）：用途が限られるが、日常的な利用には十分

　自動車の電動化は一朝一夕に起きるわけではありませんが、携帯電話やデジタルカメラが今や完全にデジタル化され、充電するのが当たり前となったように、これらの課題が克服される頃にはほとんどの車が電気自動車に収斂する日が来るかもしません。

論争度★★★　　　　　　　　　　　　　　　　　　　　　　　CD-16

| ロボット | **8. Future roles of robots**
（今後のロボットの役割） |

　ロボットが身近な存在となったのは、1980年代、主に工場の生産ラインなどでの**力仕事**（**heavy lifting**）や高温、危険など**特殊な環境下**（**extreme environments**）での**点検・保守作業**（**inspection and maintenance**）を人間に代わって自律的に作業する**産業用ロボット**（**industrial robots**）が導入されたのが始まりです。その後、**災害救助**（**relief operation**）や**地雷撤去**（**demining**）、**海底**（**deep sea**）や**宇宙探査**（**space exploration**）など、

人間が足を踏み入れることの難しい環境で活躍するロボットが開発されました。では、活躍が期待されているさまざまなロボットについて、以下のキーアイディアを見てみましょう。

1. **産業ロボット**は、溶接や組立て、梱包などの**大変な作業**を**高い耐久性をもって**、**素早く**、**正確**に行う。	**Industrial robots** accomplish **daunting tasks**, such as welding, assembling and packaging, with high **endurance**, **speed** and **precision**.
2. **救命ロボット**は、**鉱山事故**や**都市災害**、**爆発現場**など、ロボットでなければ近づけない場所の被害者や生存者の命を救う。	**Rescue robots** save victims and survivors in **otherwise unreachable situations** such as **mining accidents**, **urban disasters** and **explosions**.
3. **介護ロボット**は、**急速に高齢化が進む社会**において高齢者や障害者の暮らしを助けると期待されている。	**Nursing-care robots** are expected to offer valuable support to the elderly and disabled in **the rapidly aging society**.
4. **家庭用ロボット**は**家事**を行い、**家事効率**を著しく上げるので、女性が社会進出しやすくなる。	**Domestic robots** will dramatically increase **housework efficiency** by performing **household chores**, and thus contribute to **female empowerment**.
5. **知覚**、**認識能力**、**感情**を持った**友達ロボット**は、パートナーのように楽しませてくれる。	**Companion robots** with **perceptual**, **cognitive**, and **emotional abilities** entertain people as their partners.
6. **自律型科学研究ロボット**は、**深い海の底**や**宇宙**といった厳しい環境での研究調査を行う。	**Autonomous scientific robots** perform research and investigation in harsh environments such as **the deep sea or outer space**.
7. **医療ロボット**は、**侵襲手術の限界**を克服したり、**執刀医**の能力を高めたり、**遠隔手術**を可能にすると期待されている。	**Robotic surgery** is expected to overcome **the limitations of invasive surgery**, enhance the capabilities of **surgeons**, and provide **remote surgery**.
8. **強化外骨格**や**ロボットスーツ**は、歩行が困難な人を補助し、活動と自立を助けると期待されている。	**Powered exoskeleton** and **robot suits** are expected to help people with walking difficulties become active and independent.

強いアーギュメントをするためのロジカル・シンキング力 UP！

　高齢化や**労働力不足（labor shortage）**、女性の社会進出（**female empowerment**）といった社会の変化に応じて、**医療・福祉用ロボット（medical/welfare robots）**や**介護ロボット（nursing-care robot）**、**家庭用ロボット（domestic robots）**、家庭内を巡回警邏するロボット（**security/ surveillance robots**）などの開発が進められています。また、近年では、ソニーの犬型ロボットAIBOのように人間とコミュニケーションを取ったり、自由に動き回ったりして楽しませてくれるペットのような**娯楽・愛玩用ロボット（entertainment robots）**が一般家庭にも登場するようになりました。

　そんな中、**現在人間が行っている仕事がロボットに取って代わられるのではないかという懸念（fear of robots replacing humans in various tasks）**が生じています。しかし、多くのロボット研究者は、ロボット研究の目的は**人間の生活を助け、豊かにする（assist humans and enrich their lives）**ことであり、いかなるロボットもそれを作れる人間に取って代わることはないと述べています。いずれにしても、今後、**知覚（perception）**、**認識能力（cognition）**、**判断能力（recognition）**までも備えた**アンドロイド（android）**のようなロボットの開発が進むと、人間社会への影響は大きいでしょう。

「ロボット」・「電気自動車」問題を討論するための表現力 UP！

☐ **自律型ロボット**　autonomous robot
☐ **人型（ヒューマノイド）ロボット**　humanoid robot

産業用ロボット（**Industrial Robots**）の例	個人用ロボット（**Personal Robots**）の例
☐ **地雷除去ロボット** 　mine-sweeping robot ☐ 爆弾解除作業ロボット 　bomb-defusing robot ☐ **救助ロボット**　rescue robot ☐ 組立てロボット　assembly robot ☐ 探査ロボット　research robot ☐ 消防ロボット　fire-fighting robot ☐ 医療用ロボット　medical robot	☐ 愛玩［ペット、娯楽］ロボット 　loving [pet, entertainment, amusement] robot ☐ 家事ロボット　domestic robot ☐ 介護ロボット　nursing-care robot

- □温暖化軽減効果　global warming mitigation effects
- □地球温暖化を食い止める　put a major brake on global warming
- □二酸化炭素の排出される量が吸収される量を上回る［を下回る］状態　carbon negative [positive]
- □二酸化炭素の排出される量と吸収される量が同じ状態　carbon neutral
- □ソーラー発電で充電するプラグイン・ハイブリッド　plug-in hybrids refueled by a solar power grid

論争度★★★★　　　　　　　　　　　　　　　　　　　　CD-17

宇宙開発　9. Is space exploration worth the cost?
（宇宙開発は費用に見合う価値があるか？）

　宇宙開発（space exploration）によってもたらされる恩恵は、**天気予報**（weather forecast）、カーナビ（car navigation system）、衛星放送（satellite broadcasting）、コンピュータ技術、携帯電話、国際中継・ナマ中継（international and live broadcasting）、地図・測量（mapping and survey）、国防（national defense）、水浄化装置（water treatment system）、新素材開発（development of new materials）、レトルト食品や保存食（retort pouches and preservative food）、地球環境の監視（monitoring of natural environment）、海洋調査（marine survey）など、多岐にわたります。しかし、現在の技術では、宇宙開発の**採算性は極めて低く**（extremely low profitability）、政府や企業からの支援、および国民の理解を得るのが厳しいのも事実です。では、宇宙開発のメリット・デメリットについて、以下のキーアイディアを見てみましょう。

YES（賛成側の主張）	
1. **新事実を発見できる**可能性を秘めた**宇宙開発**は、医療・技術・科学に発展をもたらす。	Space exploration with the potential of **discovering yet unknown facts** contributes to medical, technological, and scientific advancement.（**Q1** 宇宙開発の採算性は？）
2. 地球はすでに**人口過密状態**にあり資源も枯渇しそうなので、	Space exploration is **a necessary investment** for **terraforming**, as the earth

宇宙開発によって**テラフォーミング**の可能性を探ることは**必要な投資**である。	is already **overpopulated** and **exhausting its natural resources**.
3. 宇宙開発は、**宇宙ステーション**のような**大規模な共同事業**にしばしば多くの国がかかわるため、国際協力の一助となる。	Space exploration contributes to international cooperation as it often involves many countries in **large-scale joint ventures** such as **the International Space Station**.
4. **宇宙旅行は人間の冒険心や未知への探求心**を満たしてくれる。	**Space travel** satisfies **human desire for adventure** and **exploring the unknown**.
5. 宇宙開発は、世界初となる米国アポロの**月面着陸**や日本のはやぶさによる**惑星**サンプル採取に見られるように、**国家のプライドや愛国心を鼓舞する**。	Space exploration **inspires national pride and patriotic sentiments**, as seen in the world's first **lunar landing** by the U.S. Apollo and the **asteroid** sample return mission by Japan's Hayabusa.
NO（反対側の主張）	
1. **国家の資金**は、**貧困**や**環境劣化**など地球上の差し迫った問題の解決のために**差し向けられる**べきだ。	The **national wealth** should be **diverted to** solving serious problems on the earth, such as **poverty** and **environmental degradation**.
2. 過去の事例が示すとおり、**有人宇宙飛行**は宇宙飛行士の命を**危険にさらす**。	**Manned space flights pose** great **dangers to** the lives of astronauts, as shown by previous missions.
3. 宇宙開発は、宇宙での覇権をめぐり**人工衛星攻撃兵器**開発などの軍事行動を加速させる危険性がある。	Space exploration can accelerate the development of **anti-satellite [ASAT] weapons** and other military projects to gain **dominance** in outer space.
4. 宇宙探索の結果、人間や地球上の生物を危険にさらす**地球外生物**に遭遇することになるかもしれない。	Space exploration could lead to encounters with **extraterrestrial beings** that may endanger humans or other creatures on the earth.

強いアーギュメントをするためのロジカル・シンキング力 UP！

　火星探査（exploration of Mars）、月面基地建設（colonization of the moon）といった宇宙開発計画（space exploration）が華々しく語られる一方で、それらがいったい何の役に立つのか、巨額の費用を投じ、危険を冒して取り組むに値する恩恵（benefits worth huge investments and risks）があるのか、毎日の生活にも事欠く人が多いのに、はるか離れた宇宙開発（development of far-flung space）を推し進めることが正しいことなのか、という議論が常に湧き上がっています。

　資源・軍事・医薬・産業分野に役立つ新発見があったとしても、先行投資に見合う（recoup an up-front investment）だけの利益を生み出すビジネスモデルとなるのはまだまだ遠い未来の話（remote possibility）です。また、宇宙開発を実行できる国は限られており、仮に新たな素材や資源が発見された場合には、これらの国々が軍事的・経済的・政治的覇権（military, economic, and political supremacy）を握ってしまうことにもなりかねず、地球上と同じく資源競争（competition over precious resources）が繰り広げられるだけだという懸念もあります。人類の繁栄を第一の目的に掲げる宇宙開発ですが、その目的を達成するには多大なコストと時間、そして相互理解が必要と言えるでしょうQ1。

「科学技術」問題を発信するための背景知識力 UP⑤

縮小する宇宙開発予算

　宇宙開発は本来、冷戦下の米ソが軍事力強化（strengthen military power）、国民の士気高揚（boost the morale of the nation）、超大国の存在感誇示（display its presence as a superpower）などの目的で取り組んでいましたが、冷戦後は国家予算の赤字が増大し（increasing fiscal deficit）、各国の関心が地上での当面の問題（immediate problems）に転じ、宇宙開発費は近年削減の一途をたどっています。予算を180億ドルにまで削減された NASA は、「宇宙での実験を通して新しい薬剤や素材を開発できる」と企業や外国に資金提供を呼びかけて（lobby for funds）い

ますが、あまり成果は得られず、アメリカ企業は次々と宇宙開発から手を引き始めています。

一方、日本の宇宙研究開発機関である宇宙航空研究開発機構（JAXA）の2011年度の実質的予算額は1800億円とさらに低く、NASAの10分の1、欧州宇宙機関（ESA）の半分程度です。しかし、2010年6月、**小型惑星探査機（unmanned spacecraft）**「はやぶさ」は、**地球近傍小惑星「イトカワ」の地表サンプルを持ち帰る（return with a sample of materials from a small near-Earth asteroid）**という世界初の**偉業を成し遂げ（accomplish a spectacular feat）**、多くの人々に夢と宇宙開発を見直すきっかけを与えました。

「宇宙開発」問題を討論するための表現力UP！

- 宇宙への有人飛行　manned missions to space
- 惑星間旅行　interplanetary travel
- 米国航空宇宙局　the National Aeronautics and Space Administration [NASA]
- 国際宇宙ステーション　the International Space Station [ISS]
- 惑星地球化計画　terraforming
- 地球外知性探査　the search for extraterrestrial intelligence [SETI]
- 地球外生物体の追跡　tracking of extraterrestrial objects
- 気象衛星　meteorological satellite（「地球観測衛星」はearth observing satellite、「太陽発電衛星」はsolar power satellite）
- ハッブル宇宙望遠鏡　Hubble space telescope
- 惑星探査機　planetary probe　　月面着陸船　lunar module
- 無重力 weightlessness（「宇宙遊泳」はspacewalk）
- 宇宙ゴミ　space debris　　固体燃料ロケット　solid-fueled rocket

皆さん、いかがでしたか？　では、ここで**Borderless English**言い換えトレーニングにトライしていただきましょう。平易な構文や語彙を使い、世界のノンネイティブが理解しやすいBorderless Englishで表現してみましょう。

3. Borderless English で言うとこうなる！〜科学技術編〜

1. Nuclear power is a clean energy that can **dramatically reduce CO₂ emissions** and thus can alleviate global warming. (原子力は、**二酸化炭素排出量を大幅に削減**できるクリーンなエネルギー源なので、**地球温暖化を緩和**できる)

   Borderless English If you use nuclear power, you can **greatly decrease the production of CO₂ and the effect of global warming**.

   解説 無生物主語の文章も If 節を用いると平易に表すことができます。

2. **Radioactive waste poses threats to** the environment for present and future generations due to its extremely long **half-life**. (**放射能の寿命**は非常に長いため、**放射性廃棄物**は将来にわたって環境を**脅威にさらす**ことになる)

   Borderless English Once you **dump** radioactive waste into the environment, the **damaging** effects will last for millions of years.

   解説 **dispose of** は、**dump** に置き換えることができます。また、**半減期**（放射性元素が崩壊し、核種や素粒子が半減するまでの期間）を表す **half-life** を思いつかなければ、上記のように「**数百万年にわたって被害が続く**」と言い換えることもできます。

3. Terrorist attacks on nuclear power plants can **cause** massive radioactive contamination, resulting in extensive damage to the country. (原子力発電所がテロ攻撃に遭えば、大規模な放射能汚染が起き、国家に甚大な被害**を及ぼす**)

   Borderless English If nuclear power plants are attacked by terrorists, they will cause harmful radiation leakage and heavy damage to the country.

   解説 cause を使った力強い SVO の構文は、If 節を用いて平易な構文に言い換えることもできます。

4. Human cloning research contributes to the development of medical science exemplified by **regenerative medicine** and **organ transplantation.** (複製技術の研究によって、**再生医療**や**臓器移植**といった医療開発に貢献する)

Borderless English Human cloning can **treat illnesses** by **creating organs that perfectly match these patients**.

解説 regenerative medicine and organ transplantation（再生医療や臓器移植）を「患者にぴったり合う臓器を作って病気を治療する」と平易な表現を用いて説明しています。

5. Human cloning will lead to the **eugenic manipulation** of human genes, which will **undermine biological diversity**. (ヒトのクローン化は、**優生学的思想**に基づくヒトの遺伝子**操作**につながり、**生物学上の多様性が損なわれる**)

Borderless English Human cloning will **allow people to control genes to improve the human race**, which will **decrease the variety of people**.

解説 Eugenics（優位学）とは、生物の遺伝構造に手を加え、より優れた人材を作り出そうという科学的社会改良運動を指し、**eugenic manipulation of human genes**（遺伝子の優生的見地による人為的操作）は **allow people to control genes to improve the human race** と易しい英文で説明することができます。また、**undermine biological diversity** は **decrease the variety of people** と簡単な表現に言い換えています。

皆さん、いかがでしたか？ では、「科学技術」のその他の重要例文にまいりましょう。

4.「科学技術」問題を討論するためのその他の重要例文集

論争度★★

10. The pros and cons of video games（テレビゲームの是非）

PROS（賛成側の主張）

1. 冒険ものや謎解き、パズルゲームは、**問題解決能力**や**論理的思考、分析力**を向上させる。	Adventure, riddle and puzzle games can improve **problem-solving skills**, **logical thinking**, and **analytical abilities**.
2. ペット育成ゲームは、子供にペットを育てることの難しさを教え、**責任感を持たせる**。	Virtual pet games educate children about the difficulty of raising a pet, **instilling a sense of responsibility** in them.
3. バイオレンスゲームは、**青少年たち**に**攻撃性**を発揮する場を提供することで実害なく**ストレスを発散する**機会を与えている。	Violent video games give adolescents a chance to **release** their **frustration** by allowing them to engage in **aggressive behaviors** without causing physical harm.

CONS（反対側の主張）

1. テレビゲームに**のめり込み過ぎて**社会的な交流や十分な食事や運動をしなくなる場合がある。	Players can become completely **addicted to** video games, which can cause them to **neglect** social interaction, proper meals, and exercise.
2. 暴力的な行為によってポイントが加算されるゲームでは、プレイヤーの**意識を鈍らせ**、実世界での暴力行為を助長する。	Games that reward violent behavior can **desensitize** players to violence and thus encourage such behavior in real life.

論争度 ★★

11. Therapeutic cloning（医療を目的としたクローン技術開発）

1. ヒトクローン胚、つまり**治療目的のクローン技術**は人命救助や生活向上を目的としており、**人間を複製すること**とは根本的に異なる。	[PRO] **Somatic cell nuclear transfer**, or **therapeutic cloning**, is about saving and improving human lives, which is fundamentally different from **human reproductive cloning**.
2. 複製技術によって**ドナー不足**や**移植臓器の不適応性**などの問題が解消されるため、患者にとって新たな希望となっている。	[PRO] **Therapeutic cloning** is giving patients a new hope for survival as it will solve problems including **donor shortages** and **incompatibility between recipients and donated organs**.
3. 人間の複製技術は、**貧富の差**を拡大させ、社会の機能不全や**差別**を引き起こす。	[CON] **Human reproductive cloning widens a gap between haves and have-nots**, leading to **discrimination** and even **social dysfunctions**.

5.「科学技術」問題を発信するための必須表現クイズにチャレンジ

本章で取り上げた表現の中から厳選した 20 の表現を英語で説明してみましょう。

1	火力発電	11	ネット上でのいじめ
2	水力発電	12	遺伝子操作
3	地熱発電	13	文字化けした電子メール
4	核廃棄物処理	14	自律型ロボット
5	放射能汚染	15	宇宙への有人飛行
6	不妊カップル	16	惑星地球化計画
7	再生医療	17	気象衛星
8	治療型クローンニング	18	宇宙ゴミ
9	国際宇宙ステーション	19	停電
10	有毒化学物質	20	使用済み燃料処理

解答例 即答できるまで繰り返し音読して覚えましょう！

1	thermal power generation	11	cyberbullying
2	hydroelectric power generation	12	genetic manipulation
3	geothermal power generation	13	garbled e-mail
4	nuclear waste disposal	14	autonomous robot
5	radioactive contamination	15	manned missions to space
6	infertile couples	16	terraforming
7	regenerative medicine	17	meteorological satellite
8	therapeutic cloning	18	space debris
9	the International Space Station [ISS]	19	blackout [power failure]
10	toxic chemicals	20	spent fuel disposal

6.「科学技術」問題を討論するための最重要サイト TOP10

- **International Atomic Energy Agency [IAEA]** http://www.iaea.org/　原子力の産業利用や技術協力に関する詳細な情報が手に入る。
- **独立行政法人　新エネルギー・産業技術総合開発機構［NEDO］** http://www.nedo.go.jp/　太陽光発電、風力発電、バイオマス利用技術、省エネ技術、燃料電池、各種リサイクル技術、地球温暖化対策技術など、エネルギー・環境・産業技術に関する情報が充実。
- **財団法人バイオインダストリー協会**　http://www.jba.or.jp/　経済産業省の関連サイト『バイオ学園』では biotechnology 関連の重要トピックを環境保全、産業、農業、医療など応用分野ごとにわかりやすく解説。
- **GMO Compass**　http://www.gmo-compass.org/eng/home/　遺伝子組み換え食品（GMO）のメリット・デメリットはもちろん、ヨーロッパを中心とした各国の GMO 導入状況や作物ごとの特徴を紹介。
- **Human Genome Project** http://www.ornl.gov/sci/techresources/Human_Genome/elsi/cloning.shtml　医学やバイオテクノロジーの飛躍的な発展を目標に、ゲノム情報の解明に取り組む国際協力プロジェクト。ヒトのクローン化の是非についても学ぶことができる。
- **FBI.gov**　http://www.fbi.gov/about-us/investigate/cyber　米国司法省のオフィシャルサイトで、サイバー攻撃・詐欺に関する情報や犯罪摘発に向けての取り組みなどを紹介。
- **一般社団法人日本ロボット工業会**　http://www.jara.jp/　ロボットに関する統計データや、さまざまな分野で活躍するロボットを詳しく紹介。
- **National Aeronautics and Space Administration [NASA]** http://www.nasa.gov/　宇宙開発に関する最新の取り組みを紹介。TOEFL、英検、工業英検対策に役立つ情報や表現が豊富。
- **宇宙航空研究開発機構**　http://www.jaxa.jp/　同じく、日本の宇宙開発に関する最新情報を掲載。記事を日本語と英語で読み比べることができるので、用語や表現の習得にも最適。
- **Live Science**　http://www.livescience.com/　TechMediaNetwork 社が運営するニュースサイト。科学技術分野に関する記事や評論を鮮やかな画像とともに掲載。

第3章

「政治・国際関係」問題を英語で討論するための技術と表現力UP

Politics & International Relations

1.「政治・国際関係」問題の最重要トピックはこれだ！

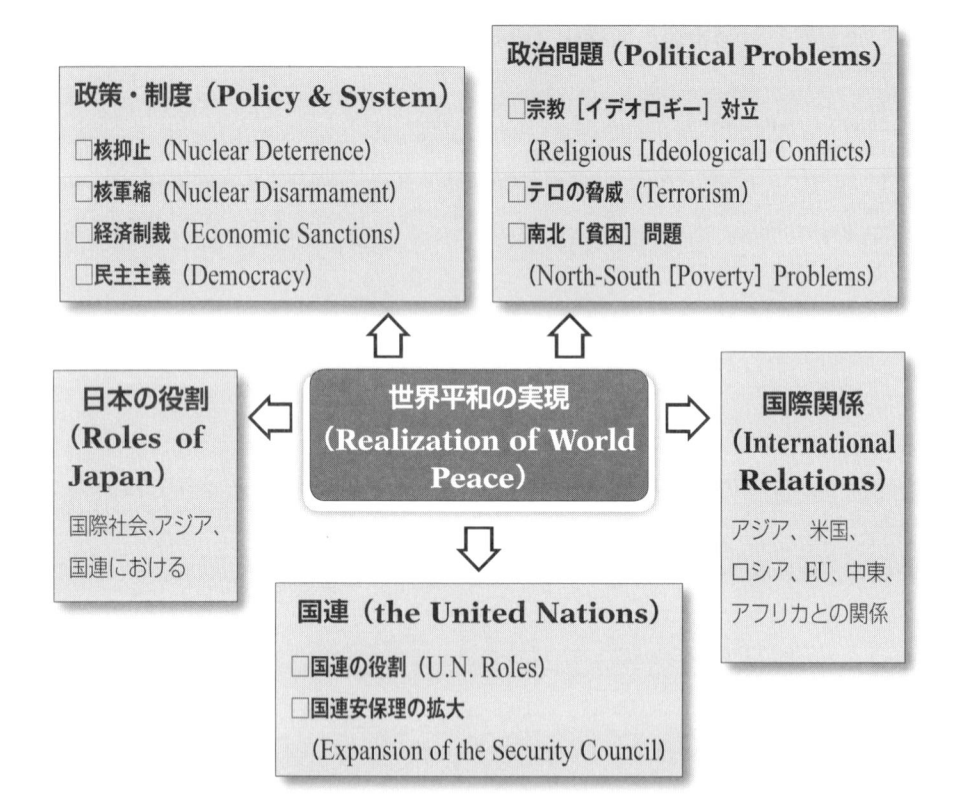

政策・制度 (Policy & System)
- □核抑止 (Nuclear Deterrence)
- □核軍縮 (Nuclear Disarmament)
- □経済制裁 (Economic Sanctions)
- □民主主義 (Democracy)

政治問題 (Political Problems)
- □宗教［イデオロギー］対立 (Religious [Ideological] Conflicts)
- □テロの脅威 (Terrorism)
- □南北［貧困］問題 (North-South [Poverty] Problems)

日本の役割 (Roles of Japan)
国際社会、アジア、国連における

世界平和の実現 (Realization of World Peace)

国際関係 (International Relations)
アジア、米国、ロシア、EU、中東、アフリカとの関係

国連 (the United Nations)
- □国連の役割 (U.N. Roles)
- □国連安保理の拡大 (Expansion of the Security Council)

　政治・国際関係を論じる場合、世界平和の実現がその中心にあります。この人類が未だ達成していない究極の目標を達成するために、グローバルな時代に生きる者の責任として、日本や諸外国はどのような役割を担うべきか、国連は有効に機能しているのか、核やテロリズムや環境問題など、人類の生存をも脅かす問題にいかに取り組むべきかについて、一国のみならず常に国際的な視点で考え、議論していく必要があります。

この分野のトピックである、**日本の世界での役割、戦争と平和の問題、国連の役割**などは、グローバル化社会においてどれも避けて通れない重要なテーマです。さらに**政治・イデオロギー、法律関係の問題**も、よりよい社会を築くために広く議論されるテーマと言えるでしょう。

冷戦終結後の世界の多極化（multi-polarization of the world in the post-Cold War era）の時代において、**イデオロギーや民族の対立（ideological and ethnic conflicts）**から新たな紛争や**テロリズム（terrorism）**が頻発する一方、大国は**核兵器（nuclear weapons）**を保有し、人々は**大量破壊兵器（weapons of mass destruction）**の脅威にさらされ、**人類の存亡そのものが危うくなるような深刻な問題（issues threatening continued existence of all humankind）**に直面しています。こうした状況下で、「いったい世界平和は実現できるのか」、「民族、宗教、イデオロギーの対立は避けられないのか」、「核兵器を含む大量破壊兵器撤廃を実現するにはどうすればよいのか」、そして、そのための「国連の役割とは何か」などが議論されています。

「政治・イデオロギー・法律」関連では、「民主主義（democracy）は本当に最善の政治体制なのか」、「選挙は強制されるべきか」、「刑罰の目的とは何か － 懲罰か矯正か」、「個人の銃所有は認められるべきか」、「飲酒・喫煙・マナーなどを法律で取り締まるべきか」などが議論されています。

いずれも各種英語資格試験で頻出のトピックなので、本章で取り上げている背景知識や表現を覚え、**国内外の新聞やニュースに関心を持ち、『TIME』『Newsweek』**などの時事情報誌にも目を通すことで自分の意見をまとめ、英語で表現できるようにしておきましょう。

▶国内外で最も議論されているトピック「政治・国際関係」ベスト5

1	**Nuclear disarmament**（核軍縮）
2	**The realization of world peace**（世界平和の実現）
3	**Clash of world religions**（世界の宗教対立）
4	**How to eliminate weapons of mass destruction**（大量破壊兵器廃絶）
5	**The value of democracy**（民主主義の価値）

2.「政治・国際関係」問題を討論するためのアーギュメント＆表現力 UP

論争度★★★　　　　　　　　　　　　　　　　　　　　　　CD-18

| 日本の役割 | **1. Japan's roles in the international community**（日本の世界での役割） |

　国際社会（the international community）で期待される日本の役割とは何かを考える場合、まず政治面では、「世界平和への貢献として**国連軍（the U.N. forces）**を派兵すべきか？」「核を保有すべきか？」「**国連安保常任理事国（permanent member of the U.N. Security Council）**になるべきか？」「**一国平和主義（unilateral pacifism）**と揶揄される状態から国際的な平和主義になるためにはどうすればいいか？」などの問題が重要です。経済的貢献では、**自由貿易（free trade）**を通じての各国への産業・教育・技術の支援に関する議論が、文化面では、日本文化や最近注目され始めたマンガやアニメなどの**ソフトパワー（soft power）**を活用した新たな世界貢献も重要度を増しています。これらの観点から、日本の世界での役割について議論してみましょう。

1. 唯一の被爆国として、日本は、核兵器削減や「核なき世界」の実現のために重要な役割を担うべきである。	Japan should play a vital role as **the sole victim of atomic bombings** in promoting **nuclear disarmament** and **realizing the nuclear-free world**. (**Q1** どうやって実現するのか？)
2. 平和憲法のもとで、日本は**後方支援**のみならず、**復興支援**を行うべきである。	**Under the framework of its pacifist Constitution**, Japan should provide **reconstruction assistance** as well as **logistic support**.
3. 世界の**経済大国**として、日本は**世界の繁栄**のために発展途上国に**経済的支援**をすべきである。	As one of the **economic superpowers** in the world, Japan should provide **economic assistance** to developing countries for **global prosperity**. (**Q2** 世界とアジアで日本の役割は異なるのか？)

4. 日本は**環境にやさしい科学技術**の開発と発展途上国への移転によって**環境保護を促進する**べきである。	Japan should **promote environmental protection** through development and transfer of **eco-friendly technologies**, especially to developing countries.
5. 日本はマンガやアニメなどの**ソフトパワー**を使って、**世界の平和と安定を促進する**べきである。	Japan should **promote global peace and stability** by using **soft power,** including Japanese cartoons and animations.

強いアーギュメントをするためのロジカル・シンキング力 UP！

　平和維持活動としての国連PKOに関して日本は、もっぱら**資金協力（monetary contribution）**のみにとどめてきましたが、1990年の**湾岸戦争（the Persian Gulf War）**の財政的貢献に対する国際社会の評価の低さや、**国連安保理常任理事国（permanent member of the U.N. Security Council）**入りの希望という状況下で、92年に「国連平和維持活動等に対する協力に関する法律」（**PKO法**）が成立し、**PKO**、**人道的な国際救援活動（international humanitarian relief activities）**、**選挙監視活動（election-monitoring activities）**の3業務で人的貢献することになりました。

　さらに2001年9月11日の米国同時多発テロ後には、**テロ対策特別措置法（the Anti-Terrorism Special Law）**によって、**自衛隊（the Japan Self-Defense Forces）**を戦闘行為が行われている海外に派遣するようになりました。これまで日本は、カンボジアやゴラン高原、東ティモール、スーダン、ハイチなどの国連PKO、**イラク難民支援（Assistance to Iraqi refugees）**などのための人道的な国際救援活動、東ティモールやネパールなどでの国際的な選挙監視活動に参加しています。

　一方、ODAに関しては、日本は1991年から2000年までの10年間、**世界一の援助実績**を誇っていましたが、近年のODA予算削減などにより2010年には**第5位**に転落し、2011年3月11日の**東日本大震災（the Great East Japan Earthquake）**後は、**被災地の復興（reconstruction of the earthquake-affected area）**を支援するため、ODA予算で魚介類缶詰などの被災地の産品を購入し、供与物資として発展途上国に贈与するという、**震災復興ODA（Earthquake Reconstruction ODA）**という形式を取ってい

ます。

　さらに、従来国家の力の源泉とされていた**軍事力・経済力**など（military strength and economic power）のいわゆる「ハードパワー」（hard power）に対し、文化的魅力により目的を達成する能力「ソフトパワー」（soft power）と呼ばれる概念が注目されています。米国にはハリウッド映画があり、英国にはビートルズがいたように、それらの「ソフトパワー」を通して文化や価値観が他国の人々に共有された時、その国の**国際的発言力は強まり**（increase its voice in the international community）外交もスムーズになります。日本で今まさにその役割を期待されているのが**マンガやアニメ**（manga and animation）だと言えるでしょう。

Q1 回答例：
日本は、世界での唯一の被爆国で**戦争放棄**（war renunciation）の平和憲法を持つ国として、核の悲劇を繰り返さないように、**核兵器の廃絶**（abolition of nuclear weapons）を世界の人々に訴えていく使命があります。また、多国間の**軍縮・不拡散**（disarmament and non-proliferation）の関連条約のすべてに参加し、その枠組みを強化し、参加国を増やすための活動を積極的に行い、さらに、アジア諸国による不拡散の会合であるアジア不拡散協議（ASTOP）を主催したり、アジア各国との**不拡散協議**（non-proliferation consultations）を積極的に実施して、アジアにおいてイニシアティブを発揮することができます。

Q2 回答例：
As a member of the international community, Japan should **promote world peace and stability,** for example, through **nuclear disarmament,** whereas as a member of the Asian community, Japan should **extend ODA to emerging economies** in Asia.（日本は、国際社会の一員として**核軍縮**などで**世界の平和と安定を進め**、アジア社会の一員としてアジアの**新興経済国へ ODA を与えるべきです**）

「政治・国際関係」問題を発信するための背景知識力UP①

頻発する地域・民族・宗教紛争の現状はいかに⁉

東西冷戦時代には、**核抑止論（nuclear deterrence theory）** が中心にあったため、米ソの直接対決は避けられ、朝鮮戦争やベトナム戦争など数々の**代理戦争（proxy war）** が繰り広げられましたが、冷戦後の多極化の時代には、**イデオロギーの対立（ideological conflicts）** というよりも**民主化独立運動（pro-democracy movement）** や、民族・宗教の対立による内戦が世界各地で勃発するようになりました。

ぜひ押さえておきたい地域・民族・宗教紛争
①**パレスチナ戦争（the Israeli-Palestinian Conflict）**［1948年〜］ イスラエル（ユダヤ人）vs パレスチナ（アラブ人）
②**アフガニスタン戦争（the Afghanistan War）**［2001年〜］ イスラム原理主義勢力のタリバン政権を米軍が軍事制裁
③**イラク戦争（the Iraq War）**［1990年］ サダム・フセイン率いるイラクのクウェート侵攻を多国籍軍が軍事制裁
④**アラブの春（the Arab Spring）**［2010年〜］ 2010年チュニジアで反政府デモが発生し、2011年に23年間続いたベンアリ大統領の独裁政権を崩壊させた「ジャスミン革命」が、北アフリカと中東16ヵ国に拡大した。エジプトでは30年間続いたムバラク独裁政権が、リビアでは42年間続いたカダフィ大佐による独裁政権が崩壊
⑤**旧ユーゴスラビア紛争（the Yugoslav Wars）**［1991〜95年］ セルビア人 vs 非セルビア人。旧ユーゴスラビアの解体
⑥**コソボ紛争（the Kosovo Conflict）**［1998〜99年］ 新ユーゴスラビア内のコソボ自治州（アルバニア人）の独立運動。セルビア人勢力が軍事介入し、異民族を排除する民族浄化（ethnic cleansing）に発展
⑦**イラン・イラク戦争（the Iran-Iraq War）**［1980〜88年］ イランのイスラム教シーア派政権（ホメイニ師）vs. イラクのスンニ派（サダム・フセイン）
⑧**チェチェン紛争（the Chechen War）**［1991〜97年］ ロシア連邦内のチェチェン共和国の独立運動

⑨東ティモール独立（the Independence War of East Timor）[1976～2002年] 東ティモール島のインドネシアからの独立運動
⑩カシミール紛争（the Kashmir Conflict）[1947年～] 国境線のカシミール地方の領有権をめぐるインド（ヒンドゥー教徒）とパキスタン（イスラム教徒）の争い
⑪ソマリア内戦（the Somalian Civil War）[1992年] ソマリ族 vs. イスラム教スンニ派。国連PKOが派遣されたが、泥沼化して失敗に終わる
⑫ルワンダ内戦（the Rwandan Civil War）[1990～93年] 多数派フツ族と少数派ツチ族の政権争い。国連PKOを派遣
⑬グルジア紛争（the Georgian Conflict）[2008年] グルジア領内の南オセアチア自治領をめぐるグルジアとロシアの争い
⑭スーダン内戦（the Sudanese Civil War）[2003～11年] 2003年政府に迫害された住民が蜂起して紛争が勃発（ダルフール紛争）。民族浄化（ethnic cleansing）などにより約30万人が死亡。2011年7月にスーダン南部が分離独立

論争度★★★★　　　　　　　　　　　　　　　　　　　　　CD-19

世界平和　**2. Is world peace a remote possibility?**
（世界平和実現の可能性は低いか？）

　戦争とは、国家や集団が自衛や利益の確保のために武力を行使し、戦闘を起こすことで、太古から続いている、**最も原始的かつ暴力的な紛争解決手段（the most primitive and violent means of settling disputes）**です。その理由は大きく自然説と人為説とに分けられ、前者は人間の本能的な性質が戦争の原因にあると考える立場で、後者は人間の社会的な条件が戦争の原因だと考える立場です。後者には、**人口移動（demographic shift）、宗教・民族対立（religious and ethnic conflicts）、経済格差（economic disparity）、軍拡競争（arms race）、領土拡大（territorial expansion）、国家威信（national pride）**などの複雑な要素が挙げられます。こうした戦争の原因を考慮しつつ、世界平和実現はいったい可能なのかについて議論してみましょう。

YES（賛成側の主張）	
1. 人間は、他者を支配しようとする**抑えきれない願望**を持っており、しばしば**領土拡大**や紛争へと導いてしまう。	Human beings have an **uncontrollable desire** to dominate others, which often leads to **territorial expansionism** and conflicts.
2. **文化的、経済的、政治的違い**はしばしば外交の失敗をもたらし、**軍事衝突へとエスカレート**していくことがあることを歴史は示している。	History demonstrates that **cultural, economic and political differences** often cause a diplomatic failure and sometimes even **escalate into military confrontation**.
3. 持てる国と持たざる国との**拡大する収入格差**に対する憤慨が、貧困国をテロなどの攻撃へと駆り立てる。	Indignation about **widening income gaps between haves and have-nots** drives needy countries into aggression including terrorist acts.
4. **9・11同時多発テロ**以降、西欧諸国とイスラム諸国との間の**緊張感**が高まり、**全面対決へとエスカレートする**可能性がある。	**Increasing tensions** between the West and Islamic nations can **escalate into full-blown confrontations** after **the simultaneous terrorist attacks on September 11**.
NO（反対側の主張）	
1. **人間の破壊的本能**は道徳観念や良心などの人間が本来持っている特質によって抑えることが可能である。	**Destructive human instincts** can be controlled by inherent human qualities such as conscience and a sense of morality.
2. 国連は平和を促進する上で**重要な役割を担っており、加盟国が、政治的紛争について話し合い、解決するための場**を提供している。	The United Nations **play a vital role in** the promotion of world peace, offering **a forum for member countries to discuss and resolve political conflicts**.
3. グローバル化の影響で各国は**経済的に相互に結びついて**おり、それゆえ**他国への軍事攻撃の可能性を妨げている**。	Globalization has made countries in the world **economically interdependent,** thus **precluding the possibilities of military aggression**.
4. 慢性的な貧困がはびこるイスラム社会を経済援助を通じて安定化すれば、西欧諸国とイスラム諸国の**緊迫状態は緩和**できる。	Stabilizing **Muslim society beset with chronic poverty** through economic assistance can help **defuse tensions** between the West and Islamic nations.

強いアーギュメントをするためのロジカル・シンキング力UP！

　人類の歴史において、戦争を一切しない日はほんの十数日であったことからわかるように、戦争は人類に必然のものと言えます。人間は**憎しみ（hatred）、怒り（indignation）、妬み（envy）、危機感（sense of crisis）、正義感（sense of justice）**などの感情から、個人レベルで他人と争うことがありますが、それらが国家レベルになったものが戦争です。その目的は、**領土の拡張（territorial expansion）**から、敵対する**人種や宗教の抹殺（ethnic and religious cleansing）**、攻撃に対する**先制攻撃（preemptive attack）、独裁者からの解放（rebellion against oppression）**と多岐にわたっています。

　さらに今後2050年頃までに世界人口が現在の70億から90億を超え、地球温暖化が確実になるにつれて、**新たな油田の発見（discovery of new oil deposits）**や、**深海掘削技術（deep-sea drilling technology）や代替エネルギー（alternative energy sources）**の開発が望まれる石油よりも、生命に欠くことのできない**水資源をめぐる国際紛争（international conflicts over water resources）**が起こる可能性すらあります。

　しかし、人間は愚かではなく戦争の悲惨さを知っているがゆえに、国連のような組織を作り、**「外交」（foreign diplomacy）**などの犠牲の少ない手段で問題解決を図ろうとします。しかし、**軍事力の違い（disparity in military power）、民族的宗教的悪感情（ethnic and religious hatred）、貧困（poverty）**などの理由で「外交」という手段が効かなくなった時、「戦争」へと発展します。また、**「テロとの戦い」（war on terrorism）**の場合は、「国」という概念の枠から外れた過激派集団が行うので、外交的手段を取ることが難しくなります。

　その**戦争の直接的な要因（immediate causes of war）**は次の4つに分類できます。

戦争を開始する直接的原因（immediate causes of war）

①**長期的な不満（prolonged dissatisfaction）**
領土問題（territorial dispute）、国境問題（border dispute）、地方の独立要求などの長期的に慢性化した不満による。日露戦争（the Japanese-Russo War）、パレスティナ問題（Israel- Palestine Issues）、中東戦争（the Middle East Conflicts）など。

②**内的な混乱**（**domestic instability**）
国内の民族間対立、反政府運動などの**国内における諸勢力の対立**による。フランス革命（the French Revolution）、ルワンダ内戦（the Rwandan Civil War）。

③**軍事的優位**（**military superiority**）
軍事力が非常に優位にあると認識し、戦争で簡単に解決できると考えることによる。独ソ戦（the Russo-German War）、朝鮮戦争（the Korean War）、イラン・イラク戦争（the Iran-Iraq War）など。

④**軍事的劣位**（**military inferiority**）
軍事力が非常に劣位にあると認識し、先制攻撃（preemptive attack）だけが残された手段であると考えることによる。奴隷反乱、インディアン戦争、太平洋戦争 (the Pacific War) など。

「戦争と平和」問題を討論するための表現力 UP！

- □**平和共存** **peaceful coexistence**
- □**交戦国** belligerent countries （「ならずもの国家」は rogue countries）
- □**軍事的介入** **military intervention**（「軍事的報復」は military retaliation）
- □**先制攻撃** **preemptive attack**（「正当防衛」は legitimate self-defense）
- □**代理戦争** proxy war
- □**瀬戸際外交を取る** adopt a brinkmanship diplomacy
- □**核軍縮** **nuclear disarmament**（「核拡散」は **nuclear proliferation**、「核の大惨事」は nuclear holocaust、「核抑止力」は **nuclear deterrence**）
- □**難民の大量流出** exodus of refugees
- □**戦争時の残虐行為** **wartime atrocities**（「大量虐殺」は **genocide** / wholesale slaughter）
- □**根強い反感** deep-seated hostility（「暴力と報復の繰り返し」は **a vicious circle of violence and retaliation**）
- □**国交回復交渉** rapprochement talks
- □**領土問題で悪化した2国間関係を正常化する** normalize bilateral relations marred by territorial disputes
- □**停戦交渉への道を開く** **pave the way for cease-fire negotiations**
- □**〜における日本の主権を主張する** claim Japanese sovereignty over 〜
- □**テロ対策を最優先する** **give top priority to counterterrorism**
- □**北朝鮮を交渉の場に招く** bring North Korea to the negotiating table

「政治・国際関係」問題を発信するための背景知識力UP②

米ソの二極構造から多極化へ

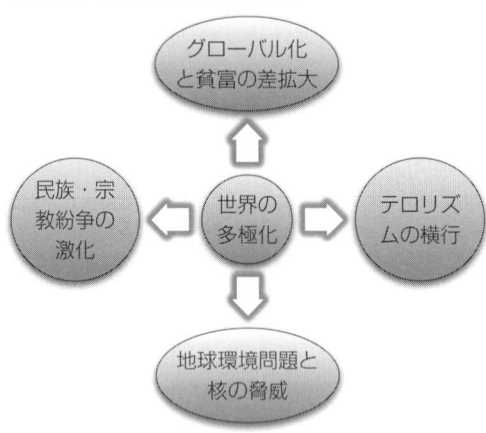

```
        グローバル化
        と貧富の差拡大
             ↑
  民族・宗     世界の      テロリズ
  教紛争の  ←  多極化  →   ムの横行
  激化         ↓
        地球環境問題と
          核の脅威
```

　第二次世界大戦後、1960年代からの米ソの強い影響から離脱し、自主的な動きを目指す国が多くなりました。**西側陣営 (the Western block)** では、アメリカのベトナム戦争への軍事介入に対する批判や経済力の相対的低下 **[双子の赤字 (twin deficits) など]** も重なってアメリカの主導権が弱まり、フランスがNATO軍事機構から脱退し、部分的核実験禁止条約（the Partial Test Ban Treaty）への不参加を表明する一方、西ドイツや日本などの経済力が回復し強化されました。**東側陣営 (the Eastern block)** でも中ソの対立が決定的となり、東欧ではソ連の圧力から脱退を目指す動きがみられるようになりました。こうして国際政治は、**第三世界 (the Third World)**（アジア、アフリカ、ラテンアメリカの発展途上国）の台頭も含め、米ソの二極構造から**多極化 (multipolarization)** の時代へと向かいます。旧来の国家や地域などの境界を越えて、経済的・社会的結びつきが地球規模で拡大していくグローバル化が加速し、**資本主義 (capitalism)** や**自由主義経済 (the capitalist economy)** が広まった半面、**国家間の貧富の差は拡大 (widening disparity between rich and poor nations)** し、**南北問題 (North-South problems)** や**南南問題 (South-South problems)** などが生じる一方で、**環境破壊 (environmental degradation)** や、**民族・宗教紛争 (ethnic and religious conflicts)** の激化、**テロの横行 (epidemic of terrorism)** などを招きました。

　最近では、台頭が著しい中国が**軍事大国 (military superpower)** としての力を身につけ、日本、韓国、台湾などの隣国と西太平洋の島々の**領有権 (territorial rights)** や周辺の**天然資源 (natural resources)** をめぐって緊張が高まっており、アメリカの**東アジア地域における安全保障体制 (security framework in East Asia)** を脅かしています。さらに「アラブの春」で民主化の進むアラブ諸国もアメリカを信頼できない同盟国とみなし、サウジアラビアやエジプトがアメリカの庇護に頼らず独自に**核を保有しようとする (have nuclear ambitions)** 一方で、かつてイランと同じ道を目指したイラクとシリアもこの動きに追随する可能性もあり、**地域間の紛争 (regional conflicts)** で核兵器が使用される懸念も高まり世界情勢はますます混迷を極めています。

116

| 論争度★★★ | | CD-20 |

| 経済制裁 | 3. Should economic sanctions be used to achieve foreign policy objectives?（経済制裁は有効な外交政策か？） |

　経済制裁（**economic sanctions**）とは、ある国の違法または不当な行為を、経済的制裁によって制止せんとする**外交上の手段**（**diplomatic measures**）のことです。対象国に国外から入手していた物資を欠乏させることによって国内的問題が生じることを狙った外交政策の一環で、経済制裁を受けた国は、**経済成長が抑制される**（**hamper the nation's economic growth**）ために国力が低下する一方で、第三国と経済関係を持つことで経済制裁を無効なものにしてしまう可能性があることに注意する必要があります。

YES（賛成側の主張）	
1. 経済制裁は、流血の惨事や他国への内政に軍事干渉することを避けることができる。	Economic sanctions can **avert bloodshed and direct military intervention into the affairs of other countries**.
2. 経済制裁は、一般市民の苦しみを最小限にし、指導者への圧力を最大限にすることによって効果を上げることができる。	Economic sanctions are effective **by minimizing the suffering of average citizens and maximizing the pressure on the leadership**.
3. 経済制裁は、国力を弱体化することで、将来の他国への攻撃手段を制限することができる。	Economic sanctions can **weaken national strength,** thus limiting the resources for future aggression.
NO（反対側の主張）	
1. 経済制裁は、よく支援国からの援助やその他の制裁破りの手段で回避されている。	Economic sanctions are often **circumvented by the aid of supporting countries and other forms of sanction-busting**.
2. 指導者はすべての物資を独占するため、経済制裁は一般市民を苦しめるだけである。	Economic sanctions will only make ordinary citizens suffer because **the leaders will keep all available resources to themselves**. (**Q1** どのように苦しんでいるのか？)

| 3. 指導者は**経済制裁を利用して**、人々への食料の供給を阻む制裁実施国への**反感を助長**しようとする。 | Leaders **exploit economic sanctions** to **foster a sense of resentment** against foreign oppressors who deny food to the people. |

> 強いアーギュメントをするためのロジカル・シンキング力 UP！

　航空機爆破テロなど、**リビア（Libya）**が関与したテロ事件では、1980年代から欧米諸国の**国連決議（the U.N. resolution）**に基づく**経済制裁（economic sanctions）**によって、テロが減ったリビアはテロ実行犯を**国際法廷（international court）**に出頭させるなどの協力的態度を示しました。また、**カダフィ大佐（Colonel al-Caddafi）**が自国民に対して取った**非人道的扱い（inhumane treatment）**に対して、欧米は対リビア経済制裁を発動し、**「アラブの春」（the Arab Spring）**と呼ばれる一連の民主化運動と相まって、カダフィ政権を崩壊に導いたため、これは経済制裁の成功例として挙げられています（賛成派 ①②③）。

　一方、国民を飢えさせてまでも、**核開発（nuclear development）**や**ミサイル製造（missile production）**をするという**北朝鮮（North Korea）**の場合 2012 年 3 月の**テポドン 2 号機（Taepodong-2）**とみられる打ち上げの総関連費用は推定 709 億円。これをコメのキロ 50 円ほどの国際相場に換算すると、141 万トンになり、北朝鮮のおおむね 600 万人の飢餓を救うためのコメの量、70 万トンの 2 年分に相当する）は、経済制裁をしても一般国民が飢餓に陥るだけで、支配層にとって 何の効果もありません（反対派 ②③）**Q1**。

　イラク（Iraq）の場合は、1990 年 8 月、サダム・フセイン大統領指導のクウェート侵攻に対して発動された経済制裁で、石油輸出ができなくなり国の財政が破綻し、**公共サービスの混乱（disruption of public service）**、食糧配給制度（food rationing system）の縮小、教師や医師の給与の未払い、技術者や専門家などの必要な**人材が大量に国外流出（talent drain）**しました。また制裁措置の影響で少なくとも 50 万人の子供が命を落としたと推定されています（反対派②③）**Q1**。

　現在、核開発をめぐる**イラン（Iran）**への経済制裁として、アメリカの要請によって EU と日本と韓国が**石油禁輸（oil embargo）**を行いました。イランの石油輸出は EU18％、日本 14％、韓国 10％、それに中国 22％、トルコ 7％、

インド 13%で、EUと日本と韓国が輸入禁止をすると4割になるが、中国、トルコ、インドが拒否したため、経済制裁として十分に機能していません。それどころか、中国の中東での立場を強固にすることになり、世界の**原油価格の高騰を引き起こし（spark the rise in crude oil prices）**かねません（反対派①）。

◎経済制裁を受けた国とその理由とは？

イラク	イラン・イラク戦争（the Iran-Iraq War）1980〜88年、クウェート侵攻・**大量破壊兵器保有疑惑（alleged production of weapons of mass destruction）** 1990〜2010年
中国	天安門事件での民主化運動の武力鎮圧（crackdown on pro-democracy demonstrators at Tiananmen Square）1989年
アフガニスタン	アメリカ同時多発テロ事件を起こした**アル・カイーダ（Al-Qaida）**との関係 2001年〜
スーダン	ダルフール紛争（the Darfur conflict）での非アラブ系住民の**虐殺（genocide）** 1996〜2001年
北朝鮮	**核兵器（nuclear weapons）・弾道ミサイル（ballistic missiles）**の開発とその保有 2006年〜
イラン	**ウラン濃縮（uranium enrichment）**などの核兵器開発 2006年〜

「政治・国際関係」問題を発信するための背景知識力UP③

対テロ戦争の現状はいかに!?

アメリカによる中東への介入やグローバル化に反感を抱く**イスラム原理主義過激派（Islamic fundamentalist groups）**は、各地でテロ事件を引き起こし、やがて「**対テロ戦争**」（war on terrorism）と呼ばれる米国のアフガニスタン侵攻やイラク戦争となりました。米国防総省は、**冷戦終結後の国際秩序（the post-Cold War international order）**への新たな脅威として、**テロ支援国家（terrorism-supporting states）**（リビアは2006年に、北朝鮮は2008年に解除）に**制裁措置（sanctions）**を加えてきました。

2001年の同時多発テロ（simultaneous [Sep.11] terrorist attacks）に対して、実行犯摘発を目指して大規模なアフガニスタン攻撃を展開し、**タリバン政権（the Taliban regime）**を崩壊させました。そして10年後の2011年には「対テロ戦争」のコストは膨れ上がり、ベトナム戦争の2〜3倍になる規模でアメリカに財政危機をもたらしました。

同年5月、首謀者とされる**オサマ・ビンラディン（Osama Bin Laden）**が、パキスタンで米軍特殊部隊によって殺害されましたが、長引く「対テロ戦争」でイラクやアフガンで、**民間人が戦争に巻き込まれる被害（collateral damage）**が増大しました。さらに、欧米生まれや欧米育ちのイスラム教徒や、イスラム教に改宗した欧米人がテロリストとなる**「ホームグロウン・テロ」（homegrown terrorism）**や、国家のコンピューターネットワークの機能を麻痺させる**「サイバー・テロ」（cyberterrorism）**などが浮上し、テロとの戦いは新たな様相を呈しています。

論争度★★★★　　　　　　　　　　　　　　　　　CD-21

| 飢餓対テロリズム | **4. Which is the greater threat to humankind, world hunger or world terrorism?**（世界飢餓とテロリズム、どちらが脅威か？） |

世界人口70億人のうち、約9億人が非常に**深刻な栄養不足（severe malnutrition）**に苦しみ、その約8億人は途上国（developing countries）にいます。つまり、世界では7人に1人、途上国では5人に1人が、**飢餓状態（starvation）**に苦しんでいるのに対して、**国際テロ（international terrorism）**では、毎年数千人もの人々が命を落としています。さらにインターネットを利用した**サイバーテロリズム（cyberterrorism）**などの**新たなテロ（the new threat of terrorism）**も国家や人々の安全を脅かしています。人類にとって、どちらが脅威なのか、両者の原因や関連を考慮しつつ議論してみましょう。

World hunger（世界飢餓）

| 1. 世界飢餓はテロリズムの**根本原因**であり、**生き残りに必死の貧困に苦しむ人々はテロ行為に** | World hunger is the **root cause** of terrorism, **with needy people desperate for survival resorting even to terrorist** |

さえ訴えることがある。	acts. (**Q1** 飢餓とテロはどの程度の関連性があるのか？)
2. 世界人口の3分の1にあたる人々が**栄養失調**に苦しんでおり、世界飢餓はテロ攻撃よりも世界にはるかに広範な影響を及ぼしている。	World hunger **has more far-reaching effects on** the world than terrorist attacks, afflicting nearly one-third of the world's population with **malnutrition**. (**Q2** どれくらいの影響があるのか？)
3. **地球温暖化**や**環境悪化**により**食糧不足**が深刻化しており、貧困国の人々を**瀕死の状況**に追い込んでいる。	**Global warming** and **environmental degradation exacerbate the food shortage, driving** people in needy countries **over the edge**. (**Q3** どれくらい深刻なのか？)

Terrorism（テロリズム）	
1. 9・11のような**大規模なテロ攻撃**は罪なき人々を標的にし、一般市民に対して**莫大な巻き添え被害**を及ぼしてしまう。	**A massive terror attack** such as 9/11 will target innocent people and cause **huge collateral damage**. (**Q4** 犠牲者はどれくらいいるのか？) (**Q5** 犠牲者の数から見て貧困の方が脅威ではないのか？)
2. **サイバーテロリズム**は**政治システム**を麻痺させ、経済を負のスパイラルに陥れ、**社会的機能不全**を引き起こす可能性がある。	**Cyberterrorism** can cause **social dysfunctions, paralyzing the government system** and **plunging the economy into a downward spiral**.
3. **遺伝子工学**などの発展した科学技術により**食糧不足は緩和**できるが、テロに対する**有効な手立てはない**。	Advanced science and technology including **genetic engineering** will **alleviate food shortage,** while there are **no effective countermeasures** against terrorism.

強いアーギュメントをするためのロジカル・シンキング力 UP！

　栄養不足の人口が最も多いのはアジアですが、その人口比率が最も高いのはアフリカで、総人口の35％以上が栄養不足の国がアフリカには21ヵ国もあります（世界27カ国のうち）（world hunger ②）**Q2**。さらに、WHO（世界保健機関）は、気候変動（climate change）によって、マラリアや下痢や栄養失調などが、公衆衛生（public hygiene）のインフラのない農業技術の

121

遅れた途上国を襲い（world hunger ③）、2020年までに年間30万人が犠牲になると発表しています**Q3**。これに対して、テロ事件で命を落とす人は毎年**数千人Q4**と、飢餓に苦しむ人に比べると小規模ですが、これらの**貧困と格差（poverty and gaps between rich and poor）**は、国際政治にどのようにかかわってくるのでしょうか。

同時多発テロ以来、「**貧困がテロの温床となる（Poverty will create hotbeds of terrorism.）**」という考え方が広まっており、**アル・カイーダ（Al-Qaida）**のような**国際テロ組織（international terrorist network）**が貧困層の青年を集めていることを考慮すると、貧困がテロを助長させるという見方が生まれてきます（word hunger ①）。しかし、貧困以外の宗教や人種問題といった社会的状況も大きなファクターになっています**Q1**。例えば、同時多発テロの実行犯グループのリーダーのモハメド・アタは、カイロ大学を優等で卒業しドイツのハンブルグ工科大学での留学経験を持つエリートでした。彼の場合、ヨーロッパでアラブ系の**移民（Arabian immigrants）**が**民族差別的な待遇（racial discrimination）**を受けていることや、**縁故主義の蔓延する（rampant nepotism）**エジプトで、希望に適う職に就けなかったことが、過激なテロ組織への接近を促したと言われています。

> **Q5** 回答例：
> The number of victims is smaller but the **psychological impacts of terrorism** are greater. **Traumatic, harrowing experiences of terrorism** frighten people all over the world. Terrorism **creates mistrust and distrust** among people. In addition, **cyber terrorism, which can paralyze the whole economy and politics, is a much greater threat to** human kind.（テロの犠牲者数は（貧困に比べて）少ないですが、その**心理的影響**はより大きいのです。テロの**トラウマとなる悲惨な体験**は、全世界の人々に恐怖を与えますし、テロは、人々の間に**懐疑や不信を生みます**。さらに、**サイバーテロ**は、経済や政治をすべて麻痺させる可能性があり、人類にとってはるかに大きな脅威となっています）

ではここで、社会問題を英語で討論する際に、覚えておくと大変役立つテクニックのレクチャーにまいりましょう。今回は、「**影響**」を表す表現編です。

社会問題を討論するためのテクニック③

「影響」を表す表現 have an influence [effect / impact] on ~ / have implications [consequences] for ~ をマスター！

「影響を与える」は、社会問題を討論する際に使用頻度の高い表現で、以下の前置詞を含めた使い分けは非常に重要です。気合を入れてマスターしましょう。

- have an influence [ramifications, an impact, an effect] on ~
- have implications [repercussions, consequences] for ~

☐ **influence**：「長期的で間接的な影響」を述べる場合に用い、**have a *significant* [*strong, profound, great, considerable*] influence on** ~（~に多大な影響を与える）、**have a positive [negative, harmful] influence on** ~（~に良い[悪い、有害な]影響を与える）のように使います。
- Some TV programs full of sex and violence **have a harmful influence on** teenagers.（セックスや暴力シーン満載の TV 番組は十代の若者に**悪影響を及ぼす**）
- Major financial institutions **have a profound influence on** the global economy.（巨大金融機関の世界経済**への影響力**が非常に大きい）

☐ **ramification**：influence より「さらに長期的で気がつきにくい好ましくない影響」を表す場合に用い、**通常複数形**にします。
- This level of radioactive contamination **has ramifications on** human health.（このレベルの放射能汚染は人の健康に**影響を及ぼす**）

☐ **impact**：「すぐに（同時に）起こる強い影響」を述べる場合に使い、**have**

[make] a profound [devastating, socioeconomic] impact on（〜に大きな［壊滅的・社会経済的］影響を与える）のように用います。
- Renewable energy, which causes unstable supply of electricity, will **have a negative impact on** the economy.（再生可能エネルギーは、電力供給が不安定なため、経済**に悪影響を与える**）
- Business restructuring **has a devastating impact on** the self-image of business people.（リストラはサラリーマンのセルフイメージ**をひどく傷つける**）

☐ **effect**：「結果を重視して最終的に与える影響」を述べる場合に用い、**have a negative [an adverse] effect on**（〜に悪影響を与える）、**have a positive [beneficial, salutary] effect on**（〜に良い影響を与える）、**have a significant [profound] effect on**（〜に多大な影響を与える）のように使います。
- Performance enhancing drugs like steroids **have a negative effect on** health in the long run.（ステロイドのような運動能力向上薬は長期的に健康**に悪影響を及ぼす**）

☐ **implication**：「将来を見通した影響」を述べる場合に用い、**have (social, economic) implications for the future** のように通常複数形にして使います。
- Globalization may **have implications for** business ethics in the corporation.（グローバル化は企業のビジネス倫理**に影響を及ぼす**）

☐ **repercussion**：「突然のネガティブな影響」を述べる場合に使い、**have political [economic] repercussions for**（政治的［経済的］影響を及ぼす）のように用います。
- The collapse of a major bank **has repercussions for** the market.（大手銀行の倒産は市場**に影響を及ぼす**）

☐ **consequence**：「（結果を重視した）影響がある」場合に用い、**have profound [adverse, damaging, devastating, harmful, negative, beneficial, positive, immediate, long-term] consequences for** …のように通常複数形にして使います。

- Climate change could **have serious consequences for** the health of millions of people.（気候変動は多数の人々の健康**に深刻な影響を与える**）
- □ **affect（動詞）：最も包括的な表現**で広く使われ、どちらかと言えば**ネガティブ寄り**で、**seriously [negatively] affect** のように使います。
- Working parents are neglectful in their housework, **negatively affecting** their children's mental and physical development.（共稼ぎは家事がおろそかになるので、子供の心身の発育**に悪影響を与える**）
- Hydroelectric power generation can **be seriously affected by** limited rainfall and droughts.（水力発電は、降水量不足や干ばつに**よって多大な影響を受ける**可能性がある）
- Direct democracy is prone to **be negatively affected by** the political apathy of the general public.（直接民主制は一般大衆の政治的無関心**の悪影響を受け**やすい）

論争度★★★★　　　　　　　　　　　　　　　　　　　　CD-22

軍縮　5. How to eliminate weapons of mass destruction
（大量破壊兵器をなくす方法とは!?）

大量破壊兵器（weapons of mass destruction）とは、人間や建造物を大量に殺傷したり破壊できる兵器のことで、**NBC兵器（nuclear, biological, chemical weapons）**を総称する言葉として使われています。しかし、大量破壊兵器を包括的に定義・禁止する条約や国際法（international law）は存在せず、もっぱら慣習に頼っているのが現状です。こうした状況で大量破壊兵器をなくすにはどうすればよいか、議論してみましょう。

Effective measures（方法）

1. 国連が指揮をとり、軍縮についての国際レベルでの合意を得るための枠組みを確立する必要がある。	The United Nations need to **take the initiative** in **establishing an international framework to achieve global consensus** on disarmament.（**Q1** 具体的にどんな枠組みが可能か？）
2. **核保有国**が、核攻撃を恐れず、核抑止力に対する信仰を捨てるべきである。	**Nuclear powers** need to **outgrow their belief in nuclear deterrence** and fear of nuclear attacks.（**Q2** 核抑止力は効果があるのか？）
3. 国際機関の権力を強化し、ならず者国家の武器関連施設の査察を行う必要がある。	It is necessary to strengthen the power of international organizations that **inspect weapon-related facilities in the rogue countries**.（**Q3** どんな機関があるのか？）
4. 非政府組織や市民の草の根運動を促進し、人々に**核の大惨事の危険を啓蒙する**べきである。	**Non-governmental and grass-roots movements** should be promoted to **enlighten** the public **about the danger of nuclear holocaust**.（**Q4** 具体的にどんな運動があるのか？）

強いアーギュメントをするためのロジカル・シンキング力 UP！

国連は国連軍縮特別総会を開催したり、**包括的核実験禁止条約（CTBT）**などを採択するなど、基本的には総会における議論や決議の採択を通して軍縮

に関与しています Q1 。さらに大量破壊兵器の抑制を助けるため、数多くの機関が設立されており、**国際原子力機関（the International Atomic Energy Agency [IAEA]）** は、核に関する保障措置と検証のシステムを確立しているほか、**化学兵器禁止機関（the Organization for the Prohibition of Chemical Weapons [OPCW]）** は、**化学兵器禁止条約（the Chemical Weapons Convention [CWC]）** の順守確保に助力しています Q3 。

冷戦時には、米ソという核を使う対象が存在したために、第三次世界大戦を防ぐという**核抑止論（nuclear deterrence theory）** が意義を持っていましたが、今や米ロの関係が修復され、世界経済は連動しているので、核の存在意義が薄れてきました Q2 。2003年にブッシュ政権は、大量破壊兵器の拡散を阻止するための**安全保障機構（the Proliferation Security Initiative [PSI]）** を提唱しました。PSI参加国は、輸出管理ばかりでなく輸送段階におけるさまざまな阻止行動を共同して行っており、当初は10ヵ国でしたが、2012年には世界98か国がPSIの活動を支持しています。

市民運動レベルでは、世界大戦での原爆投下とその後の**核兵器開発競争（nuclear arms race）** に対する危機感から、世界各地で**原水爆禁止運動（the ban-the-bomb movement）** が生まれました。日本では1954年の第五福竜丸ビキニ被災事件をきっかけに、無党派の主婦グループが原水爆禁止署名を3000万人集め、1955年に第1回原水爆禁止世界大会が広島で開かれ、11カ国5000人が参加しました。以来、毎年8月、原水爆禁止世界大会が広島・長崎で開かれ、国際的影響力を持つ継続的運動を展開しています Q4 。

「政治・国際関係」問題を発信するための背景知識力UP④

核軍縮の歴史はいかに!?

核軍縮の動きは**1963年の部分的核実験禁止条約（PTBT）** に始まりますが、地下核実験も含めて禁止する**1996年の包括的核実験禁止条約（CTBT）** は、米国と中国が批准しておらず、現在でも発効していません。拡散防止では、**1968年**に国連総会で**核拡散防止条約（NPT）** が採択され、米国、ソ連、イギリス、フランス、中国のみを「**核兵器保有国**」（nuclear powers）と規定しましたが、**非加盟国（nonmember nations）** に対して核兵器の製

造を禁止することも、**国際原子力機関（IAEA）**の査察を義務づけることも強要できず、イラン、北朝鮮、インド、パキスタンなどは、**核保有や核開発計画の疑い**（suspected nuclear possession and development）があります。

　米ソは、**1969 年**から**戦略兵器制限交渉（SALT）**を行い、**1972 年**には、**第一次戦略兵器制限交渉（SALT-I）**および**弾道弾迎撃ミサイル制限条約（ABM 条約）**を締結しましたが、次の**第二次戦略兵器制限交渉（SALT-II）**は、アフガニスタン侵攻に反発する米国が批准しなかったために無効になりました。**1982 年**からは**戦略兵器削減条約（START）**が開始され、**1987 年**には**中距離核戦力全廃条約（INF）**が締結され、**1993 年**には**第二次戦略兵器削減条約（START II）**が調印され、**2002 年**には**モスクワ条約（SORT）**が締結され核兵器の配備数を削減しました。**2009 年**には、**オバマ大統領**が核廃絶に向けた**「核兵器なき世界」**（nuclear weapon-free world）の演説を国連総会で行い、ノーベル平和賞を受賞しましたが、米国は核兵器を保有し続けることを言明し、ロシアと中国も核放棄を否定しています。こうした中で **2010 年**に米ロは核弾頭を削減する**新戦略兵器削減条約（新 START）**に署名して、核軍縮の模範を示すことで「核兵器なき世界」実現への第一歩を踏み出しました。

論争度 ★★★　　　　　　　　　　　　　　　　　　　　　　CD-23

国連　**6. Should the United Nations have its own permanent standing army?**（国連は常備軍を持つべきか？）

　国連憲章第 7 章（Chapter 7 of the U.N. Charter）は、**非軍事的強制措置（nonmilitary sanctions）**が不十分な場合に、安保理は、**国連軍（the U.N. forces）**の名のもとで、空・海・陸軍の**軍事的行動（military operations）**を取れると規定していますが、その創設に必要な加盟国と国連と兵力提供に関する「特別協定」が締結されたことがないため、国連軍が創設されたことはないと言えます。そうした中で、**国連常備軍（the U.N. standing army）**を創設することで**国連平和維持活動（the U.N. peacekeeping operations [PKO]）**の効率化を図ろうという考え方が注目されていますが、そのメリット・デメリットを考慮しながら、その有効性について議論してみましょう。

YES（賛成側の主張）	
1. 国連常備軍は、**軍事紛争や自然災害の対応において**、現在の国連の軍事組織よりも効果的である。	The U.N. standing army is more effective than the current UN military system **in dealing with armed conflicts and natural disasters**. (**Q1** 国連は本当に役立っているか？)
2. 国連常備軍は、**政治的・宗教的・文化的違いを超えた中立的な仲裁者**になりうる。	The U.N. standing army can be a **neutral peacemaker which transcends political, religious, or cultural differences**. (**Q2** 国連常備軍は中立な仲裁者になれるのか？)
3. 国連常備軍は、**戦争に対する抑止力として機能し**、いかなる軍事国家にも戦争を始めることを思いとどまらせる。	The U.N. standing army can **serve as a deterrent to warfare** discouraging any military power from starting a war.
NO（反対側の主張）	
1. 国連常備軍は、**文化的相違が危機への対応をよく遅らせるので**、現在の国連軍事組織ほど効果的ではない。	The U.N. standing army is less effective than the current U.N. military system as **huge cultural differences often cause a delay in responding to crisis**.
2. 国連常備軍は、常任理事国の**拒否権の行使**のために、中立性を維持できない。	The U.N. standing army cannot maintain its neutrality because of the **veto power** of the permament members. (**Q3** UN は本当に fair な機関か？)
3. 国連常備軍の維持費用は、**訓練や起こりうるあらゆる脅威に対応するための装備**などで、非常に高額となる。	**It requires a huge cost to** maintain the U.N. standing army, including the costs for **training and equipment for every possible threat**. (**Q4** 常備軍を維持するのに、どれぐらいかかるのか？)

強いアーギュメントをするためのロジカル・シンキング力 UP！

　現在まで、国連軍が創設されなかった代わりに、**安保理（the U.N. Security Council）** による武力行使容認決議が行われてきました。1991 年の**湾岸戦争（the Persian Gulf War）**、1994 年のハイチ軍政問題、1997 年のアルバニ

ア暴動問題、1999年にコソボ紛争に、同年と2006年に東ティモール紛争に、それぞれ**多国籍軍（multinational forces）**の派遣が認められました。その一方で2003年の米英をはじめとする有志連合による対イラク武力行使は、**安保理決議（Security Council resolutions）**によって正当化されるかどうかについては各国の意見が分かれました。

　平和維持活動（PKO）には限界があり、ソマリアでは国連の努力にもかかわらず、当事者が戦闘を止めることがなかったし、ルワンダでの**ジェノサイド（genocide）**も、旧ユーゴスラビアでの戦闘も止めることができませんでした**Q1**。そこで、世界の各地域に常時、国連が自由に展開できる兵力を待機させて、**紛争解決（conflict resolution）**に迅速に対応し、さらに戦争に対する**抑止力（deterrence）**を有するという「**国連常備軍（the U.N. standing army）**」構想が生まれました。また、国際公務員（international civil servant）としての個人参加にすれば日本国憲法にも抵触せず、フランスの外人部隊（the French Foreign Legion）の「国連版」として、政治・宗教・文化の違いを超えた「国連ボランティア軍」（the U.N. volunteer forces）として活躍できるので、国家のしがらみを超えた中立的な立場として世界平和に貢献することが期待できます**Q2**。

　しかし、**安保理の常任理事国（permanent members of the Security Council）**による**拒否権行使（exercise their veto power）**などで、迅速で公平な決議ができない可能性がある**Q3**など、国連そのものが抱える問題の影響を考慮する必要があります（反対派①）。

　国連軍の規模は100万人と考えられていますが、日本の自衛隊の約5倍に相当する軍隊を置くには、莫大なコストがかかります。予算は年間500億ドルが確保できると言われていますが、**湾岸戦争（the Persian Gulf War）**では数週間で700億ドルかかっており、追加的にまた何百億ドルという数字が出てくる可能性があります**Q4**。それを国連の分担金方式で各国に負担させるというのはとても不可能とみられています（反対派③）。

「政治・国際関係」問題を発信するための背景知識力UP⑤

国連の役割（The roles of the United Nations）とは？

The roles of the United Nations

国連は世界の平和（global peace）と社会的・経済的発展と安定（socio-economic development and stability）を目的とした国際機関で、独立国によって形成され、国家間のさまざまな問題を話し合う機関です。

① 平和と安全の維持（maintenance of peace and security）
② 軍縮の促進（promotion of disarmament）
③ 人権保護と人道的支援（human rights protection and humanitarian assistance）
④ 社会経済的発展（socio-economic development）

「国連の役割」を討論するための表現力UP！

- □ 国連決議　the U.N. resolution（「国連憲章」は the U.N. Charter）
- □ 国際司法裁判所　the International Court of Justice
- □ 拒否権を行使する　exercise one's veto power
- □ 国連分担金　financial contributions to the U.N.
- □ 国連平和協力法［PKO協力法］　the Peace Keeping Operation Cooperation Law（1992年に成立後、日本はカンボジア・モザンビーク・ゴラン高原・東ティモールでPKO活動に参加してきたが、PKFへの参加は Article 9 of the Constitution of Japan（日本国憲法第9条）により freeze（凍結）されてきた）
- □ テロ対策特別措置法　the special anti-terrorism law（multiple terrorist attacks on the U.S.（アメリカ同時多発テロ）の後成立。次いで revision of the PKO cooperation law（PKO協力法改正）がなされた）
- □ 安全保障理事会における常任理事国と非常任理事国の増大　increase in permanent and non-permanent membership in the U.N. Security Council

国連英検特Ａ級・Ａ級エッセイ出題トピックランキング

　国連英検特Ａ級とＡ級のエッセイ問題出題トピックランキングの**1位**は、特Ａ級・Ａ級ともに「**政治・国際**」で、それぞれ全体の約半分を占めていますが、**特Ａ級**が「**国連の民主主義発展の支援方法とは？**」「**国連の平和維持活動の改革**」「**世界の民族間緊張緩和**」など、国際政治問題に対する「**国連**」の役割を問うのに対して、**Ａ級**では「**日本のアジア太平洋地域における海洋国家としての役割**」「**日本の領土問題の解決策は？**」など、政治・国際問題に対する「**日本**」の立場を問うているのが特徴です。いずれにしても、国連英検の最頻出分野ですので、日頃からニュースや記事を見て、背景知識を持つと同時に、自分の意見をまとめて発信できるようにトレーニングしておきましょう。

　第2位は**特Ａ級**では「**環境**」と「**経済**」がそれぞれ全体の約1割5分を占めるのに対して、**Ａ級**では「**環境**」が3割5分を占める重要分野となっています。ここでも、**特Ａ級**の「**環境**」が「**国連の気候変動への取り組み**」「**国連の温暖化軽減への取り組み**」と「**国連**」中心の視点で問われるのが近年の傾向に対し、**Ａ級**では、「**日本の気候変動対策における役割とは？**」「**日本が自然災害復興のためにいかに他国と協力できるか？**」「**絶滅危惧種保護のための日本の役割とは？**」など、「**日本**」中心の視点で問われているのが特徴です。**特Ａ級**の「**経済**」では「**中国と西側の経済緊張緩和のための国連の役割**」などが出題されており、**国連中心の視点**がここでも求められています。

　特Ａ級の第4位はAIDS問題などの「**医療**」とエネルギー問題などの「**科学技術**」でそれぞれ全体の約5%を占めています。**Ａ級の第3位**は「**グローバル化の弊害**」などの「**経済**」、「**日本の世界遺産のアピール法**」などの「**文化**」、「**日本での対テロ生体データ利用**」などの「**科学技術**」でそれぞれ約6%を占めています。

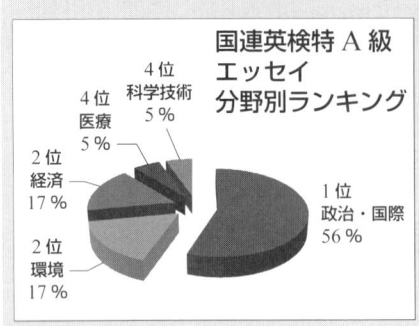

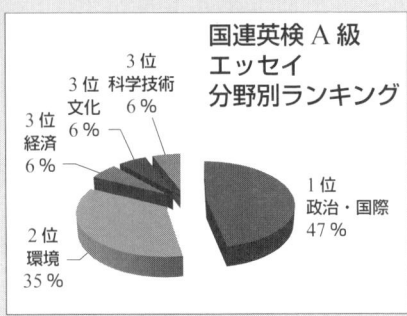

国連英検特Ａ級エッセイ分野別ランキング
- 1位 政治・国際 56%
- 2位 環境 17%
- 2位 経済 17%
- 4位 医療 5%
- 4位 科学技術 5%

国連英検Ａ級エッセイ分野別ランキング
- 1位 政治・国際 47%
- 2位 環境 35%
- 3位 経済 6%
- 3位 文化 6%
- 3位 科学技術 6%

論争度 ★★★★

| 民主主義 | **7. Is democracy the best system of government?**（民主主義は最善の政治体制なのか？） |

基本的人権の尊重	法の支配
国民主権	
代表民主制	権力分立

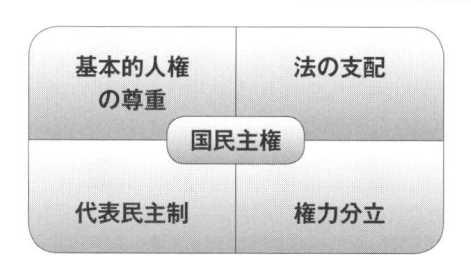

民主政治（democracy）とは、普通選挙制度（universal suffrage）のように国民の意思を政治に反映させる制度を整え、かつ**基本的人権の保障（guarantee of the fundamental human rights）**のように、国民の人間としての尊厳の保障を行う制度を整えた体制のことを言います。近代民主政治の基本原理は、①**国民主権（the sovereignty of the people）**、②**基本的人権の尊重（respect for the fundamental human rights）**、③**代表民主制（representative democracy）**、④**法の支配（the rule of law）**、⑤**権力分立（separation of powers）**の5つを柱としています。しかし、第二次世界大戦後、民主主義が世界的に広く受け入れられる一方で、そもそも「民主主義は最も理想的な政治形態か」というテーマが議論されています。

YES（賛成側の主張）	
1. 民主主義は自由や法の支配、人間の尊厳を最優先し、人々を抑圧や権力の乱用から守る。	**Democracy,** protects people against oppression and abuse of power **with top priority on freedom, the rule of law, and respect for human dignity**.
2. 民主主義のもとで、人々は政治的決定に直接意見を言うことができる。	Democracy **gives people a direct say in political decision-making**.
3. 民主主義は、競争や新たな発想を促進することで、経済成長を促す原動力となりうる。	Democracy can be **a driving force behind economic growth** by **promoting competition and innovation**.
NO（反対側の主張）	
1. 一般大衆はメディアによる政治的影響を受けやすく、指導者の統率力や政策決定を弱めてしまう。	**The general public is susceptible to political manipulation by the media,** thus undermining effective leadership and decision-making.

2. 政治家は、概して**目先の事しか考えない利己主義的な有権者**の人気を得ようと、**無益な政策を示し**がちである。	Politicians tend to **present ineffective policies** when they try to become popular with generally **short-sighted and self-seeking voters**.
3. 危機的状況下では、目先の事しか考えない利己主義的な多数派が、**少数派の権利を侵害する**かもしれない過激派指導者に投票する傾向がある。	During the time of crises, a short-sighted and self-seeking majority tend to **vote for extremist leaders that will infringe on the rights of minorities**.

強いアーギュメントをするためのロジカル・シンキング力 UP！

　民主主義（democracy）の大前提は、国民が国家の主権を掌握するという**主権在民（sovereignty resides with the people）**と**自由主義（liberalism）**があり、それを維持するために法や制度や手続きが必要になります（賛成派①）。民主主義の土台は、**個人の権利と義務（individual rights and duties）**であり、それらは、**表現の自由、結社の自由、思想信条の自由（freedom of speech, association, and thought）**によって実現され（賛成派②）、**政治的自由（political freedom）**や、**財産権（property rights）**による**経済的自立（economic independence）**によって成立します（賛成派③）。民主主義の成功には、有権者全体が知的教育を受け、**マスコミによる情報操作（media manipulation of information）**や扇動などに惑わされず、恐怖や怒りや個人的な利害ではなく、理性的な意思の決定ができる社会が不可欠であると言われています（反対派①）。さもなければ**衆愚政治（mobocracy）**となりかねない危険があります（反対派②③）。さらに、世界には多様な民主国家が存在していますが、明らかに**独裁体制（dictatorship）**である国が民主国家を自称している場合もあります。

　また民主主義は、先進国や自由主義国では、複数政党制のもとで**ロビイストの暗躍（behind-the-scenes maneuvers by lobbyists）**や、**圧力団体と官僚、政治家との癒着腐敗（corruption stemming from cozy relationships between pressure groups, bureaucrats and politicians）**、政府による巧妙な**世論操作（manipulation of public opinion）**などによる後退を招く傾向にあるが、中国のような**新興国（emerging countries）**で**一党独裁**

国家（single-party states）では、民主主義という言葉がツイッターなどウェブ世界を活用した**反政府活動の原動力**（driving force behind an anti-government movement）となり、今後さらに進展していく可能性があります。

民主主義国家（democratic nation）が機能するための基準

①複数立候補者の選挙戦（multi-candidate race）、自由で、**無記名**（secret ballot）で、定期的な**普通選挙**（universal suffrage）の実施

②普通選挙によって構成された議会が**立法権**（legislative power）の最高権限を持っていることを**憲法**（constitution）などの公式文書で明文化

③議会内における相互批判的な**複数政党**（the multiparty system）の存在

④国内に自由で多様な行政府批判を行う**大手メディア**（the mainstream media）が存在し、それを不特定多数が閲覧できること

「政治学・イデオロギー」問題を討論するための表現力UP！

- □三権分立　checks and balances / separation of powers
- □立法府　the legislative branch（「行政府」は the executive branch、「司法府」は the judiciary branch）
- □議会制　the parliamentary system
- □憲法改正　constitutional amendment
- □政治的影響力　political clout [leverage]
- □政治的混乱　political turmoil [upheaval]
- □利権誘導型政治　pork-barrel politics（pork money は「選挙区への補助金」）
- □総選挙で圧勝する　win a landslide victory in the general election
- □政官財の癒着　collusion between politicians, bureaucrats, and business executives
- □基本的人権と自由の尊重　respect for the fundamental human rights and freedom
- □他党と組んで連立内閣を作る　form a coalition cabinet with other parties
- □国民の政治不信　public distrust of politics

- □内閣支持率　cabinet approval rating
- □反グローバル化　anti-globalism（大国主導の貿易自由化に反対し、貧困解消や環境保護に取り組む考え方）
- □**法令・社会通念の順守　compliance**
- □民主党（ロバ）と共和党（ゾウ）　"blue" states and "red" states
- □民主・共和両党の対立を煽ることで自陣営との結束を高める政治　partisanship
- □「65歳未満の低所得者・身障者を対象の国民医療保障制度」と「65歳以上の老人・身障者などに対する政府の医療保険制度」Medicaid & Medicare

論争度★★★　　　　　　　　　　　　　　　　　　　　　　　CD-25

司法制度　**8. Should the justice system focus on rehabilitation rather than retribution?**（司法制度は矯正と懲罰のどちらを重視すべきか？）

なぜ、刑罰を科するのか？　刑罰の根拠については大きく分けて2つの考え方があります。一つは、**応報刑論（the theory of retribution）**で、刑罰は加害者に対する応報感情（仕返し）を満たすものでなければならないとする考え方で、もう一つは、**教育刑論（the theory of reformative punishment）**で、刑罰は加害者が二度と犯罪を起こさないように**再教育（re-education）**をし、**社会復帰（social reintegration）**を図るようにするためのものでなければならないとする考え方です。どちらが刑罰として重視されるべきなのか、さらに犯罪本人や社会全体にとってどちらが意義あるものなのか。人々が罪を犯す原因も考慮に入れて議論してみましょう。

Rehabilitation（矯正派の主張）

1. **矯正なき懲罰**は、犯罪の根本原因解決に取り組むというよりはむしろ、**一時的に対処する**だけなので、**高い再犯率**という結果を招いてしまう。	**Punishment without rehabilitation merely deals temporarily with the symptoms** rather than **address the root causes,** resulting in **a high recidivism rate**. (**Q1** どの程度の再犯率があるのか？)
2. 犯罪を減少させる最善の方法	The best way to reduce crime is to correct

は、罪を犯した人の信念や行動を更生することであり、それは**カウンセリングや地域社会の一員として受け入れることによって最も効果的に達成される**。	criminals' beliefs and behaviors, which **is most effectively achieved by counseling and integration into the community**. (**Q2** どの程度の効果が期待できるのか？)
3. 親、教師や社会が一体となって、**情緒不安定な人々に理解を示し、彼らの心の傷を癒すこと**で彼らの振る舞いを正さねばならない。	Parents, teachers and society at large must correct criminals' behaviors **by showing understanding toward disturbed people and healing their emotional wounds**.
Retribution（懲罰派の主張）	
1. 懲役刑によって**完全に自由を奪われるという恐れ**が、潜在的犯罪者が犯罪を実行するのを抑止する。	**The threat of the complete loss of freedom** through prison sentence can deter potential criminals from committing crimes.
2. カウンセリングや**精神科の治療**、**地域社会での奉仕活動**などは、罪を犯しても大丈夫と人々に思わせるので、**犯罪率を増加**させる。	Counseling, **psychiatric treatment**, and **community service** make people feel they can **get away with crime, thus increasing crime rates**.
3. 社会が**適切に機能する**ためには、犯罪者が「**医学的**」「**心理学的**」機能障害を理由に罪を免れることはできない。	For a society to **function properly**, criminals cannot **be absolved of a sin on the grounds of 'medical' and 'psychological' dysfunctions**.

> 強いアーギュメントをするためのロジカル・シンキング力 **UP**！

　応報刑論の考え方は、「**目には目を、歯には歯を（An eye for an eye, a tooth for a tooth.)**」という発想となり、**憲法が保障する基本的人権（constitutionally guaranteed fundamental human rights）**や、加害者の人格を否定するという結論をも導きかねません。Retribution（懲罰）派の主張をサポートする論拠としては、法務省が公表した 2010 年版「犯罪白書」によると、殺人や傷害致死などの**凶悪犯罪（atrocious crime）**で服役した人のうち、31.5％が出所後 10 年以内に再び何らかの罪を犯し、うち 2.8％は

1カ月未満で再犯に及んでいること、特に強盗や強姦の罪で服役し、出所した人の4割近くが10年以内に再犯に及んでいるというデータが挙げられます**Q1**。

一方で、Rehabilitation（矯正）派の主張をサポートする論拠として、一般刑法犯については、成人の50％前後の**再犯率（recidivism rate）** に対して、少年は30％前後と2割近くも再犯率が低いことを鑑みれば、少年には、少年法の理念のとおり**可塑性（reformability）** があり、**更生効果（rehabilitation effect）** が高いことが挙げられます**Q2**。

また、重大事件を起こした人に対する社会の目が厳しく、**家族関係の崩壊（breakdown in family relationships）** といった環境の変化が更生の足かせになっていることも考えられます。**再犯者の半数近くが無職の者である事実**も考慮すると、**出所後の生活の安定（have a stable life after prison）** や**人間関係の再構築（restore a personal relationship with others）** による心の安らぎを得ることが、社会復帰への有効な手だてとなり、**家族や地域社会からの支援（support from the family and the community）** が、犯罪者の更生には欠かせない力となるに違いありません。

皆さん、いかがでしたか？　では、ここで **Borderless English 言い換えトレーニング**にトライしていただきましょう。平易な構文や語彙を使い、世界のノンネイティブが理解しやすい Borderless English で表現してみましょう。

3. Borderless Englishで言うとこうなる！〜政治・国際関係編〜

1. Japan should play a vital role as **the sole victim of atomic bombings in promoting nuclear disarmament and realizing the nuclear-free world**.（唯一の被爆国として、日本は、核兵器削減や「核なき世界」の実現のために重要な役割を担うべきである）

Borderless English As **the only country that has experienced atomic bombings,** Japan should make a great effort to **reduce the number of nuclear weapons and create a world without nuclear weapons**.

解説 the sole victim of atomic bombings（唯一の被爆国）を the only country that has experienced atomic bombings と、promoting nuclear disarmament and realizing the nuclear-free world（核兵器削減と「核なき世界」の実現）を reduce the number of nuclear weapons and create a world without nuclear weapons と簡単な表現に言い換えています。

2. **Under the framework of its pacifist Constitution,** Japan should provide reconstruction assistance as well as **logistic support.**（平和憲法のもとで、日本は後方支援のみならず、復興支援を行うべきである）

Borderless English Based on the principle of the peace Constitution, Japan should provide support for reconstruction and **transportation of supplies and people for military operations**.

解説 Under the framework of its pacifist Constitution（平和憲法の枠組みの下）を Based on the principle of the peace Constitution に、logistic support（後方支援）を transportation of supplies and people for military operations と言い換え易しい表現にしています。

3. **Indignation about widening income gaps between haves and have-nots drives** needy countries **into** aggression including terrorist acts.（持てる国と持たざる国との収入格差に対する憤慨が、貧困国をテロなどの攻撃へと駆り立てる）

Borderless English Because of anger toward income gaps between rich and poor countries, poor countries may start a war and commit terrorist acts.

139

解説 無生物主語と drive O into ～を使った構文を、Because of ～を使った表現にすることで平易な表現にしています。

4. Globalization has made countries in the world economically interdependent, **thus precluding the possibilities of military aggression**.（グローバル化の影響で各国は経済的に相互に結びついており、**それゆえ他国への軍事攻撃を妨げている**）

Borderless English Since globalization has made countries in the world economically dependent on each other, **military attacks will never happen**.

解説 , thus precluding the possibilities of military aggression（それゆえに他国への軍事攻撃の可能性を妨げている）を、Since ～ , military attacks will never happen と簡単な表現にしています。

5. Stabilizing Muslim society **beset with chronic poverty** through economic assistance can **help defuse tensions** between the West and Islamic nations.（**慢性的な貧困がはびこる**イスラム社会を経済援助を通じて安定化すれば、西欧諸国とイスラム諸国の**緊迫状態は緩和できる**）

Borderless English Stabilizing Islamic society **badly affected by long-lasting poverty** through economic aid will **relieve tensions** between the West and Islamic countries.

解説 beset with ～（～に悩まされた）を **badly affected** に、**chronic**（慢性的な）を **long-lasting** に、**defuse**（緩和する）を **release** に言い換え、易しい表現にしています。

6. Economic sanctions are effective by **minimizing the suffering** of average citizens and **maximizing the pressure** on the leadership.（経済制裁は、一般市民の**苦しみを最小限**にし、指導者への**圧力を最大限**にすることによって効果を上げることができる）

Borderless English Economic punishment are effective by **giving the least possible suffering** to average citizens and **putting the greatest possible pressure** on the leader.

解説 minimizing the suffering（苦しみを最小限にすること）を **giving the least possible suffering** に、maximizing the pressure（圧力を最大限にすること）を **putting the greatest possible pressure** に易しく言い換えています。

4.「政治・国際関係」問題を討論するためのその他の重要例文集

論争度★★

9. Should the U.N. Security Council be expanded?
（国連安全保障理事会は拡大すべきか？）

YES（賛成側の主張）	
1. 国連安全保障理事会を拡大することで、会議や協議会にもっと多くの国が参加することが可能になり、国連をより民主的なものにする。	The expansion of the U.N. Security Council will make the U.N. more democratic, **with more participants present in meetings and consultations**.
2. 現在の安全保障理事会の決議は概して世界情勢や国際関係を反映していない。	Security Council decisions **are generally irrelevant to world affairs and international relations**.

NO（反対側の主張）	
1. 国連安全保障理事会を拡大することで、**世界の紛争の速やかな対処**を遅らせる。	The expansion of the U.N. Security Council would **delay its swift action to deal with world conflicts**.
2. **拒否権**を行使できる国を増やすことは、安全保障理事会の**政策決定過程**を阻害する。	Giving more countries **veto power** can **undermine the decision-making process** of the Security Council.

　皆さん、いかがでしたか？　では、「政治・国際関係」問題の必須表現クイズにまいりましょう。

5.「政治・国際関係」問題を発信するための必須表現クイズにチャレンジ

本章で取り上げた表現の中から厳選した20の表現を英語で説明してみましょう。

1	核軍縮	11	三権分立
2	代理戦争	12	憲法改正
3	先制攻撃	13	政治的影響力
4	戦争時の残虐行為	14	瀬戸際外交を取る
5	ならずもの国家	15	民主化運動の武力鎮圧
6	国交回復交渉	16	基本的人権の尊重
7	国連決議	17	国連分担金
8	国連安全保障理事会の常任理事国	18	停戦交渉
9	拒否権を行使する	19	難民の大量流出
10	内閣支持率	20	総選挙で圧勝する

解答例 即答できるまで繰り返し音読して覚えましょう！

1	nuclear disarmament	11	checks and balances / separation of powers
2	proxy war	12	constitutional amendment
3	preemptive attack	13	political clout [leverage]
4	wartime atrocities	14	adopt a brinkmanship diplomacy
5	rogue countries	15	crackdown on pro-democracy demonstrators
6	rapprochement talks	16	respect for the fundamental human rights
7	the U.N. resolution	17	financial contributions to the U.N.
8	the permanent members of the U.N. Security Council	18	cease-fire negotiation
9	exercise one's veto power	19	exodus of refugees
10	cabinet approval rating	20	win a landslide victory in the general election

6.「政治・国際関係」問題を討論するための最重要サイト TOP10

- **The United Nations（国連公式 HP）**　http://www.un.org/en/
  政治、開発、環境、人権、世界平和などに対する世界の現状と国連の取り組みがわかり、豊富な Archive や Documents は世界情勢の宝庫！
- **外務省**　http://www.mofa.go.jp/mofaj/index.html
  日本の外交に関する最新情報を Get できる！
- **財務省**　http://www.mof.go.jp/
  財政面から外交や政治の情報を Get できる！
- **安全保障貿易情報センター**　http://www.cistec.or.jp/index.html
  経済措置の現状を Get できる！
- **CNN Student News**　http://edition.cnn.com/studentnews/index.html
  毎日たった 10 分で、世界の情報を手軽に Get でき、映像と音声スクリプトでリスニング力・表現力も同時に UP できる！
- **BBC One-Minute World News**　http://www.bbc.co.uk/news/video_and_audio/
  各ニュースを 1 分のビデオで観ることができるサイト。
- **NHK WORLD English**　http://www3.nhk.or.jp/nhkworld/
  最新の国内外のニュースを英語で Get できる！
- **NHK ワールド Wave 特集まるごと**
  http://www.nhk.or.jp/worldwave/marugoto/
  国際情報をまとめて Get できる！
- **Live on Wire Journal**　http://journal.liveonwire.net/
  ジャーナリストによる生の情報を Get できる！
- **DAILY YOMIURI ONELINE**　http://www.yomiuri.co.jp/dy/
  英字新聞で国内外の最新情報を Get できる！

第4章

「環境」問題を英語で討論するための技術と表現力UP

Ecology

1.「環境」問題の最重要トピックはこれだ！

□再生可能エネルギー利用（Renewable Energy Use）
□ 3R → □ゴミ問題（Garbage Disposal）
　　　　□リサイクリング（Recycling）
　　　　□夏時間（Daylight Saving Time）

エコツーリズム
（Ecotourism）

持続可能な開発
(Sustainable Development)

絶滅危惧種保護
（Endangered Species Protection）

地球温暖化
（Global Warming）

資源枯渇
（Depletion of Natural Resources）

種の多様性の喪失
（Biodiversity Loss）

動物の権利
（Animal Rights）
［動物実験（Animal Testing）、動物園（Zoo）の是非］

　環境問題では、**「持続可能な開発」**を中心に、「地球温暖化対策」、化石燃料の「資源枯渇」とそれに伴う「再生可能エネルギーへの移行問題」、開発による「種の多様性の喪失」などのトピックへと発展します。さらに、それらの派生で、3Rの概念に基づいた「ゴミ対策」や「夏時間」、「絶滅危惧種保護」や、近年注目されている「エコツーリズム」の是非などが重要です。また、「動物の権利」に関するトピック、とりわけ「動物実験の是非」は全世界が注目するトピックなので、日頃からPros&Consを考えておきましょう。

環境問題（environmental issue）は各種試験において頻繁に出題されるトピックの一つですが、今や一国だけの問題にとどまらず、その原因や影響も多様化・複雑化しています。**動物実験（animal testing）**や**原子力エネルギー（nuclear energy）**の是非、**環境破壊（environmental degradation）**による**異常気象（abnormal weather）**の発生、**温室効果ガス（greenhouse gas）**の削減努力、**外来種生物による固有種への悪影響（damaging effect of alien species on endemic species）**、エコツーリズム（ecotourism）のあり方についての議論など、近年はその話題も多岐にわたり、その結果、**民族間・国際間の協調（international or interracial cooperation）**に災いを及ぼすことが現実問題として憂慮されています。よってこれらの環境問題は、国内外で多々議論の的となるだけにとどまらず、国際会議や**国際条約（international treaty）**で早急に解決を図ることも珍しくなくなりました。また、これらの環境問題とその解決策は、生活レベルだけでなく、企業や自治体レベルでの取り組みも求められています。

環境問題に関する知識を正しく身につけることは、それらの問題に正しい解決策をもたらすために必須ですが、単に「環境問題」と言ってもその関連分野は**自然科学（natural science）**や**工学（engineering）**の分野にとどまらず、**政治学（political science）**・**経済学（economics）**・**地理学（geography）**と多岐にわたり、多角的・総合的な思考が求められます。普段から積極的に語彙や議題を調べ、自分の考えを英語で発信できるように準備しておきましょう。

▶国内外で最も議論されているトピック「環境」ベスト5

1	Animal testing（動物実験）
2	Global warming（地球温暖化）
3	Animal rights（動物の権利）
4	Renewable energy sources（再生可能エネルギー）
5	Ecotourism（エコツーリズム）

2.「環境」問題を討論するためのアーギュメント＆表現力UP

論争度★★★★　　　　　　　　　　　　　　　　　　　　　　CD-26

| 持続可能 な開発 | 1. Is environmental protection compatible with economic growth?（環境保護と経済成長は両立できるか？） |

持続可能性（sustainability）とは、環境を守りつつ、ゆるやかな経済発展を目指すことで、**再生可能エネルギー**（renewable energy）の実用化、**循環型社会**（recycling-oriented society）の実現、夏時間の導入（implementation of daylight saving time [DST]）、エコツーリズム（ecotourism）など環境問題を考える際の基盤となる概念です。では、**持続可能な発展**（sustainable development）の可能性についての賛成・反対双方の主張を見てみましょう。

YES（賛成側の主張）	
1. 持続的な発展は、**再生可能エネルギー**や**環境にやさしい製品**の開発により達成されうる。	Sustainable development can be achieved by the development of **renewable energy** and **eco-friendly products**.
2. **キャップ・アンド・トレード**や**環境税**などさまざまな方策により経済発展を損なうことなく環境を守ることができる。	Various measures including **cap-and-trade** and **environmental tax** can protect the environment without undermining economic growth.（**Q1**キャップ・アンド・トレードや環境税の現状は？）
NO（反対側の主張）	
1. **環境にやさしい製造工場**を建てるには多額の費用がかかるため、持続的な発展を達成しにくい。	It costs a tremendous amount of money to build **eco-friendly manufacturing plants**, which will make it difficult to achieve sustainable development.
2. 持続可能な発展は、先進国による**搾取**を経験した発展途上国の抵抗や**怒り**によって**妨げられ**る。	It is **held back** by developing countries' resistance and **indignation** after all the **exploitation** made by developed countries.

強いアーギュメントをするためのロジカル・シンキング力 UP！

　キャップ・アンド・トレード（**cap-and-trade**）とは、温室効果ガスの最も一般的な**排出権取引制度**（**emissions trading system**）で、政府により企業に割り当てられた**排出枠**（**CO₂ emission quota**［**cap**］）の一部を、他の企業と**取引**（**carbon trading**）し、地球規模で**排出量の削減**（**emission reduction**）を目指す仕組みです。排出権取引制度は、EU、ニュージーランド、オーストラリアなどでは導入済みで、米国、カナダは州により、日本では東京都など地域限定で実施されています。持続可能な開発には効果的な制度と期待される一方、与えられた排出枠に企業からは不満の声が上がっています。また、法制度が未熟な途上国は、同方式の採用に消極的で、先進国によるリードが求められています **Q1**。

　環境税（**environmental tax**）には、化石燃料へ課税する**炭素税**（**carbon tax**）や、**再生可能エネルギー**（**renewable energy**）に対する**減免**（**tax reduction and exemption**）などがありますが、導入されたスウェーデン、オランダ、ドイツ、イギリスなどでは、いずれも温室効果ガス排出量の削減を実現し、sustainability への効果が大いに期待されています **Q1**。

　持続可能な開発には不可欠の再生可能エネルギーに関してですが、その導入の**経済効果**（**economic effect**）は、開発・整備費に2010年から20年間で約25兆円かかる一方、GDP増加は約48兆円、**雇用創出**（**job creation**）は2030年には約68万人というポジティブな試算もあります。しかし**再生可能エネルギーへの急な移行**（**rapid transition to renewable energy**）は、大半を石油に頼る**石油依存型社会**（**oil-dependent society**）の日本には困難なため、化石燃料も併用しながら段階的に移行するべきという意見が主流となっています。

　また**京都議定書**（**the Kyoto Protocol**）については、温暖化ガスを出し続けた先進国の責任を、肩代わりさせられる途上国側の根強い不満（反対派②）があります。しかし、**経済成長**（**economic growth**）に伴う環境汚染に悩まされるようになった中国や他の途上国も、**環境政策**（**environmental policies**）を強化し、地球規模の**環境維持**（**environmental sustainability**）対策に取り組む姿勢が、以前より見られるようになってきました。

「持続可能な開発」問題を討論するための表現力 UP！

- □ 固定価格制度　**feed-in tariffs**（再生可能エネルギー普及拡大と価格低減を目指す助成政策。設備導入時に一定期間の助成水準が法的に保証される）
- □ 温室効果ガス排出量を制限［削減］する　**curb [lower] greenhouse gas emissions**
- □ 低炭素経済への移行を促進する　**promote the transition to a low carbon economy**（「二酸化炭素排出量の低い製品」は **low carbon goods**、「低炭素エネルギー」は **low-carbon energy**、「二酸化炭素排出量の高い産業」は **high-carbon industries**）
- □ 拘束力のある温室効果ガス排出削減目標　**binding emission reduction targets**
- □ 二酸化炭素の排出される量が吸収される量を上回る［を下回る／と同じ］状態　**carbon negative [positive / neutral]**
- □ 発光ダイオード　**light emitting diode [LED]**
- □ 蛍光灯　**fluorescent light**（「白熱電球」は **incandescent lamp**）

論争度★★★　　　　　　　　　　　　　　　　　　　　　　（CD-27）

| サマータイム | 2. Should daylight saving time be implemented in Japan？（日本で夏時間を導入するべきか？） |

　夏時間（daylight saving time [DST]）は日照時間（daylight hours）の活用によって**照明使用量を減らし（save electricity for lighting）**、帰宅後の余暇時間を有効に活用できる（make effective use of one's leisure time after work）制度で、国連全加盟国 193 ヵ国のうち約 3 分の 1 の 64 ヵ国が導入しています（2012 年）。導入国は、夏の日照時間が長く、**エネルギー節約効果（energy saving effects）**が表れやすい、**高緯度（high latitude）**の欧米諸国が中心で、日照時間の変化が少ない、赤道直下のアジア、アフリカの諸国では実施されていません。

　日本でも、戦後（1948～52 年）、GHQ によりサマータイムが導入されましたが、当時は日暮まで働く第一次産業従事者が多く、労働時間が伸びただけ

と不評で、すぐに廃止されました。近年では、**日本経団連（the Japan Business Federation）**が夏時間の導入を提案（2007年）したり、**日韓同時サマータイム導入（Japan-South Korea simultaneous introduction of DST system）**の検討（2008〜09）までされましたが、政府や自治体による導入は進んでいないのが現状です。国土が**東西に長く（extend from the east to the west）**、また日没後も**高湿度（high humidity）**の日本には、サマータイムの**全国一律導入（nationwide implementation of DST）**は適さないのでしょうか？ 以下の賛成・反対双方の主張を読んで、皆さんも一緒に考えてみてください。

YES（賛成側の主張）	
1. 夏時間では、照明やエアコンのための電気使用が減り、節電になる。	**Daylight saving time** will save electricity by **decreasing the use of electricity for lighting and air-conditioning**. (**Q1** どのくらいの節電となる？)
2. 早い時間に**退社してさまざまな活動への参加**が可能なため、夏時間は**消費を促す**。	Daylight saving will **encourage consumption** by **allowing** people **to leave work** earlier for various after-work activities.
3. 以前より**長く**太陽光に**当たる**ことにより、体内でのビタミンDの形成が**促進される**ため、**健康増進になる**。	Longer daytime can **promote people's health** because of **prolonged exposure to** sunlight that **encourages** the formation of Vitamin D in their bodies.
4. 日照時間が長くなることで、交通事故や犯罪発生低下**の一助となる**。	Longer daytime will **contribute to** a reduction in the incidence of traffic accidents and crime.
NO（反対側の主張）	
1. さまざまな場所にインストール済みのコンピュータプログラム**の修正が必要な夏時間**を導入するのは、経費が高くつきすぎる。	**It is too costly to implement** the DST which requires the **alterations of** computer programs installed in various places.
2. 夏時間による時間調整は、交通・商業活動・**医療に混乱を引**	**DST clock shifts** can **cause disruptions of** transportation, commercial activities, and

き起こす可能性がある。	medical treatment.
3. 夏時間の導入は、睡眠不足や24時間周期の体内リズムへの不適応を引き起こし、健康を害する。	Clock shifts can cause **sleep deprivation** and **maladaptation** to the **circadian rhythm**, thus **undermining** people's health.
4. 労働者は明るいうちに退社しにくいため、日照時間が長くなると、仕事量が増える。	Prolonged daytime will lead to **increased workload** by discouraging workers from leaving work during the daytime. (**Q2**なぜ働く時間も増えるのか？)

強いアーギュメントをするためのロジカル・シンキング力 UP！

　まず、**賛成派①**「夏時間導入の節電効果」については、夏時間導入による**国内電力総使用量（total domestic electricity consumption）**は、0.5％前後削減が可能（米国エネルギー省 [the US Department of Energy]）、4～5％の削減が可能（大前研一）などの試算があります。一方で、夏時間導入により、帰宅後、家庭での冷房使用電力が2割程度増すため、全体的には節電効果は期待できず、むしろ生活時間を1時間後方にずらして他の**節電対策（electricity-saving measures）**と組み合わせる方が、**節電効果（power-saving effect）**は高いとする、日本の**産業技術総合研究所（the National Institute of Advanced Industrial Science and Technology）**の分析や、導入で家庭でのエネルギー消費量は1～4％増加する（マシュー・コチェン米California大教授）など反対派の論拠があり**Q1**、節電効果で白黒をつけるのは、非常に微妙な問題となっています。

　賛成派②（消費拡大）のサポートとしては、高緯度の北海道全域で夏時間を導入すると、**個人消費（individual consumption）**が年平均362億円アップする（札幌商工会議所）という驚くべき試算があります。また、**経済的影響（economic implications）**としては、夏時間導入により日本のGDPは毎年1兆2000億円増加し、10万人の仕事を創出するという試算（第一生命経済研究所）もあります。

　健康面では、**賛成派③**（日光浴時間が長く、健康的）に対して、反対派③（起床時間が早まり、**睡眠不足（sleep deprivation）**やうつ病（**depression**）になりやすい）のように、健康には逆効果とする意見もあります。ちなみに、夏

時間導入が**国民や家畜の健康に悪影響を与える（have a detrimental effect on the health of people and livestock）**として、ロシアのように夏時間を廃止（2011 年）した国もあります。

次に、夏時間導入による**犯罪率の低下（decline in crime rate）**の効果（**賛成派**④）に関しては、夜道を歩く機会が減り、交通事故や**ひったくり（purse snatching）**などの事件が減るというサポートや、国内で年間約 90 万件ある交通事故が 1 万件減少するという社会経済生産性本部（現**日本生産性本部 the Japan Productivity Center**）による試算、また、米ワシントン DC では、夏時間期間中、暴力犯罪が 1 割程減ったという**法執行援助庁（the Law Enforcement Assistance Administration [LEAA]**）のデータなどを例に挙げてもよいでしょう。

反対派①の**時計調整（clock adjustment）**については、コンピュータプログラムの変更、WEB サーバや ATM の時刻補正、**航空・鉄道などのダイヤ変更（changes in train and airline timetables）**などのコスト増、とりわけ、銀行の生命線である**システム切り替え費（costs for banking system adjustment）**は約 1000 億円（財団法人省エネルギーセンター試算）と莫大で、導入は困難としています。反対派④のサポートとして、会社人間の日本人は、明るいうちに会社を出ることに後ろめたさがあり、結果として**勤務時間が長くなり（longer working hours）**、**仕事量も増える（increased workload）** Q2 という考え方を挙げることができます。

ちなみに、国内の最近の調査（日本生産性本部 [the Japan Productivity Center]）では、**夏時間賛成派（public approval for DST）**が約 6 割というデータがあり、業種別には、夏時間の支持・不支持は以下のようになっています。

夏時間賛成派業種	夏時間反対派業種
都市労働者（urban workers）、小売業（retail business）、屋外スポーツ関連（outdoor sports businesses）、旅行会社（travel agencies）、大手メーカー（leading manufacturers）など	農家（farmers）、輸送会社（transportation companies）、屋内娯楽関連（indoor entertainment businesses）、金融機関（banking institutions）など

153

論争度★★★★

CD-28

| ゴミ問題 | 3. What can we do to decrease waste?
（ゴミを減らす方法とは？） |

　廃棄物処理（waste treatment）問題は、家庭のゴミ分別（separate garbage collection）から、企業の工業排水処理（industrial wastewater treatment）や産業廃棄物処理（industrial waste treatment）、自治体のごみ埋め立て（refuse landfill）やゴミ焼却（refuse incineration）まで、その規模も内容もさまざまで、**有害廃棄物（hazardous waste）**による大気汚染や海洋汚染、**土壌汚染（soil pollution）**など社会問題として長く続いています。ゴミ削減対策として、全国の市町村の53%が実施している**ゴミの有料化（charging for waste disposal）**は、空き地への**不法投棄（illegal dumping of waste）**が増えたり、一時的にゴミが減っても、すぐに元の量に戻ってしまう現象が各地で見られ、ゴミ削減の有効手段とは一概に言えないようです。では、ゴミを減らす有効な手段に関するキーアイディアを見てみましょう。皆さんは、どんなことを実践していますか？

1. **マスコミ活動**や学校での教育を通して**リサイクル**を促進する。	Promote **recycling** through **media campaigns** or education at school.
2. リサイクル**促進**のために、**燃えるゴミと燃えないゴミとを分別する**。	**Separate burnable from non-burnable wastes to facilitate** recycling.
3. 不要な包装をやめる。	**Eliminate unnecessary wrapping** and **packaging**.
4. ゴミの量を増やす社用紙や**電気機器**の部品を**再利用**する。	**Reuse** office paper and **components** of **electric appliances,** which will otherwise increase the amount of waste.
5. **ビニール袋**の使用を減らすため、買い物には**再利用可能な鞄**を持参する。	Bring **reusable bags** for shopping to reduce the use of **plastic bags**.
6. 産業廃棄物の**不法投棄**に、より厳しい法的措置を取る。	**Impose stricter regulations on illegal dumping of** industrial waste.

> 強いアーギュメントをするためのロジカル・シンキング力 UP！

　ゴミ削減で、最も有効な方法は、**3R**、すなわち**ゴミを減らす（reduce）・再利用する（reuse）・リサイクル（再資源化）する（recycle）**に基づいた行動です。ゴミ処理問題でよく引用される、以下の概念図**「廃棄の階層（the waste hierarchy）」**を見ても、3R がいかに重要な役割をしているかわかるでしょう。

	廃棄の階層（the waste hierarchy）
most favored option ↑	予防（prevention）＝ゴミを出さない
	最小化（minimization）＝資源やエネルギーの消費を減らす
	再利用（reuse）＝ゴミとして捨てず、できるだけ再利用する
	リサイクル（recycling）＝ゴミを燃料や肥料に再利用する
	エネルギー回収（energy recovery）＝廃熱などを利用する
↓ least favored option	処分（disposal）＝ゴミを捨てる

＊ **reduce** がこの概念図では**最小化（minimization）**に置き換えられています。

　3R は世界の環境対策になくてはならない概念で、EU・米国・日本はもちろんのこと、経済発展に伴う環境悪化を無視できなくなった中国でも、2002年以降 3R に基づく**「循環経済（recycling economy）」**や**「資源節約型社会（resource-saving society）」**を提唱し、資源の有効利用を目指しています。

　では、**3R の実践例（examples of the 3Rs）**を見てみましょう。

減らす （reduce）	□不要なものを買わない（**Do not buy unnecessary goods.**） □マイバッグを買物時に携帯（**Carry your own eco bag for shopping.**） □待機電力は最小限に（**Minimize the amount of standby electricity.**） □書店でブックカバーを断る（**Refuse book wrapping at book stores.**）
再利用 する （reuse）	□詰め替え用の製品を買う（**Buy refillable goods.**） □不要な物を譲り合う（**Exchange one's unnecessary goods with others.**） □事務用紙を再利用する（**Reuse office paper.**）

155

リサイクル（再資源化）する（recycle）	□古紙から再生紙を作る（Make recycled paper from used paper.） □廃棄物を燃料や肥料にする（Convert waste into fuel or fertilizer.） □コンピューターの部品から貴金属を取り出す（Recover precious metals from computer parts.）

　各国の**リサイクル義務**（mandatory recycling）を定めた法制度についてですが、日本では対象がテレビ・エアコン・冷蔵庫・洗濯機の限定4品目が対象の**家電リサイクル法**（the Home Appliance Recycling Law）（2001年）が、EU加盟国では対象が10品目のリサイクルを定めた**WEEE指令**（the Waste Electrical and Electronic Equipment Directive）（2003年）が制定されています。一方、米国では**電化製品のリサイクル法**（e-waste laws）を制定している州は半数程度しかなく、大量の**廃家電**（waste household appliances）が米国から途上国にわたり、解体中に出る**レアメタル**（rare metals）や**溶剤**（solvent）が**越境汚染**（pollution from outside the country）を引き起こし問題になっています。

「ゴミ」問題を討論するための表現力 UP！

□ 3Rの重要性を啓発する　raise people's awareness about the importance of the 3Rs
□ 再生利用可能ゴミを分別する　separate recyclable and [from] non-recyclable garbage
□ 可燃ゴミの分別　separation of burnable and non-burnable garbage
□ **生分解可能な材料　biodegradable materials**
□ 日本の**二酸化炭素の排出量**を減らす　reduce Japan's **carbon footprint**
□ リサイクル・ファッション（中古品などを再生して作った服やアート）trashion（trash + fashion より）（「環境に配慮したおしゃれなファッション」は eco-chic）
□ 核廃棄物処理［汚染］問題　the problem of nuclear waste disposal [contamination]
□ 放射性廃棄物の処理　radioactive waste disposal
□ 大量の放射性物質を大気中に放出する　release huge amounts of

radioactive materials into the atmosphere
□放射性［核］廃棄物の海洋投棄　radioactive [nuclear] waste dumping in the sea

社会問題を討論するためのテクニック④

「もたらす・投げかける」
pose, present, raise, cast をマスター！

　英語で討論する時に、何らかの事柄が**「問題、脅威、暗雲、疑惑」**を投げかけるといった状況が多いので、その表現を使えるようにぜひマスターしましょう。**pose** は最もよく使われ、**threat, danger, risk, problem, challenge（試練）**などをもたらしたり、**question** を提起したりするのに用いられます。**present** も pose の次によく用いられるので、マスターすれば表現力がワンランク UP します。**raise** はこの 2 つほど頻度は高くありませんが、**question（問題）**を提起する場合は非常に多く用いられます。cast は **cast a dark shadow over the future of ～**（～の将来に暗雲を投げかける）のように、**「疑惑」**や**「不吉な影」**を投げかける場合に用いられる粋な表現です。

「もたらす・投げかける」類語コロケーション

	issue	question	problem	threat	challenge	doubt	shadow
pose	△	○	◎	◎	◎	×	×
present	◎	△	○	△	○	×	×
raise	○	◎	×	×	×	○	×
cast	×	×	×	×	×	◎	◎

表内の◎は使用頻度が圧倒的に高いもの、○は使用頻度が高いもの、△はあまり使わないもの、×は使わないものをそれぞれ示します。

論争度★★★★　　　　　　　　　　　　　　　　　　　　CD-29

温暖化　**4. What action should be taken against global warming?**（地球温暖化に対してわれわれがすべきことは？）

　地球温暖化（global warming）は数世紀にわたる**化石燃料（fossil fuel）**消費と、**温室効果ガス（greenhouse gas）**の増加により加速し、その被害は、**洪水（flood）**や**干ばつ（drought）**、**猛暑または熱波（heat wave）**といった**異常気象（abnormal weather）**の多発、**砂漠化（desertification）**や**海水面の上昇（rise in sea levels）**、**凍土層の溶解（melting of permafrost）**による生活可能な領域の減少、**生態系（the ecosystem）**や農作物への被害など多岐にわたり深刻化を増しています。

　温室効果ガス削減（greenhouse gas reduction）を目指し 1997 年に採択、2005 年に発効された**京都議定書（the Kyoto Protocol）**は、①**中国に続く温室効果ガス排出量世界第2位（the world's second largest greenhouse gas producer after China）**の**米国の離脱（withdrawal of the US from the Kyoto Protocol）**（2001 年）、②温室効果ガス排出の責任をめぐる、先進国・開発途上国間の意見の対立、などの問題が依然あるものの、**炭素税（carbon tax）**や**排出権取引（emission trading）**などの温暖化対策を各国が導入する原動力にもなっています。

　温暖化対策は、各試験でも最頻出トピックですので、**個人消費者、企業、政府**と視点を変えて、それぞれの立場から温暖化対策を整理して、英語で発信できるようになっておきましょう。

1. 公共の交通機関や**燃費のよい車**を利用したり、自動車の相乗りをする。	Use public transportation or **energy-efficient cars**, or carpool.【個人】
2. 焼き畑農業や、無計画な伐木をやめる。	Stop **slash-and-burn agriculture** and **haphazard logging**.【個人、企業】
3. **森林伐採**や**砂漠化**を防ぐために、**植林**や**森林再生**を促進する。	Promote **afforestation** and **reforestation** to prevent **deforestation and desertification**.【政府】
4. 民間企業による CO_2 排出量を削減するために、キャップ・アンド・トレード方式を促進す	Promote the **cap-and-trade system** to **curb CO_2 emissions** by private companies.【政府】

159

る。	
5. 再生可能エネルギーの利用を進める。	Promote the use of **renewable energy**.【政府】
6. 環境にやさしい**製品**の開発を促進する。	Promote the development of **eco-friendly products**.【企業】
7. **3R**、つまり（エネルギーや日用品消費量の）**削減・再利用・リサイクル**を進める。	Promote **the 3Rs:** *Reduce* (the consumption of energy and commodities), *Reuse* and *Recycle*.【政府、企業、個人】

Reduce の例には以下のようなものがあります。

8. **待機電力**の使用を減らす。	Decrease the use of **stand-by electricity**.【企業、個人】
9. 電力の使用を減らすために、**夏時間**を導入する。	**Adopt the daylight saving time** to reduce the use of electricity.【政府】
10. 必要でない照明を消しておく。	Keep lights off when unnecessary.【企業、個人】
11. エアコンの**温度**を 28 度に**設定**する。	**Set the temperature** of air-conditioning at 28 degrees centigrade.【企業、個人】
12. 再生可能エネルギーへの**依存**を増やし、**化石燃料**への依存を減らす。	Increase **dependence on renewable energy** and decrease dependence on **fossil fuels**.【政府、企業、個人】

強いアーギュメントをするためのロジカル・シンキング力 **UP**！

　世界の**熱帯雨林（tropical rainforest）**は、現在、**焼き畑耕作（slash-and-burn agriculture）**、**過耕作（overcultivation）**、**過放牧（overgrazing）**などにより、毎年約 1300 万ヘクタール（本州の約 6 割）ずつ失われています。**森林破壊（deforestation）**は、温暖化原因の 2 割を占め、**土地の劣化（land degradation）**や**砂漠化（desertification）**（2025 年までには世界人口の 3 分の 2 が砂漠化により**水不足（water shortage）**に苦しむと予想されています）を進め、世界人口の約 10 億人に影響すると言われており、**森林保護（forest protection）**に真摯に取り組む必要があります。なかでも、焼き畑耕作は熱

帯雨林を減少させる要因の半数近く（中南米では35％、アフリカでは70％、アジアでは50％）を占めると言われており、これをやめることが温暖化対策として急務です。

その他の温暖化対策として、**燃料電池（fuel cell）**などを用いた**電気自動車（electric car）**、**ハイブリッド自動車（hybrid car）**、**ソーラーカー（solar car）**など**低燃費（low fuel consumption）**・**低排出量（low emission）**が特徴の**低公害車（low-emission vehicle）**、[通称**エコカー（eco-car）**] の開発と普及が挙げられます。現在、**低公害車の認定を受けた自動車（vehicles certified as low emission）**は、**エコカー減税（eco-car tax reduction）**や**補助金交付（subsidy provision）**などの**優遇措置（preferential treatment）**を受けることができ、エコカー購入を後押ししています。また、温室効果ガス削減の一策として、**原子力発電（nuclear power generation）**がありますが、**チェルノブイリ（Chernobyl）**や**福島第一原発事故（the Fukushima No. 1 Nuclear Power Plant accident）**のような深刻な**原子力災害（nuclear disaster）**の原因にもなりかねず根強い反対があります。さらに、温室効果ガス抑制手段として近年注目されているのが、**メタンハイドレート（methane hydrate）**（深海の高圧環境で水と結合してシャーベット状になったメタン）で、日本近海の**埋蔵量（reserve）**は、天然ガス7兆㎥分（日本での天然ガス消費量の約96年分に相当）と、世界でも有数の埋蔵量が見込まれていますが、**領土争い（territorial dispute）**の一因となることも懸念されています。

では、地球温暖化の原因と影響・対策をまとめてみましょう。

原因（cause）	影響（effect）	対策（countermeasures）
□化石燃料の大量使用（extensive use of fossil fuel） □温室効果ガス増加（increase in greenhouse gas such as CO_2） □森林破壊（deforestation）	□洪水や干ばつ（flood and drought） □猛暑または熱波（heat wave） □砂漠化（desertification） □海水面の上昇（rise in the sea level） □凍土層の溶解（melting of permafrost）	□温室効果ガスや化石燃料使用の削減（reduction of green-house gas and fossil fuel using） □再生可能エネルギーやエコカー（renewable energy or eco-car） □炭素税や排出権取引（carbon tax or emission trading） □森林保護（forest preservation）

「環境」問題を発信するための背景知識力UP①

《国連英検頻出!》
地球環境問題への取り組みはいかに⁉

地球温暖化に対する国際レベルの取り組みとして、国連による環境対策の歴史を概観してみましょう。

1972年	□**国連人間環境会議（the U.N. Conference on the Human Environment)**（ストックホルム）：**人間環境宣言（the Declaration of the United Nations Conference on the Human Environment)** 採択
1992年	□**気候変動枠組み条約（the U.N. Framework Convention on Climate Change)** 採択 □**生物多様性条約（the Biodiversity Treaty）** 採択 □**環境と開発に関する国連会議（the U.N. Conference on Environment and Development) [the Earth Summit]** 開催
1997年	□**第3回気候変動枠組み条約締結国会議（COP3)**（京都）：先進国の排出する温室効果ガス**削減目標（reduction target)** を、1990年比で、2008年から2012年の期間内に、日本：マイナス6％、米国：マイナス7％、EU：マイナス8％と定めた、**「京都議定書」（the Kyoto Protocol)** 採択
2001年	□世界の排出ガスの4分の1を放出する**米国**が、自国の経済にダメージを与えるとして京都議定書から撤退
2009年	□**第15回気候変動枠組み条約締結国会議（COP15)**：先進国のみならず発展途上国の削減努力が具体的かつ制度的に約束され、その進展と効果が国際的な監視下に置かれる
2011年	□**第17回気候変動枠組み条約締結国会議（COP17)**（南ア・ダーバン)：2012年末に失効する京都議定書の延長と、2020年に米国や中国などの温室効果ガスの大排出国すべてが参加する新しい枠組み作成で合意

「温暖化」問題を討論するための表現力UP！

- □ 大気中に二酸化炭素を放出する　release carbon dioxide into the atmosphere
- □ 環境悪化［破壊］　environmental degradation [destruction]
- □ 未利用資源　untapped natural resources
- □ 森林破壊　deforestation（「熱帯雨林の伐採」は cutting down [felling] of tropical rainforest ⇔「植林」は afforestation）
- □ 砂漠化　desertification（「焼き畑農業」は "slash-and-burn" agriculture）
- □ 土壌浸食　soil erosion
- □ サンゴ礁の破壊　destruction of coral reefs
- □ 異常気象　extreme [abnormal] weather（「気候変動」は climate change）
- □ 気候変動による熱波、干ばつ、農業生産高低下などの影響　effects of climate change including heat waves, drought and lower agricultural output
- □ ヒートアイランド現象　the (urban) heat-island effect
- □ エルニーニョにより起こった干ばつ　droughts caused by El Niño（「ラニーニャ現象」は La Niña（海面水温が低温になる状態））
- □ 極地の氷冠の融解　polar ice cap melting
- □ 海面レベルの上昇　rise in the sea level（「沿岸の洪水」は coastal flooding、「水中に沈んだ沿岸地域」は submerged coastal area）
- □ 再生可能で低炭素エネルギー技術促進のための奨励金　incentives for the promotion of renewable and low-carbon energy technologies

論争度★★★★　　　　　　　　　　　　　　　　　　CD-30

| 再生エネルギー | 5. Will renewable energy sources eventually replace fossil fuels?（再生可能エネルギーは、いずれ化石燃料に取って代わるか？） |

再生可能エネルギーには太陽光（sunlight）や風力（wind power）の他、波力（wave power）・潮力（tidal power）・海流（ocean current）および海洋温度差発電（ocean thermal energy conversion）などの海洋エネルギー

(ocean energy)、あるいはバイオマス(biomass)と呼ばれる**生物資源**(biotic resources)を用いた**バイオ燃料**(biofuel)があり、化石燃料や原子力などの**枯渇性エネルギー**(exhaustible energy)に代わるものとして期待が高まっています。一方で、**電力の安定供給**(stable supply of electricity)という点では、**従来型の発電システム**(conventional power generation system)には到底及ばないなどのデメリットも抱えています。では、再生可能エネルギーが化石燃料に取って代わるか否か、双方の主張を見てみましょう。

YES（賛成側の主張）	
1. 地球上にある**化石燃料の蓄え**には限りがあるので、**再生可能エネルギーを使用する必要がある**。	The **reserves of fossil fuels** on earth are limited, which **necessitates the use of renewable energy**.（**Q1** あとどれくらいで化石燃料は枯渇するか？）
2. **地球温暖化に対する脅威**があるため、**産業・個人ともに、地球にやさしいエネルギーを使う**必要がある。	The **threat of global warming requires the use of environmentally-friendly energy for both industrial and private uses**.
3. **費用効率の高い再生可能エネルギー技術**の開発によって、化石燃料の使用が大いに減る。	The development of more **cost-effective technologies** for **renewable energy** will greatly decrease the use of fossil fuels.
NO（反対側の主張）	
1. **再生可能エネルギー発電**は、高額な**初期費用**がかかり、化石燃料に比べて**費用効率が低い**。	**Renewable power generation**, which requires high **initial costs**, is **less cost-effective** than fossil fuels.
2. 太陽・風力・**地熱**といった再生可能エネルギーは、**電力供給が不安定で不十分**なため、経済に悪影響を与える。	Renewable energy, such as solar, wind, **geothermal energy,** will bring an **unstable, insufficient supply of electricity,** which will **have a negative impact on** the economy.

強いアーギュメントをするためのロジカル・シンキング力 UP！

　賛成派①（有限の化石燃料）のサポートとしては、現在確認されているエネルギー資源の**可採年数（reserve-production ratio）**は、**石炭約 160 年、ウラン約 90 年、天然ガス約 70 年、石油約 40 年**と言われており Q1、再生可能エネルギーへの移行が必須であると言うことができます。

　再生可能エネルギーのデメリットとしては、反対派①（**高額な初期費用（high initial costs）**）、反対派②（**供給の不安定さ（unstable supply）**）以外にも、バイオ燃料では、原料となる穀類の消費拡大と**食糧危機（food-supply crisis）**を招く可能性、太陽光や風力発電は広大な面積が必要、風力発電の騒音問題（noise problem）、地熱発電の**景観問題（damage to natural landscape）**などがあります（詳しくは第 2 章「科学技術」参照）。

「再生可能エネルギー」問題を討論するための表現力 UP！

- □再生エネルギー が本格的に使えるまで原発で補うとする考え　nuclear renaissance
- □自然資源［オゾン層］の枯渇　depletion of natural resources［the ozone layer］
- □環境に配慮した持続可能な交通　environmentally sustainable transport（EST）
- □電気自動車のような**環境にやさしい選択**　green options such as electric cars
- □**燃費の良い車**　energy-[fuel-]efficient car（「低燃費車」は **gas sipper**、「高燃費車」は **gas guzzler**）

第4章　「環境」問題を英語で討論するための技術と表現力 UP

165

| 論争度★★★★ | CD-31 |

| 動植物保護 | **6. The pros and cons of animal testing**
（動物実験の是非） |

　動物実験（animal testing）については、1959年にイギリスの研究者 Russell & Burch が提唱した**動物実験の 3R**（①動物を用いない方法への**置換（replacement）**、②動物使用数の**削減（reduction）**、③実験法の改善による動物に与える**苦痛の削減（refinement）**）を踏まえた、**実験動物愛護の法制化（legalization of protecting test animals）**が、各国で進められています。日本では2005年の法改正で、**動物愛護法（the Act on Welfare and Management of Animals)** に 3R が記載されました。では、動物実験の賛成・反対双方の主張を見てみましょう。

PROS（賛成側の主張）	
1. **食物連鎖の頂点**に君臨する人間には、動物よりも高い**本質的な価値**があるゆえに、人命を救うための**動物実験は正当化される**。	Human beings, at **the top of the food chain,** have greater **intrinsic value** than animals, which **justifies animal experimentation** to save human lives.
2. 動物実験は**医学の発展**に大きく貢献する。	Animal testing contributes greatly to the **development of medical science**.
3. 動物実験の研究結果は、動物の**健康**につながる。	Research findings through animal testing contribute to the **well-being** of animals themselves.
4. 動物実験による新薬開発は、製薬業の**成長を促し、景気がよ**くなる。	Development of new medicine through animal testing will **stimulate the growth of** the pharmaceutical industry, thus **boosting the economy**.
NO（反対側の主張）	
1. 生態学上の機能や行動パターンが、動物は人間とはまったく異なるため、動物実験は**信頼で**きない。	It is **unreliable** because animals are entirely different from human beings in **biological functions** and **behavior patterns**. **Q1**動物実験はまったく当てにな

2. 人間の**潜在的利益**が何であれ、動物には**生きる権利**があり、人間の健康のために犠牲にされるべきではない。	Animals **have the right to life** and should not be sacrificed for the well-being of human beings, whatever **the potential gain** for humanity is.

強いアーギュメントをするためのロジカル・シンキング力 UP！

2010年の**国際獣疫事務局（the International Office of Epizootic [OIE]）**による**実験動物福祉綱領（the Terrestrial Animal Health Code）**施行以降、EU では、実験動物保護法が改正され、動物使用が大幅に制限されるようになりました。米国では「**実験動物の管理と使用に関する指針（the Guide for the Care and Use of Laboratory Animals）**」などで上記 3R に基づき、①**試験管内実験（in vitro experiment）**や②**コンピュータシミュレーションの利用（use of computer simulation）**、③**苦痛の削減（pain relief）**、④**安楽死（euthanasia）**の遂行、⑤**飼育環境の改善（improved breeding environment）**などを提唱しています。

コンピュータシミュレーションや試験管内実験は動物実験を減らす有効な手段として**動物実験反対派（anti-animal testing group）**からも支持されていますが、現在のコンピュータシミュレーションでは**生命現象（life phenomenon）**すべてを再現することは不可能で、**未知の病気（unknown disorder）**や**新薬（new drug）**の効果などを調べるには動物実験がまだ欠かせません。

反対派①のサポートとしては、妊娠中に服用すると**先天性異常の原因となる鎮静剤（congenital disorder-causing sedative）**サリドマイド（Thalidomide）のように、動物実験では予測できず、多くの**奇形児（deformed baby）**が生まれたケースなど、人間とは**身体構造・遺伝・代謝上異なった動物（anatomically, genetically and metabolically different animal）**を使う実験の信頼性を疑問視するデータなどを挙げることができます Q1。

ではここで、社会問題を英語で討論する際に、覚えておくと大変役立つ表現のレクチャーです。今回は、「**対処する**」です。

社会問題を討論するためのテクニック⑤

「対処する」を表す表現
deal with, cope with, address をマスター！

「対処する・取り組む」は、社会問題を討論する際によく使われる表現です。以下の動詞の使い分けを、ぜひマスターしましょう。

- **deal with** は幅広く、断然多く用いられ、「問題解決をするために**必要な処置を講ずる**」の意味で、コロケーションがわからなければ、これを使えば無難。
- **cope with** は次によく用いられ、「困難な状況を**うまく処理する**」
- **address** は「よく考え、**検討して打開策を出そうとする**こと」で、これも時事英語でよく使われ、issue や problem とよく結びつきます。
- **handle** は「状況、人、事柄や問題などを**特別なやり方で処理する**」で処理する人の「能力」に視点があります。
- **tackle** は「特に**厄介な状況や問題を**解決しようと**粘り強く努力する**」の意味なので、「困難な問題」の場合は頻度が高くなります。
- **wrestle with** は「困難な状況に対処しようと**ものすごい努力**をする」。これはレスリングの取っ組み合いからわかるように「苦闘」のイメージ。
- **grapple with** は「問題解決に**取り組む**」。これもレスリングのがっちりつかみ合った状態から来ている語。

最後の2つは、語彙水準が高いため頻度は少ないですが、address と同様に時事英語ではよく用いられ、力強く格調高い英語を作ります。

「対処する・取り組む」類語コロケーション

	problem	situation	issue	job	customer
deal with	1◎	1◎	1◎	1◎	1◎
cope with	2◎	2◎	3	2	2
address	3	4	2◎	×	×
handle	5	3◎	△	3	3
tackle	4	6	4	4	×
grapple with	6	5	△	5	4
wrestle with	7	7	△	△	×

最もよく使われるコロケーション順に1、2, 3…となっています。

| 論争度★★★ | CD-32 |

動植物保護
7. How can people save endangered species?
（絶滅危惧種を救う方法とは？）

絶滅危惧種（endangered species）は、個体数が極端に減少し、**絶滅の恐れがある動植物群**（fauna and flora threatened with extinction）のことで、日本の**イリオモテヤマネコ**（Iriomote wild cat）、東南アジアの**オランウータン**（orangutan）、アフリカの**マウンテンゴリラ**（mountain gorilla）などがレッドリストの中でも特に絶滅が危惧される種となっています。現在、地球上に存在する全190万種の動植物のうち、**乱獲**（overhunting）や環境汚染が原因で絶滅のおそれがある種は、1万9000種にもなっており、危惧種数は10年で倍増する勢いです（「国際自然保護連合レッドリスト」）。また、世界中の動植物の2～4割が絶滅の危機にさらされているとも言われています。すべての動植物にはその種が絶滅しないために必要な個体数があり、たとえば**陸上の脊椎動物が絶滅しないために必要な個体数**（the minimum number of terrestrial vertebrate to prevent the species from extinction）は、平均500～1000個体です。また、各国の乱獲で激減したクジラ類の例が示すように、捕獲を**全面禁止**（total ban）にしても、一度激減した動植物の個体数は、簡単には回復しません。乱獲や環境汚染で絶滅の危機に瀕する種を救うことは、その**原因を作った人類の義務**（the duty of human beings that cause the extinction of many species）と言えるでしょう。では、絶滅危惧種を救う方法についてのキーアイディアを見てみましょう。

第4章 「環境」問題を英語で討論するための技術と表現力UP

1. 絶滅危惧種の密輸・密猟に対して、より厳しい法規制を課す。	Impose stricter regulations on the **poaching** and **smuggling** of **endangered species**. (**Q1** 絶滅危惧種救済の各国の取り組みは？)
2. 絶滅危惧種の**生息地**を守り、**自然保護区**を増やす。	Preserve **natural habitats** or create more **sanctuaries** for endangered species.
3. 捕獲して**絶滅危惧種**を繁殖させ、**生息地**に帰す。	Breed **endangered species** in captivity and then introduce them into their **natural habitats**.

169

4. 絶滅危惧種の**生息地**への**外来種**の流入を防ぐ。	Prevent **exotic species** from entering the **natural habitats** of endangered species.
5. 動物園やエコツーリズムにより、動物の生態を少しでも知ってもらうことで、**絶滅危惧種の保護**に関する人々の関心を高める。	Heighten people's awareness about the **protection of endangered species** by giving them a glimpse of their lives at zoos or through ecotourism.

> 強いアーギュメントをするためのロジカル・シンキング力 UP！

　地球温暖化による北極海の**海氷減少（decline in sea ice）**、**森林伐採（deforestation）**や**資源開発（resource development）**によるアマゾン川流域やシベリアでの環境破壊の結果、多くの生物の絶滅が危惧されており、温暖化対策がここでも必須となっています。また、絶滅の原因のひとつとして世界各地で問題となっている、外来種による在来種や固有種への**遺伝子汚染（gene pollution）**対策も急務です。

　食物連鎖の上位を占める動物（animal at higher levels of the food chain）がいなくなると、**下位の動物（animals at lower levels of the food chain）**が増え過ぎて**食物連鎖（food chain）**のバランスを乱し、生態系を損なうことはよく知られています。近年、乱獲による減少が心配される**クロマグロ（bluefin tuna）**のように、食物連鎖の上位に位置する動物が減ると、人間が食物連鎖のより下位の**魚貝類（fish and shellfish）**を捕獲する機会が増え、結果として、下位の動物まで減らすことが懸念されています。

　絶滅危惧種救済への各国の取り組みですが、中国をはじめとするアジア各国のように、**環境政策（environmental policy）**の遅れから**絶滅危惧種の保護（protection of endangered species）**自体が遅れている地域から、欧米や豪州のように、絶滅危惧種の保護だけでなく、**生息環境の整備（preservation of natural habitats）**や保護政策の実施にも力を入れている地域までさまざまです。ちなみに米国では、絶滅危惧種の **iPS 細胞（人工多能性幹細胞 induced pluripotent stem cell [iPS cells]）**を未来に残すことで絶滅を回避する「**絶滅危惧種の幹細胞動物園（"stem cell zoo for endangered species"）**」プロジェクトの一環で、2011 年に 2 種類の絶滅危惧種から iPS 細胞を作ることに成功しました Q1 。

「動植物の保護」問題を討論するための表現力UP！

- 生育地の消失　loss of natural habitats（「生息地の喪失」は **habitat loss**）
- 絶滅危惧種についての人々の意識の低さ　lack of public awareness about endangered species
- 絶滅危惧種の保護　preservation of endangered species
- 生態系を損なう　undermine the ecosystem
- **食物連鎖を損なう**　disturb the food chain
- **自然保護区**　nature reserve [wildlife sanctuaries]
- 絶滅危惧種の**密猟**や取引の規制　regulation on the **poaching** and trading of endangered species
- 絶滅危惧種を捕獲して飼育する　breed endangered species in captivity
- 多様な種に自然の生息地を与える　provide natural habitats for various species
- 手つかずの自然が残る地域に侵入する　invade pristine wilderness areas
- 天敵を排除する　eliminate the natural predators
- 人間が動物に抱く同胞意識　animal cousin mentality
- 環境保護論者　environmentalist ⇔ 開発推進論者　developmentalist
- 環境保護運動家［団体］　green campaigners ☞ eco-warriors（環境保護団体グリーンピース創始者ボブ・ハンター氏の造語）とも言う

論争度★★★　　　　　　　　　　　　　　　　　　**CD-33**

| エコツーリズム | **8. The pros and cons of ecotourism**（エコツーリズムの是非とは？） |

　エコツーリズム（**ecotourism**）とは、単なるツーリズムとは異なり、自然環境、文化、歴史などを観光の対象としながら、**持続可能性（sustainability）** を考慮するツーリズムをさします。世界で有名なエコツーリズム先には、中米**コスタリカ（Costa Rica）**、ガラパゴス諸島（**the Galapagos Islands**）、

マレーシア・ボルネオ島（Borneo Island）、豪州・**クイーンズランドの湿潤熱帯地域**（the Wet Tropics of Queensland）、ニュージーランドの**タスマン氷河**（the Tasman Glacier）、南米大陸南端の台地・**南パタゴニア氷原**（the Southern Patagonia Icefield）などが挙げられます。では、エコツーリズムに関する賛成・反対双方の主張を見てみましょう。

PROS（賛成側の主張）	
1. エコツーリズムは、大衆に野生生物**の価値を認識させ、自然保護の重要さ**を教える。	Ecotourism will **enlighten** the public about the importance of protecting nature by **fostering appreciation of** wildlife.
2. エコツーリズムは、**開催地域の文化と生態系の保全**につながる。	Ecotourism contributes to the **preservation of the cultural and ecological integrity** of **host communities**.
3. エコツーリズムは、開催地域の**リサイクル、省エネ、水の保全**を促進する。	Ecotourism can **promote recycling, energy saving,** and **water conservation** in the host communities.
4. エコツーリズムは地域社会に、雇用機会を作り、**開催国に経済的利益**をもたらす。	Ecotourism **brings economic benefits to** the **host country,** creating job opportunities for local communities.
5. エコツーリズムは、**経済発展**だけでなく**生態系保護**の資金を生み、**持続可能な発展**につながる。	Ecotourism can contribute to **sustainable development** by providing funds for **ecological conservation** as well as **economic development**.
CONS（反対側の主張）	
1. エコツーリズムにより、**手つかずの自然**を訪れる**観光客が急増し、環境悪化**につながる。	Ecotourism will **dramatically increase** the number of tourists into **pristine areas,** thus leading to **environmental degradation**.
2. **エコツーリストの大量の流入**が、崩れやすい生態系の**多種多様な動植物**を脅かす。	**A massive flow of ecotourists will threaten a rich diversity of flora and fauna** in the delicate ecosystem.
3. エコツーリズムは、環境を保護せずに、**「環境」**をうたい、**商業目的**に利用されることがある。	Ecotourism is sometimes used for **commercial purposes** under the label of **"green,"** without protecting the environment.

> 強いアーギュメントをするためのロジカル・シンキング力 UP！

エコツーリズム反対派①のサポートとして、領土の21％が**自然保護区（natural reserve）**や**自然公園（wilderness park）**である**コスタリカ（Costa Rica）**では、毎年6％ずつ観光客が増え、最大級の公園には**最盛期（high season）**に1日1000人が来ると言われていますが、①野生動物が**人間に馴れ（grow accustomed to humans）**、**人間の出したゴミを餌にする（feed on man-made garbage）**ようになるという問題や、②ガイドが観光客の関心を呼ぶため、動植物に触れようとしがちである、などが挙げられます。また、国内で**人気のエコツアー先（popular ecotourism destination）**、**世界遺産（World Heritage）**の屋久島でも、観光客流入による**自然環境の劣化（environmental degradation）**や、**希少な動植物（rare wildlife）**を**自然保護区（sanctuaries）**から観光客が持ち帰ることなどが問題となっています。

賛成派④（エコツーリズムの**地元経済活性化（revitalization of the local economy）**）の論拠として、例えば上述のコスタリカでは、エコツーリズムにより、年間10億ドルの収入があり、最大の**外貨獲得法（major source of income in foreign currency）**となっていることが挙げられます。一方、エコツーリズムが観光地の経済発展に寄与せず、得をするのは、**国内旅行代理店のトップと海外の旅行代理店（top management of domestic travel agencies and overseas travel agencies）**だけで、観光地側は単に搾取されているだけではないか、との反対派の意見も見られます。また、反対派③のように、エコツーリズムは、**環境への配慮を現実以上に強調し利益を得ている（greenwashing）**と批判する声もあります。

論争度★★★　　　　　　　　　　　　　　　　　　　　　　CD-34

| 災害対策 | **9. How to better prepare for earthquakes**（地震に備える方法とは？） |

日本では1995年の**阪神大震災（the Great Hanshin Earthquake）**以来、「**防災（disaster prevention）**」から「**減災（disaster reduction）**」に転換し「**災害に強い（disaster-resistant）**」をキーワードに**都市計画（city planning）**や**インフラ整備（infrastructure improvement）**を見直し、**免震**

173

構造（base isolated structure）や**安全ガラス（safety glass）**を取り入れた建築物が増えました。東日本大震災以後の防災対策については、想定外の津波による**壊滅的な被害（catastrophic damage）**を教訓に、堤防の補強、救命ボートの常時配置、津波から逃れる避難場所の設置（**reinforce an embarkment and build a lifeboat station and shelter from a tsunami**）などが各地で見直されました。では、地震対策に関するキー例文集を見てみましょう。皆さんは、きちんと地震対策をしていますか？

1. **免震住宅**を建てる。	Building an **earthquake-proof** house.
2. 地震に**備えて**家を補強しておく。（家の1ヵ所を補強し、屋内避難部屋を作る）	**Reinforcing a house against** possible earthquakes. (Reinforce one part of a house to make an indoor **evacuation room**.)
3. 壁や床に**家具を取り付ける**。	**Attaching furniture to** the wall or the floor.
4. 3日分の水と食料を**常時備え**ておく。	**Stocking a three-day supply of** water and food.
5. 最低でも年に一度、**避難訓練**を行う。	**Conducting evacuation drills** at least once a year.
6. 最新の情報を送受信するために、**携帯電話やラジオを使用可能にしておく**。	**Making cellular phones or radio available** for sending and receiving the latest information.
7. 地震や**余震**が起きた時に利用できる**避難所**の位置を知っておく。	Knowing the location of **shelter** you can take when an earthquake and its **aftershocks** occur.

強いアーギュメントをするためのロジカル・シンキング力UP！

地震に備える方法としては、主に次の6つのものがあります。

① **耐震住宅（earthquake-proof house）**として、**耐震診断基準（seismic evaluation standard）**に従い、木造住宅は必要に応じて**耐震補強（antiseismic reinforcement）**をし、**免震構造（quake-absorbing structure）**や**安全ガラス（safety glass）**の使用が必須です。

② 家具による被害を防ぐには、**固定金具（fixing bracket）**や**チェーン（chain）**の他に、ガラスの**飛散防止シート（anti-scattering sheet）**などが有効です。

③ 非常食として最低3日分の**乾パン（hard dry bread or biscuit）**や**缶詰食（canned food）**の他に、**ドロップ（candy）**なども効果的で、**飲料水（drinking water）**は1人1日あたり3リットルが必要です。

④ 平均年1回の防災訓練とは別に、**図上演習（map exercise）**で**避難路（evacuation routes）**や**役割分担（division of roles）**を確認し、**とっさの判断（quick judgment）**を鍛える必要があります。

⑤ 携帯電話やラジオは**災害情報（disaster information）**を得るのに有効です。災害時には通話の制限、**災害伝言ダイヤル（emergency messaging service）**の活用や**アマチュア無線家（amateur radio operators）**の協力も求められます。

⑥ **避難所（shelter）**については、**公民館（community center）**や**体育館（gymnasium）**を避難所に使えるよう、場所の周知や**仮設トイレ（temporary toilet）**を含む施設の整備が必要です。

皆さん、いかがでしたか？　では、ここで**Borderless English 言い換えトレーニング**にトライしていただきましょう。平易な構文や語彙を使い、世界のノンネイティブが理解しやすいBorderless Englishで表現してみましょう。

3. Borderless English で言うとこうなる！〜環境編〜

1. Sustainable development **is held back** by developing countries' resistance and **indignation** after all **the exploitation made by** developed countries.（持続可能な発展は、先進国**による搾取**を経験した発展途上国の抵抗や**怒り**によって**妨げられる**）

Borderless English Sustainable development **doesn't work smoothly** because developing countries are **angry** about unfair demand after developed countries **took advantage of** them.

解説 indignation（憤慨）は angry に、the exploitation made by 〜（〜による搾取）は〜 took advantage of で、be held back（妨げられる）は、doesn't work smoothly と言い換え、平易な表現にしています。

2. Longer daytime can **promote people's heath** because of **prolonged exposure to** sunlight that **encourages** the **formation of Vitamin D** in their bodies.（以前より長く太陽光に当たることにより、体内での**ビタミンDの形成が促進される**ため、健康増進になる）

Borderless English Longer daytime will **make people healthier** because **being long exposed to** sunlight will make it easier **for Vitamin D to form** in their bodies.

解説 promote people's health（健康を増進する）は make people healthier に言い換え、また名詞句 prolonged exposure to 〜（長く〜に当たること）は動名詞 being long exposed to 〜に、名詞句 formation of Vitamin D は、for Vitamin D to form に言い換えることで、易しい英文にしています。

3. **Clock shifts** can **cause sleep deprivation** and **maladaptation to the circadian rhythm, thus undermining** people's health.（夏時間の導入は睡眠不足や24時間周期の体内リズムへの不適応を引き起こし、健康を害する）

Borderless English DST can cause **a lack of sleep** and **disturb humans' biological clocks, and therefore damage** their health.

解説 Clock shifts（夏時間）を DST に、sleep deprivation（睡眠不足）を a lack of sleep に、cause maladaptation to the circadian rhythm（24時間周期の体内リズムへの不適応を引き起こす）を disturb humans' biological clocks（体内時計を乱す）に、分詞構文 ,thus undermining ～は and therefore damage ～と平易に言い換えています。

4. The reserves of fossil fuels on earth are limited**, which necessitates the use of** renewable energy.（地球上にある化石燃料の蓄えには限りがあるので、再生可能エネルギー**を使用する必要がある**）

> **Borderless English** Since the reserves of fossil fuels on earth are limited, **it is necessary to use** renewable energy.
>
> 解説 カンマ + which（関係詞）を Since 節に変え、**necessitate the use of**（～を使う必要がある）を **it is necessary to use** ～で言い換え、易しい表現にしています。

5. **Heighten people's awareness** about the protection of endangered species by **giving them a glimpse of** their lives at zoos or through ecotourism.（動物園やエコツーリズムにより動物の生態**を少しでも知ってもらう**ことで、絶滅危惧種の保護に関する**人々の関心を高める**）

> **Borderless English** **Raise people's awareness** about the protection of endangered species by **giving them a chance to look at** their lives at zoos or through ecotourism.
>
> 解説 Heighten people's awareness（関心を高める）を **raise people's awareness** に、give … a glimpse of ～（…に～を少しでも知る）を **give … a chance to look at** ～ に言い換えています。

6. **A massive flow of** ecotourists will threaten **a rich diversity of flora and fauna** in the delicate ecosystem.（エコツーリスト**の大量の流入**が、崩れやすい生態系の**多種多様な動植物**を脅かす）

> **Borderless English** **Arrival of a large number of** eco-tourists will **threaten various kinds of plants and animals** in the delicate ecosystem.
>
> 解説 a massive flow of ～（～の大量流入）を **arrival of a large number of** ～ に、a rich diversity of ～（多種多様な～）を **various kinds of** ～ に、flora and fauna（動植物）を **plants and animals** に言い替え、平易な英文にしています。

皆さん、いかがでしたか？　では、「環境」のその他の重要例文にまいりましょう。

4.「環境」問題を発信するためのその他の重要例文集

論争度★★

10. The pros and cons of public transportation
(公共交通機関の是非)

PROS(賛成側の主張)

1. とりわけ都会にある**公共交通機関**は大いにエネルギーを節約する。	**Public transportation,** especially in urban areas, can save a great deal of energy.
2. **化石燃料**の使用による二酸化炭素の排出から自然環境を守る。	It can protect the environment from CO_2 **emissions** caused by the use of **fossil fuel**.
3. とりわけ**ラッシュアワー時**の交通渋滞を**軽減する**ことができる。	It can alleviate traffic congestion especially **during the rush hours**.
4. 交通事故を減らす。	It will decrease the number of traffic accidents.

CONS(反対側の主張)

1. 駅の建設は**自然環境悪化の原因**となる。	It **causes environmental degradation** through the construction of train stations.
2. **赤字の市営電車**を支えることは、地方自治体にとって**経済的負担**となる。	Maintenance of **deficit-ridden municipal railways** will **make a financial burden on** local governments.
3. 地方や**へんぴな場所**に住んでいる人々にとって、公共交通機関で移動するのは不便である。	It is not convenient for people living in rural or **remote areas** to get around in public transportation.
4. 公共交通機関への**依存**が増すと、車の販売量が減り、結果として**国の経済を弱める**。	Increased **dependence on** public transportation will decrease car sales, thus **weakening the national economy**.
5. たびたび起こる列車事故によ	Occasional train accidents **cause a delay**

って、**列車の運行に遅れが生じ**るため、乗客に多大な**迷惑をか**ける。	**in train services,** thus seriously **inconveniencing** passengers.

論争度★★

11. Should government adopt emissions trading to combat global warming?（政府は地球温暖化対策に排出権取引を採用すべきか？）

YES（賛成側の主張）	
1. 世界の二酸化炭素排出量削減につながる。	It will contribute to a decrease in CO_2 emissions in the world.
2. 地球温暖化の脅威に**対する意識を高める**。	It can **raise awareness about** the threat of global warming.
3. **世界経済を刺激し**、先進国と発展途上国間の**収入格差**を減らす手助けをする。	It will **boost the global economy** and help decrease **income disparity** between developed and developing countries.
NO（反対側の主張）	
1. 国や企業に汚染権を買わせることになり、**自然環境をさらに悪化させる**。	It will allow countries and companies to buy the right to pollute, thus **exacerbating environmental degradation**.
2. 先進国の**政府の歳入**が減る。	It will decrease the **government revenue** of developed countries. ☞ Memo：政府の歳入となる**炭素税（carbon tax）** に対して、排出量取引は、最初に既存の企業へ無料で**排出権（emission credit）** が配布されるので、政府の歳入が減ることになる。

論争度★★

12. Is Japan sufficiently prepared for natural disasters?（日本は自然災害に十分備えているか？）

YES（賛成側の主張）	
1. 自然災害に対応するためによく訓練された**災害救助隊**がす	Well-trained **disaster relief workers** are **readily available** to deal with natural

ぐさま出動できる状態である。	disasters.
2. **高度の科学技術**により、さまざまな種類の自然災害の予報が可能である。	**Advanced technology** can successfully predict various kinds of natural disasters.
NO（反対側の主張）	
1. 時間のかかるお役所手続が救助活動を遅らせる。	**Time-consuming red tape** will delay rescue work.
2. 自然災害に対する一般人の意識や準備が不足している。	There is a lack of **public awareness of** and **readiness for** natural disasters.

論争度★★

13. Should we ban the keeping of animals in the zoos?
（動物園での動物の飼育を禁止すべきか？）

YES（賛成側の主張）	
1. 食物連鎖を破壊し、生態系を蝕む。	It will **disturb the food chain, thus undermining the ecosystem**.
2. 檻に入れられた動物に深刻なストレスを与える。	It will cause severe stress to **captive animals**.
NO（反対側の主張）	
1. 教育目的にかなっており、人々に動物について学ぶ機会を与える。	It **serves educational purposes,** providing people a chance to learn about animals.
2. 絶滅が危惧される動物にシェルターを与え、絶滅から救う。	It will **protect** endangered animals **from extinction** by **providing** them **with shelters**.
3. 娯楽目的にかなっており、人々に余暇を楽しむ機会をもっと与える。	It **serves entertainment purposes,** providing people more chances to enjoy leisure activities.
4. 動物の生活や**体の機能**を研究する機会を与え、その結果、動物の健康につながる。	It provides a chance to research animals' lives and **bodily functions,** thus contributing to animals' **well-being**.

5.「環境」問題を発信するための必須表現クイズにチャレンジ

本章で取り上げた表現の中から厳選した20の表現を英語で説明してみましょう。

1	生育地の消失	11	生分解可能な材料
2	燃費の良い車	12	可燃ゴミの分別
3	自然保護区	13	二酸化炭素の排出量を減らす
4	自然資源の枯渇	14	温室効果ガス排出削減目標
5	極地の氷冠の融解	15	温室効果ガス排出量を制限する
6	砂漠化	16	低炭素エネルギー
7	異常気象	17	焼き畑農業
8	熱帯雨林の伐採	18	土壌浸食
9	環境悪化	19	サンゴ礁の破壊
10	放射性廃棄物の海洋投棄	20	環境に配慮した持続可能な交通

解答例 即答できるまで繰り返し音読して覚えましょう！

1	loss of natural habitats	11	biodegradable materials
2	energy- [fuel-]efficient car（「低燃費車」はgas sipper、「高燃費車」はgas guzzler）	12	separation of burnable and non-burnable garbage
3	sanctuaries	13	reduce carbon footprint
4	depletion of natural resources	14	emission reduction targets
5	polar ice cap melting	15	curb greenhouse gas emissions
6	desertification	16	low-carbon energy
7	extreme [abnormal] weather	17	"slash-and-burn" agriculture
8	cutting down [felling] of the tropical rainforest	18	soil erosion
9	environmental degradation	19	destruction of coral reefs
10	radioactive waste dumping in the sea	20	environmentally sustainable transport（EST）

6.「環境」問題を討論するための最重要サイト TOP10

- **United Nations Environment Programme [UNEP]**（国際連合環境計画） http://www.unep.org/
  世界の環境問題の統括と国際的協力の推進、関連諸条約の管理等の各種事業に関する最新情報を Get できる！
- **World Conservation Monitoring Centre [UNEP-WCMC]**（世界自然保全モニタリングセンター） http://www.unep-wcmc.org/
  国連環境計画（UNEP）の下部組織として生物多様性の保全に取り組む機関の最新情報を Get できる！
- **Intergovernmental Panel on Climate Change [IPCC]**（気候変動に関する政府間パネル） http://www.ipcc.ch/
  地球温暖化についての政府間機構の最新情報を Get できる！
- **World Wide Fund for Nature [WWF]**（世界自然保護基金） http://wwf.panda.org/
  世界最大規模の自然環境保護団体の最新情報を Get できる！
- **環境省** http://www.env.go.jp/
  環境に関する法令や白書、環境技術に関する情報、各種統計資料等の最新情報を Get できる！
- **農林水産省** http://www.maff.go.jp/j/kanbo/kankyo/seisaku/index.html
  農林水産分野における資源・環境政策に関する最新情報を Get できる！
- **国土交通省** http://www.mlit.go.jp/sogoseisaku/environment/index.html
  国土交通省による環境政策の最新情報を Get できる！
- **資源エネルギー庁** http://www.enecho.meti.go.jp/
  日本国内の資源エネルギー政策に関する最新情報を Get できる！
- **日本環境学会** http://jaes.sakura.ne.jp/
  環境問題に取り組む活動報告や最新情報を幅広く Get できる！
- **日本水環境学会** http://www.jswe.or.jp/
  水環境問題とそれに対する技術の最新情報を Get できる！

第5章

「教育」問題を英語で討論するための技術と表現力UP

Education

1.「教育」問題の最重要トピックはこれだ！

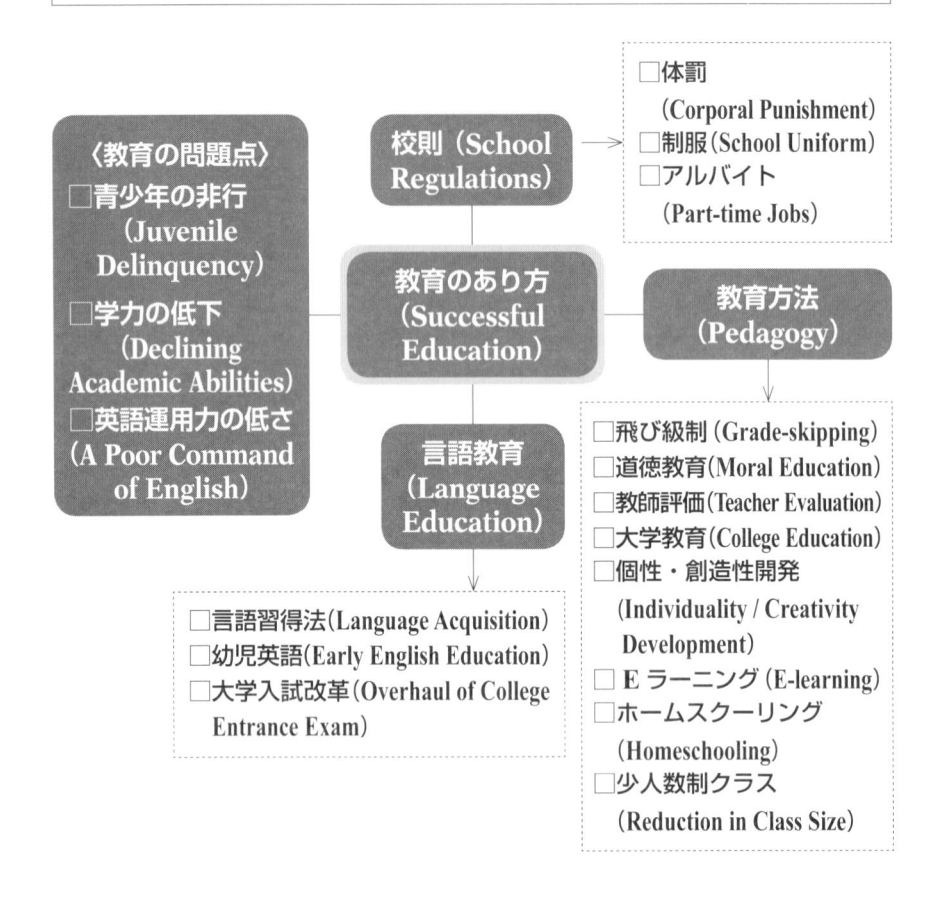

〈教育の問題点〉
- □ 青少年の非行 (Juvenile Delinquency)
- □ 学力の低下 (Declining Academic Abilities)
- □ 英語運用力の低さ (A Poor Command of English)

校則 (School Regulations)
- □ 体罰 (Corporal Punishment)
- □ 制服 (School Uniform)
- □ アルバイト (Part-time Jobs)

教育のあり方 (Successful Education)

教育方法 (Pedagogy)
- □ 飛び級制 (Grade-skipping)
- □ 道徳教育 (Moral Education)
- □ 教師評価 (Teacher Evaluation)
- □ 大学教育 (College Education)
- □ 個性・創造性開発 (Individuality / Creativity Development)
- □ Eラーニング (E-learning)
- □ ホームスクーリング (Homeschooling)
- □ 少人数制クラス (Reduction in Class Size)

言語教育 (Language Education)
- □ 言語習得法 (Language Acquisition)
- □ 幼児英語 (Early English Education)
- □ 大学入試改革 (Overhaul of College Entrance Exam)

　教育問題を討論する際には、近年の「青少年の非行」「学力の低下」など「教育の問題点」を意識した上で、**「理想的な教育のあり方とは何か」**を中心にして、制服に代表される「校則」問題、さまざまな「教育方法」の試み、「言語教育」のあり方へと発展していきます。この流れを頭に置いて、教育に関する諸問題を見ていきましょう。

学校教育（school education）ならびに教育問題（educational issue）は英検1級の二次試験においても頻繁に出題されるトピックの一つです。

まず国内外でよく議論されるトピックとして、制服（school uniform）や体罰（corporal punishment）、青少年の非行（juvenile delinquency）とその対策として学校での携帯電話（mobile phones in schools）および学校での薬物検査（drug testing in schools）、外国語授業の必須化（compulsory foreign language education）や日本人教員による英語教育（teaching of English by Japanese teachers）の是非、そして教師に対する能力給（merit pay for teachers）導入や生徒による授業評価（student evaluation of teaching）などが挙げられます。

英検1級の二次試験では教育システムのあり方と外国語教育の2つが特に頻出ですが、その中で近年問われたトピックとして、小学校での英語教育（teaching English in elementary school）に代表される教育改革（educational reform）や、児童生徒数の減少（decrease in the number of schoolchildren）による大学全入時代（the era of open college admission）の到来、大学開放（university extension）や生涯教育（lifelong education）などがあります。またボランティア活動（volunteer work）や校則（school regulations）も比較的よく出題されています。

また政治や地方自治、経済や産業がどのように教育に関連し、かつ影響を及ぼしているかについて、例えば教育政策（education policy）の変化や学習指導要領の改定（revision of the Ministry's official guidelines for teaching）、全国学力テスト（national achievement test）の実施や公立高校授業料無償制（free tuition fee at public high schools）の推進なども今後の出題が予想されますので、ニュースや資料を読み解き、それに対する考えを英語で発信できるようになっておきましょう。

▶国内外で最も議論されているトピック「教育」ベスト5

1	School uniform（制服）
2	Corporal punishment（体罰）
3	Juvenile delinquency（青少年の非行）
4	Educational reform（教育改革）
5	How to develop individuality and creativity（個性と創造性の育て方）

2.「教育」問題を討論するためのアーギュメント＆表現力UP

論争度★★★★ (CD-35)

| 体罰 | 1. The pros and cons of corporal punishment at school（学校での体罰の是非） |

　体罰（corporal punishment）を学校・家庭のいずれにおいても原則禁止する法律を設けている国は、北欧、欧州の大多数、学校での体罰を法律で**全面的に禁止している国**（countries that impose a total ban on corporal punishment at school）は、世界200ヵ国中、欧州の大多数、イスラエル、日本など30数ヵ国とまだ少ないのが現状です。英米では、学校での体罰は認めつつ、実施条件や回数、暴力の程度など具体的な制限を設け、**過度の暴力**（excessive violence）を防ぐ措置を取っており、児童の尻を**素手やへら、むちでしつけとして殴る尻たたき**（discipline spanking with hand, paddle and cane）も、近年では子供に及ぼす肉体的・精神的影響を問題視する声が上がっています。ちなみに、イギリスでは1990年代に、公立・私立すべての学校で体罰を禁止する法律が可決されましたが、教師や親の反対から再び廃案になりました。

　日本では、戦前から学校での体罰を禁止しており、**児童虐待防止法**（the Child Abuse Prevention Act）（2000年）を制定し、**児童虐待**（child abuse）の予防を目指していますが、**体育会クラブ**（athletic clubs）などでは、今なおしごきや指導と称して、顧問や先輩による体罰が行われ、被害者がそれを苦に自殺するケースがあるのも事実です。それでは、学校での体罰について賛成・反対双方の意見を見てみましょう。

PROS （賛成側の主張）	
1. 学校で児童の非行**に対する**効果的な**抑止力となる**。	It **serves as an** effective **deterrent to** bad behaviors of children at school.
2. 道理を聞き分けることのできない幼児を**しつける**のに効果的である。	It is effective in **disciplining** small children whom you can't bring to reason. (**Q1** 体罰以外にしつける方法はないのか？)

186

3. 児童をクラス運営に即座に従わせるのに最も効果的である。	It is most effective in **achieving immediate child compliance** for **class management**.
CONS（反対側の主張）	
1. 権威に対する児童の**強烈な嫌悪感**をもたらし、教師との関係を損なう結果になる。	It **results in** children's **intense dislike toward** authority, thus **undermining their relationships with** teachers.
2. 体罰は、教師に対する暴力や**不登校**など生徒の**反社会的な行為を助長する**だろう。	It will **develop** students' **antisocial behaviors** including violence against teachers and **school avoidance**.（**Q2** 体罰が本当に、反社会的行動につながるか？）
3. 体罰の被害者は**うつ病**や恐怖心、怒りを増長させやすく、そのことで**成績が低下する**。	Victims of corporal punishment can develop **depression,** fear and anger, which **undermines** their **academic achievement**.（**Q3** 体罰の被害者は本当にうつ病になりやすいのか？）（**Q4** 体罰の被害者の成績は本当に低下するのか？）
4. 体罰は、教育目的の暴力は**正当化される**と児童に思わせ、児童に**暴力的行為を奨励する**ことになる。	It **encourages** violent behaviors among students by making them think that violence **is justifiable for** educational purposes.

強いアーギュメントをするためのロジカル・シンキング力 UP！

　体罰反対派②（反社会的になる）や反対派③（うつ病や成績低下につながる）の論拠として、例えば、**TIME 誌（Feb. 6, 2012）**の記事 *"Why Spanking Doesn't Work"* の、「子供にしつけで体罰を加えると、結果的に①**子供は攻撃的になる（make children more aggressive）**ばかりか、②その後の人生で、うつ病などのメンタル・ヘルス問題やドラッグや飲酒問題（**mental-health problems including depression, and drug and alcohol use**）を生じさせ、③ IQ テストの成績（**performance on IQ tests**）や感情やストレス制御を司る脳の部分（**areas of the brain involved in emotion and stress control**）に大影響を与える可能性がある」が挙げられます **Q2**、**Q3**、**Q4**。

　賛成派②（論理的思考のできない子供の**しつけ（disciplinary techniques）**

として効果的）に対する反論としては、学校なら、**社会奉仕をさせる（put them to community service）**、もし家庭内なら、子供の好きなTV番組やおやつを禁止、**お小遣いを与えない（economic sanction）**など**体罰に代わる方法（viable alternative to corporal punishment）**でしつけができるということが考えられます**Q1**。

近年では、学校での体罰は比較的短期間で発覚し、**全国から殺到した非難（storm of public criticism）**に学校側が謝罪するケースが多く見られる一方、「**校内暴力（violence on campus）**や**学級崩壊（classroom chaos）**を教師が解決できない現状を踏まえ、教師による体罰を認めてもよいのでは」という意見もあれば、「児童の非行や暴力に対し暴力でしか対処できないのか」という意見も根強く、今後も議論が分かれるでしょう。

「体罰」問題を発信するための重要表現集

- 反抗期　rebellious phase（「両親や教師に反抗する」は rebel against one's parents or teachers）
- 学級崩壊　classroom disruption [chaos]
- 教員の権威的態度　teachers' authoritarian attitude
- 青少年の非行に対する抑止力　deterrent to juvenile delinquency
- 論理的思考ができない幼児　small children incapable of reasoning
- 児童を暴力に対し鈍感にさせる　desensitize students to violence
- 退学　withdrawal（自主的退学）、expulsion from school（罰としての退学）
- 停学　suspension from school（「学校中退」は school dropout）
- 学校を中退する　drop out of one's school（「退学処分を受ける」は be expelled from school）

論争度★★★★　　　　　　　　　　　　　　　　　CD-36

2. The pros and cons of school uniforms
（制服の是非）

制服

世界各地に、**学校制服着用を義務化（mandatory school uniform）**している国は、**公立私立（the public and private school system）**を問わず多

くあり、制服の是非については、内外で広く議論されてきました。日本では**学校の制服（school uniform）**の是非について 1980 年代頃から生徒・保護者・学校・社会それぞれの側からさまざまな主張が飛び交い現在に至っています。では、制服賛成・反対双方の主張を見てみましょう。

PROS（賛成側の主張）	
1. 制服は、学生がもっと勉強に時間を費やす**よう助長するの**で、**生徒の学力向上**に役立つ。	School uniforms will help **raise students' academic abilities** as they **encourage** students **to** spend more time on school work.
2. 制服だと子供の服装への親の出費が減るので**家計の節約**になる。	School uniforms save **family expenses** by reducing parents' **spending on** children's clothing.（**Q1** 制服は本当に安くつくのか？）
3. 制服は生徒に**学校への誇りや帰属意識を染み込ませる**ものである。	School uniforms will **instill in** students a **sense of pride** and **belonging to their school**.
CONS（反対側の主張）	
1. 学校の制服は生徒の**大勢への順応性**を育てるために**デザインされた**ものであり、そのため生徒の**個性や創造性**を損なう。	School uniforms, which **are designed to** develop students' **conformity, undermine** their **individuality and creativity**.
2. 学校の制服は**カジュアルな服装**ほどには**季節による気温変化**に対応できないので、生徒に**大きな不快感を与える**。	School uniforms are **not adaptable to seasonal changes in temperatures** than **casual clothes,** thus **causing great discomfort to** students.
3. 学校の制服は、校外で着る機会がめったにないのでお金の無駄である。	School uniforms are a waste of money because they are rarely worn outside the school environment.

■ 強いアーギュメントをするためのロジカル・シンキング力 UP！

　賛成派②（経済負担軽減に貢献）の次に、「**制服を常時着る（wear a school uniform regularly）**ことは**私服（casual clothes）**をあれこれ着替えるよりもお金がかからない」などと、説明を加えて論理を展開することが可能です。

189

これに反論して、「**現在の相場（average costs）**では、男女ともに制服上下を1着用意するのに3万円前後かかり、これにカッターシャツやリボン、月1回のクリーニング代（これも1000円前後かかる）を加えれば、それだけで5万円前後かかる計算になり、また、一般に制服は**大量生産品（mass-produced items）**ではなく、**学校指定の少量生産品（small-production items designated by the school）**で、かつ高品質のものが多いため、どうしてもコストが高くなりがちである Q1」という主張は、論拠も豊富で、説得力があるでしょう。また、**給食費の滞納（default of payment of school meal fees）**も珍しくなくなった当節、「新たに制服を買うより、今ある私服を着ていく方が安上がりだ」とサポートすることもできます。

「教育」問題を発信するための背景知識力 UP①

各国の制服事情とは!?

制服着用は、多数の国で導入されていますが、学校の制服は**個性や創造性を殺す（stifle individuality and creativity）**ものだとする生徒の意見は、先進各国で多数派を占めています。一方、長年、**校内暴力（school violence）**や**少年犯罪（juvenile delinquency）**に悩む米国では、1990年代中頃から日本に倣い各地の学校で制服を導入して、生徒の非行の大幅削減に成功した事例に基づき、カリフォルニア州のように学校での**制服着用を義務化（mandatory school uniforms）**する州法を定めた例もあります。制服の着用例がほとんどなかったフランスでも、導入の動きがあり、生徒や保護者の間に波紋を投げかけています。**韓国**や**マレーシア**では、**植民地時代（colonial days）**から制服が存在し、**政治・経済的独立（political and economic independence）**後、旧時代的なデザインを一新した制服を着用しています。また、イスラム教徒のように、自身の宗教上の服装が移民・移住先の制服事情と折り合わず、学校で**批判の的（the target of criticism）**にされる例も問題化しています。

英検準1級レター問題出題トピックランキング

　英検準1級レター問題が導入された2004年から9年間の出題トピックの分野別**第1位**は、「**教育**」で全体の約20%を占める最も頻度の高い最重要分野です。その内訳は「**教育メソッド**」に関するものが約3割、「**外国語学習**」、制服の是非など「**規律・規則**」に関するものがそれぞれ2割5分、「**コンピューター**」に関するものが約1割5分を占めています。

　第2位の「**医療**」と「**文化・レジャー**」はそれぞれ全体の約16%を占めており、前者では「**食**」に関するものが5割近くを占め、その他、「**タバコに関する規則**」「**日本人長寿の理由**」などが問われています。後者では「**チップを渡す習慣はいいことか？**」や「**人々のマナーは悪くなっているか？**」といった、「**マナーや慣習**」に関するものや、「**ペット**」に関するものなどが重要ですので、それらの質問に対して英語で発信できるように準備しておきましょう。

　第4位の「**家庭・高齢化**」は約14%を占める重要なカテゴリーで、そのうち「**子供に小遣いを与えるべきか？**」「**テレビ視聴時間を制限すべきか**」「**家事を手伝わせるべきか**」といった**子育て**に関する質問や、「**定年退職後の人生**」など高齢化に関する問題が重要です。

　第5位の「**メディア**」は全体の12%を占める頻度の高い分野で、そのうち「**本**」に関するものが4割以上で、「**インターネット**」に関するものは約3割を占めています。

　第6位の「**科学技術**」は全体の約11%を占め、そのうち「**携帯電話**」に関するものが7割近くを占め、その他、「**将来予測**」や「**交通法**」に関連するものが出題されています。

　第7位の「**経済**」は全体の約10%を占め、「**日本人がクレジットカードより現金支払いを好む理由は？**」「**消費税増税に賛成か？**」などが出題されていますので、英語で発信できるように練習しておきましょう。

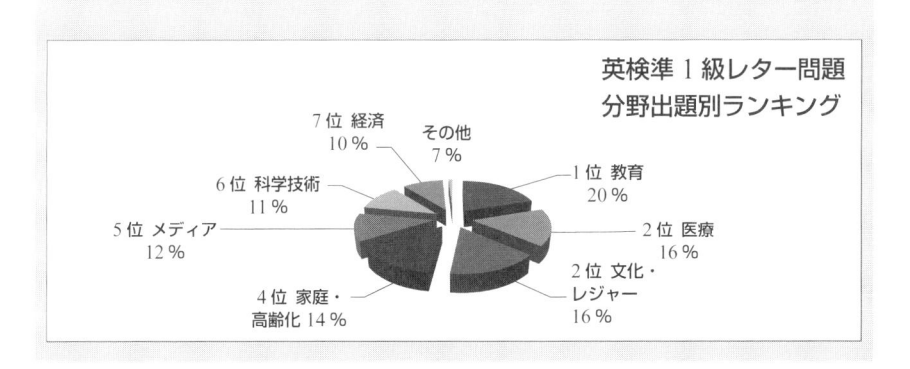

英検準1級レター問題 分野出題別ランキング

- 1位 教育 20%
- 2位 医療 16%
- 2位 文化・レジャー 16%
- 4位 家庭・高齢化 14%
- 5位 メディア 12%
- 6位 科学技術 11%
- 7位 経済 10%
- その他 7%

第5章　「教育」問題を英語で討論するための技術と表現力UP

論争度★★★★　　　　　　　　　　　　　　　　　　　CD-37

| 青少年
非行 | 3. Causes of and countermeasures for juvenile delinquency（青少年の非行の原因と対策とは?!） |

　各国の青少年非行を概観すると、**学生運動**（**student movement**）が各国で多発した1960年代以降、米国では**ヒッピー文化**（**hippie culture**）などによる**退廃的風潮**（**decadent movement**）から、青少年による**麻薬や銃の犯罪**（**crimes involving drugs and guns**）が多発し、現在に至っています。中国では、**文革**（**the Cultural Revolution**）終了（1977年）後、大量の**紅衛兵**（**Red Guards**）が**下放**（**the Back-to-a-farm-village Movement**）され、各地で**少年犯罪**（**juvenile crime**）が起こり、旧ソ連では、1980年代に、**フーリガン**（**hooligan**）と呼ばれる少年の**集団暴力**（**mob violence**）が多発しました。途上国では、**子供兵**（**child soldiers**）が**社会復帰に失敗し**（**fail to be reintegrated into society**）、犯罪に走ることも問題化しています。では、青少年非行の原因と対策についてのキーアイディアを見てみましょう。

Causes（原因）	
1. 親によるしつけや指導の欠如	Lack of parental discipline and guidance.
2. 親による愛情の欠如と児童への虐待	Lack of parental love and child abuse.
3. メディアによる、若者の精神に対する**有害な影響**	**Harmful influence** of the media **on** young people's mind.
4. 家族の**コミュニケーションの欠如**と家族の結びつきの弱さ	**Lack of communication** in the family and weak family ties.
5. 試験中心で、人格の発達にあまり重きを置かない教育	**Exam-centric education with little emphasis on** character development.
6. 成績が低い生徒の劣等感や成績の良い者への怒りと、自身の芳しくない成績に対するフラストレーション	Underachieving students' frustration with their **poor academic performance** as well as their **sense of inferiority complex** and anger toward **high achievers**.
Countermeasures（対策）	
1. 親は子供のしつけにもっと**責任を持つ**べきである。	Parents should **take** more **responsibility** for the discipline of their children.

2. 学校は児童の **EQ（感情指数）を高める**ために、**道徳教育を行う**べきである。	School should **provide moral education** to **promote EQ development** among children.
3. 政府はメディアにおける性や暴力の表現に対し、**より厳しい規制**を設けるべきである。	The government should **impose tighter regulations on** sex and violence in the media.（**Q1** 現在の規制は緩いのか？）

強いアーギュメントをするためのロジカル・シンキング力 UP！

　青少年非行の原因には、①**社会経済的地位の低さ**（**low socio-economic status**）、**成績の悪さ**（**poor school performance**）、**仲間はずれ**（**peer rejection**）などの「**環境要因**（**environmental factors**）」と、②**多動性障害**（**hyperactivity disorder**）や**注意欠陥過活動性障害**（**attention-deficit hyperactivity disorder [ADHD]**）など「**遺伝的要因**（**biological factors**）」があります。環境要因の例として、**放任主義の親**（**"neglectful" parenting**）、**甘やかす親**（**"indulgent" parenting**）、一方的に**権威を押しつける親**（**"authoritarian" parenting**）の子供は、非行に走りやすいと言われています。

　対策③（暴力・性描写のメディア規制）の現状ですが、米国では **TV 番組の年齢による視聴制限制度**（**the TV Parental Guidelines system**）に基づき、暴力・セックス描写を含む番組を審査し、2000 年以降に製造の全テレビに指定番組の受信を制限する **V-chip** を埋め込み、番組**選別**（**filtering**）や**ブロック**（**blocking**）を実施しています。ただし、これらはメディアによる**自主規制**（**self-imposed regulation**）であり、**法的拘束力はありません**（**not legally binding**）**Q1**。

ではここで、国内の青少年非行の変遷を見てみましょう。

国内の青少年非行の変遷
(A Brief History of Juvenile Delinquency in Japan)
終戦直後	□ **戦争孤児**（**war orphans**）が**犯罪予備軍**（**potential criminals**）と化したり、**貧困による生活苦**（**hardships of poverty**）から非行に走る例が多数あった。

	□価値観の変化や**日教組**（the Japan Teachers' Union）の勢力増強による**教育現場の荒廃**(deterioration of the educational environment）が始まる。
1960年代 （高度経済 成長時代）	□進学や**集団就職**（mass employment）で親元を離れ、価値観の相違や孤独感から非行に走る例が増加。 □雑誌やテレビ等の**メディアが描く暴力や犯罪**（violence and crimes featured by the media)を真似する**模倣犯罪**（copycat crime）タイプの非行の増加。 □**塾・予備校通い**（cram school or preparatory school attendance）、**盛り場**（amusement centers）の普及による非行増加。
1980年代	□教育熱が過熱、**校内暴力**（school violence）や**暴走族**（motor-cycle gang）の増加、**いじめ問題**（bullying problems）などが深刻化。 □「スリルを味わいたい」、「学校や家庭のストレスからの逃避」という非行理由が顕著になる。この頃流行した**シンナー遊び**（thinner sniffing）はその一例。
1990年代 以降	□青少年非行の多様化：殺人、**バスジャック**（bus hijacking）、**学級崩壊**（class disruption） □IT技術の普及に従い**オレオレ詐欺**（"It's me" fraud）、**ネットいじめ**（cyber bullying）も多発。 □非行の兆候がなかった児童が、殺人などの**衝動的犯罪**（impulsive crime）に至る「**キレる**（suddenly become violent）」児童の増加。 □**援助交際**（teenage girls' compensated dating）が、**ポケットベル**（pager）や**携帯電話**（mobile phone）、**出会い系サイト**（dating site）等の普及で拡大。 □暴力的なコンピューターゲームやインターネットへの依存が原因で、**虚構と現実の判別がつかず**（cannot draw a line between fiction and reality）非行に走る若者の増加。

　ではここで、社会問題を英語で討論する際に、覚えておくと大変役立つテクニックのレクチャーにまいりましょう。今回は、「**〜を占める**」と「**わかる・解明する**」を表す表現です。

社会問題を討論するためのテクニック⑥

「〜を占める」
make up, account for をマスター！

　「〜を占める」は、社会問題の討論で、自分の主張をサポートする際に、よく使われる表現で、**make up [account for / cover / constitute / occupy] X percent [two-thirds] of 〜**（〜の X%［3 分の 2］を占める）などがあります。この中で、最もよく使われるのが **make up** で、次点が **account for** です。これらの表現を駆使して論拠を示すと、強いアーギュメントになります。

- Women **make up** a little over half of the world's population, but they **account for** over 60 percent of the world's hunger.（女性は世界の人口の半分を少し超えているだけなのに、世界の飢餓の 6 割以上**を占めている**）
- Drug overdoses **account for** about two-thirds of suicides among women and one-third among men.（薬物中毒が女性の自殺の 3 分の 2、男性の自殺の 3 分の 1 **を占める**）
- Small and medium-sized companies **account for** about 99 percent of all Japanese businesses.（中小企業は日本の全企業の約 99%**を占める**）
- Fruit and vegetables should **cover** a third of your daily food intake.（フルーツと野菜は毎日の食物摂取の 3 分の 1 **を占める**べきである）
- Smartphone users **constitute** 30 percent of the mobile population.（スマートフォンユーザーは携帯使用者の 3 割**を占めている**）
- Women now **occupy** one out of every 10 seats on the board of the company.（女性はその企業の役員の 1 割**を占めている**）

> 社会問題を討論するためのテクニック⑦

「わかる・解明する」
give ＋人＋ a better understanding of ～,
give ＋人＋ a glimpse of ～,
give ＋人＋ an insight into ～ をマスター！

アカデミックディスカッションでよく使われる「解明する」を意味する表現には、**give ＋人＋ a better [deeper] understanding of ～**（～をもっとよく[深く]理解する）、**give ＋人＋ a glimpse of ～**（～を垣間見る）、**give ＋人＋ an insight into [on] ～**（～がわかる）、**shed light on ～**（～を解明する）、**unravel the mystery of ～**（～の謎を解明する）などがあります。いずれも、知的に響く表現ばかりですので、積極的に発信に使ってみましょう。

- Ecotourism **gives you a better understanding of** the importance of protecting endangered species.（エコツーリズムにより、絶滅危惧種保護の重要性**をよりよく理解する**）
- Foreign exchange programs will **give you a glimpse of** the local customs and traditions.（交換留学をすると地元の習慣や伝統**を垣間見ることができる**）
- Zazen will **give** practitioners **an insight into [on]** the profundity and intricacies of Japanese culture.（座禅**をすれば**日本文化の奥深さや複雑さ**がわかる**）
- A study may **shed light on** the mechanism of climate change.（ある研究が気候変動のメカニズム**を解明**するかもしれない）
- New research findings will **unravel the mystery of** the origin of the universe.（新しい研究結果は宇宙の起源**の謎を解明する**だろう）

論争度★★★　　　　　　　　　　　　　　　　　　　CD-38

バイト　4. Should high school students be allowed to have part-time jobs?（高校生のアルバイトは許されるべきか？）

　日本では高校生のうち4割前後がアルバイトを経験しており、その勤務先の1位は男性がスーパー、ディスカウントストアなどの店員、女性が一般飲食店店員で、男女ベスト3にはその他に、事務・データ入力、ファストフード店店員、運送業、新聞配達などが挙がっています。アルバイトをする理由は、日々の**携帯電話の通話料**（mobile-phone charges）や**交際費**（entertainment expenses）のためが多数派を占めています。では、高校生のアルバイトの是非についてのキーアイディアを見てみましょう。

YES（賛成側の主張）	
1. 学生がバイトをすることで、お金の価値や**仕事の責任**について学ぶのに一役買う。	Doing part-time jobs helps students learn about the value of money and **job responsibility**.
2. さまざまな階層の人々と交流できるため、視野を広げ、社交術を高める。	They can **interact with people from different walks of life,** which **broadens their horizons** and **develops** their **people skills**.
3. **立派な社会人になる**前に社会のルールやマナーをもっと学ぶことができる。	They can learn more about social rules and manners before they **become a full-fledged member of society**.
NO（反対側の主張）	
1. バイトをすると、**学業や体力増進**が疎かになる。	Doing part-time jobs will **undermine academic and athletic development**.
2. バイトは、喫煙や飲酒のような、**青少年の非行**につながる可能性がある。	It can lead to **juvenile delinquencies** such as smoking and drinking. （**Q1**なぜ非行に導くのか？）
3. バイトをすることで、学生はより**実利的になり、ボランティア精神**の発育を妨げる。	It will make students more **materialistic, hampering the development of volunteer spirits**.

| 4. 学生は、家族と過ごす時間が減るため、**家族の結束が弱まる**。 | It will **weaken family ties** as students tend to spend less time with their family. |

強いアーギュメントをするためのロジカル・シンキング力 UP！

　欧米では、**学費（tuition）**や欲しいものを買うために、小学生でも夏休みの**庭の芝刈り（lawn-mowing）**や**ベビーシッター（baby-sitting）**のアルバイトで稼ぐ伝統が存在しますが、日本では保護者や学校によりアルバイトを禁止する見方が大勢を占めてきました。その理由として、①上述のファミレスやコンビニでのアルバイトの勤務時間が深夜に及ぶことも多く、②アルバイト先で喫煙や飲酒などの**青少年非行（juvenile delinquency）**の原因を仕込まれたり **Q1**、③**労働基準に違反する（violate labor standards）**アルバイトを強要されたりする例が多いこと、などが挙げられます。一方、長引く不況による**苦しい家計（financial difficulties of the family）**への一助とすべく、学校側がアルバイトを容認もしくは黙認する動きも増えています。

　上のキーアイディア以外にも、賛成派の意見として、「**バイトは、将来進むべきキャリアを開拓する手助けになる（Part-time jobs can help students explore their potential career paths.）**」もありますが、高校生の場合、「ファストフード店での**単純労働（unskilled labor）**など偏った職種の経験が大半を占めるため、キャリア開拓という点では、あまり助けにならない」という反論が予測されます。

「制服」・「青少年の非行」・「高校生のバイト」問題を討論するための表現力 UP！

- □制服着用の義務化　**mandatory school uniforms**
- □制服規定　**uniform code**（「服装規定」は **dress code**）
- □校章　**school crest**
- □登校拒否　**refusal to go to school [school avoidance]**（「無断欠席・ずる休み」は **truancy**）
- □問題児　**problem students**
- □落ちこぼれ　**underachiever**（「成績優秀者」は **high-achiever,**「優等生」は honors student.「模範生」は model student）
- □いじめられっ子　**bullied children**（「ネット上のいじめ」は **cyber**

- bullying、「集団でのいじめ」は group bullying）
- □引きこもり　social withdrawal
- □少年院　reformatory [reform school]
- □少年法　the Juvenile Act（「少年審判」は juvenile trial）
- □親によるしつけや愛情の欠如　lack of parental discipline and love
- □警察に補導される　be taken into protective custody by the police
- □道徳教育　moral education
- □EQを高める　promote EQ development
- □立派な社会人になる　become a full-fledged member of society

論争度★★★★　　　　　　　　　　　　　　　　　　　　CD-39

教育改革　5. Should the university system in Japan be reformed?（日本の大学教育制度は改革すべきか？）

学歴社会の弊害による**悪循環**（**vicious circle**）をなくすためには、**青年期**（**adolescence**）の**学業成績**（**academic achievement**）が一生を左右するような**学歴偏重**（**academic background-oriented [education-obsessed]**）の考え方を改め、**生涯教育**（**lifelong education**）、**生涯学習**（**lifelong learning**）に重きを置く社会を作っていく必要があります。その一環として、**大学改革**（**university reform**）は最重要課題として注目されており、とりわけ、**大学入試改革**（**college entrance examination reform**）、**グローバル化に対応した人材育成**（**development of human resources for globalization**）、世界的な研究成果の創出などが挙げられています。それでは、日本の大学教育改革の是非についてのキーアイディアを見てみましょう。

YES（賛成側の主張）	
1. 現在の大学教育は**ますます国際化する社会のニーズを満たす**ほど実用的ではない。	College education is not practical enough to **meet the needs of increasingly globalizing society**.
2. 大部分の大学で行われている**講義形式**では、国際社会での成功に必須の**論理的思考力**や問題	**Lecture-oriented classes** at most colleges do not develop **abilities in logical thinking and problem solving**, which are essential

解決力が育たない。	for success in global society.
3. 英語に堪能である必要性が高いにもかかわらず、大学の英語教育は効果的なものとはほど遠い。	Despite the strong need for **English proficiency,** English education at college is **far from effective.** （**Q1** 大学の語学教育は変わらないか？）

NO（反対側の主張）	
1. 教養課程は、学生の文化的視界を広げるために、実践教育より重要である。	**Liberal arts education** is more important than **practical education** in **broadening students' cultural horizons.**
2. たいていの大学はすでに、実践的な外国語教育をカリキュラムへ組み入れている。	Most colleges have already **incorporated** practical foreign language education **into** their curriculums.
3. 講義形式は、学生にさまざまな科目の知識をより効果的に与える。	**Lecture-oriented classes** are more effective in **providing** students **with** knowledge of various subjects.

強いアーギュメントをするためのロジカル・シンキング力 UP！

　就職活動が激化する今日、特にメーカーなどでは「3人の**大卒**（**university graduates**）を取るよりも1人の**高専卒**（**technical college graduates**）を取るべきだ」という声が代表するように、国内の**学術的な大学教育**（**academic college education**）、伝統的な**訳読方式**（**grammar-translation method**）による非効率な外国語教育、**理論一辺倒の理系の授業**（**theoretical science education**）などを非難する意見が後を絶ちません。また、日本へ来る留学生数が思うように伸びないのは、**アカデミック・実践の双方ともにレベルの低い教育**（**low level of academic education and practical training**）が原因と指摘されています。こういった現状に対し、文科省は、世界を舞台に活躍する人材育成を目的とし、大学卒業時に必要なTOEFL iBTスコアの設定、全講義を英語で実施など、より**実践的な教育**（**practical education**）への改革を進めています**Q1**。

　しかし、「大学は**最高学府**（**the highest educational institution**）としてアカデミックな教育に徹するべきだ」など**学術的教育**（**academic education**）

を支持する声が存続しているのも事実です。また、伝統的な**マイスター制度（Meister system）**（職人の資格制度）を誇りとするドイツですら、「将来の職業を意識した教育を、若年期から実施するのは、教育上良くないのではないか」という意見も出ており、実践教育 vs. 学術教育の議論は、白熱したものになっています。

「教育」問題を発信するための背景知識力 UP②

大学改革：ボランティア活動単位化の是非とは⁉

2011年の**東日本大震災（the Great East Japan Earthquake）**時、文科省は全国の大学に対し、被災地救援ボランティアに参加した学生に単位を与えるよう勧告しましたが、それはボランティアの動機として好ましいとはいえず、ボランティア活動中の**休学（temporary leave from university）**を認める方がよいという声も多く、議論の分かれるところです（ちなみに、**ボランティア単位認定制（the system of granting credits for volunteer activities）**は、大学より高校の方が進んでおり、全国の高校の1割程度が単位を認定しています）。他にも、学生ボランティアとして、各地の大学を拠点に地域の自然保護や**被災地の復興（reconstruction of disaster-stricken areas）**に尽力したり、地元の小中学校へ赴き、**出前講師（lecturer on demand）**や**語学教育アシスタント（assistant language teacher [ALT]）**を務めるなどの試みがなされています。こうした一連の動きは、**大学全入時代（the age of open college admission）**の中で生き残りを模索する、大学の前向きな努力の結果と言えるでしょう。

「教育制度と改革」問題を討論するための表現力 UP！

- ☐ 4月と9月で入学時期を選べる制度　dual April/September enrollment system
- ☐ 学年度　academic year
- ☐ 相互単位交換、履修単位の互換性　credit reciprocity
- ☐ 講義形式のクラス　lecture-oriented class （「講義・詰め込み式教育」は lecture- and rote memorization-oriented classes）

- □プロジェクト取り組み型授業　**project-based learning**（実社会で役立つ課題にグループ単位で取り組む学習法）(**「問題解決型授業」**は **problem-based learning**（課題に取り組み、問題解決方法を学ぶ学習法））
- □学歴偏重社会　**academic background-oriented society**
- □高校の卒業証書　**high school diploma**
- □画一的な教育　**standardized education**
- □生涯教育　**continuing [lifelong] education**
- □大学公開講座　**extension courses**（「講義要綱」は **course syllabus**）
- □中高一貫教育　**unified lower and upper secondary school education**
- □学校5日制　**five-day school week**
- □ゆとり教育を導入する[見直す] introduce [review] **more relaxed and liberal education**
- □通信教育　**correspondence course [distance learning]**
- □単位制高校　**credit-system high school**
- □男女共学　**co-education**（「女子校」は **all-girl school [girls' school]**）
- □野外研究　**field study [work]**（「課外活動」は **extracurricular activities**）
- □就学前教育　**preschool education**
- □名門大学　**prestigious [prestige] university**
- □必修科目　**required courses** ⇔ 選択科目　**elective courses**
- □大学進学率　**college continuance rate**（「進学組」は **college-bound students**）
- □大検　the University Entrance Qualification Examination
- □書類選考　**documentary elimination**（「合格通知」は **acceptance letter**）
- □学業成績平均点　**GPA (grade point average)**（「内申書」は **school recommendation**）
- □推薦入学　**admission on recommendation**
- □学級担任制　**classroom teacher system**（「教科担任制」は **subject teacher system**）

「教育」問題を発信するための背景知識力UP③

ホームスクーリングの世界比較！

ホームスクーリング（home schooling）は、**遠隔地学習（distance learning）**の手段として各国で実施されており、全州でホームスクーリングを認めている米国では、日本の**大検（the University Entrance Qualification Examination）**に相当する**GED (General Educational Development)** をホームスクーリングで取得して大学に進学する学生が多くいます。また、イスラム圏の一部のように女性が教育を受けられない国でも、ホームスクーリングが利用されています。一方、ドイツのように、ホームスクーリングを受けること自体が法律上処罰対象となる国もあります。ちなみに、日本の**学校教育法（the School Education Act）**では、**家庭での義務教育（compulsory education at home）**を認めていませんが、法律上ホームスクーリングは可能とする解釈もあります。

「試験」問題を討論するための表現力UP！

- □中間試験　midterm examination（「期末試験」は term-end exam）
- □**追試験　make-up test [exam]**（「抜き打ちテスト」は **pop quiz**）
- □補習を受ける　take remedial education（「再（追）試験」は **retake**）
- □適性テスト　aptitude test（「クラス分けテスト」は placement test）
- □大学入試センター試験　the National Center Test for University Admissions
- □**選択方式試験　multiple-choice exam**（「○×式問題」は **true-false questions**）
- □マークシート方式　computer-scored multiple-choice test（「記述式テスト」は **essay exam**）
- □学期末レポート［論文］　term paper
- □**丸暗記　rote memorization**（「一夜漬け」は overnight cramming）
- □相対評価　relative evaluation（「絶対評価」は absolute evaluation）

論争度★★★　　　　　　　　　　　　　　　　　　　　　CD-40

飛び級　6. Should exceptionally good students be allowed to skip grades?（並はずれて優秀な学生は飛び級を許されるべきか？）

10代で社長になる人や画期的な発明をする人の活躍が各国から報じられる昨今、日本でも優秀な人材を早期に発掘、育成し、さらなる能力拡大を図るために、**大学飛び入学（early college entrance）**（特に才能があると感じられる高校1年生及び2年生が2～3年次を履修せずに大学1年生になれる制度）が、1998年度より**数学（mathematics）・物理学（physics）**分野で、2001年度より全分野で解禁されました。しかし、千葉大学や名城大学、あるいはエリザベト音楽大学のように、**理系（science majors）**や**芸術系（art majors）**など、募集学部に偏りがあるのが現状です。では、飛び級制の是非について賛成・反対双方の意見を見てみましょう。

YES（賛成側の主張）	
1. 飛び級は、**上級クラスで**勉強することで、**学習効率を高め、才能ある生徒の潜在能力を最大限に引き出す**。	Grade-skipping will **maximize the potential of gifted students** by **enhancing their learning effectiveness** through study in the upper grades.
2. 才能ある**飛び級経験者**は、偉大な科学者、発明家や芸術家になり、**社会に多大な貢献をする**。	Gifted **grade-skippers** will become great scientists, inventors, and artists, who **make a great contribution to society**. (**Q1** 飛び級経験者で偉大な科学者、発明家、芸術家になった人はそんなに多いのか？)
3. 飛び級により、特によくできる生徒の家庭は、**教育費の節約**になる。	Grade-skipping will **save educational expenses** for the families of especially good students. (**Q2** 教育費の節約に本当になっているのか？)
4. **飛び級**は、優秀な生徒の面倒をみる**という教師の負担を取り除き、教育を容易にする**。	**Grade-skipping** will **facilitate teaching** by **relieving teachers of the burden of** taking care of outstanding students.

204

NO（反対側の主張）	
1. 飛び級の生徒にとって、年上の同級生と付き合うのは大変で、しばしばいじめの対象になるので、飛び級はストレスの原因となる。	It will cause emotional stress to **grade-skipping students** since they have difficulty **interacting with** their older classmates and often **become the target of bullying**.
2. 飛び級は、子供の健全な精神の発達に不可欠な知能指数と感情指数のバランスを損なう。	Grade-skipping will **undermine the balance between IQ and EQ development,** which is essential for healthy mental growth of children.
3. 飛び級は平等主義的教育を重んじる現在の日本の教育システムに反する。	It **runs counter to** the current education system of Japan that **values egalitarian education**.

強いアーギュメントをするためのロジカル・シンキング力 UP！

　日本では、飛び級制度認可後も、「**教育の平等性（equality of education）**に配慮して、飛び級を推進するのは時期尚早」など飛び級慎重派が大勢を占めており、受け入れる大学数が増えていないのが現状です。中国では、11 歳で北京市の中国人民大学法学部に入学（2011 年）した児童もいましたが、多数の法律家から**社会経験の不足（lack of social experience）**を懸念する声が挙がっています。韓国では、**エリート学生の自殺が相次ぎ（a spate of elite students' suicides）**、「飛び級はさらに受験戦争に拍車をかけるだけではないか」との意見も出ています。一方、飛び級先進国の米国では、次のような偉大な科学者、パイロット、宇宙飛行士、政治家、芸術家、実業家などを輩出しています **Q1**。

飛び級経験のある偉人（prominent grade-skippers）	
アメリア・エアハート（Amelia Earhart）パイロット	女性初の大西洋単独横断飛行を達成（the first woman to make a solo flight across the Atlantic）した
アームストロング船長（Neil	人類初の月面着陸を達成（the first astronaut

Armstrong）宇宙飛行士	to walk on the Moon）
ジョン・バーディーン（John Bardeen）物理学者	トランジスタと超伝導で2度ノーベル物理学賞受賞
ポール・ボイヤー（Paul D. Boyer）生化学者	アデノシン三リン酸合成酵素の構造を解明。ノーベル化学賞（Nobel Laureate in Chemistry 1997）受賞
アイザック・アシモフ（Isaac Asimov）生化学者・SF作家	15歳で米国コロンビア大学へ入学、19歳で卒業
ノーム・チョムスキー Noam Chomsky 言語学者	MIT教授、哲学者、認知科学者。**近代言語学の父**（"father of modern linguistics"）と呼ばれる
ニクソン（Nixon）米大統領	2年生を**飛び級**（Skipped the second grade）
ミッシェル・オバマ（Michelle Obama）オバマ米大統領の妻	兄Craigとともに、2年生を飛び級。**プリンストン・ハーバード大法学院**（Princeton and Harvard Law School）に入学
キング牧師（Martin Luther King, Jr）公民権運動指導者	小学校と高校で2度の飛び級。16歳で大学入学
T. S. Elliot 詩人	**ノーベル文学賞（Nobel Laureate in Literature）**。ハーバード大を3年で卒業、修士を1年で取得
William Faulkner 作家	1949 ノーベル文学賞（Nobel Laureate in literature）受賞
Yo Yo Ma チェリスト	**2学年飛び級（skipped two grades）**
孫正義 ソフトバンクCEO	米国留学時に、1週間に1回のペースで飛び級

賛成派③（教育費の節約）のサポートとしては、「**家庭教師代や特別なプログラムや教材の費用（cost for tutoring as well as special programs and materials）** を支払う必要もなく、飛び級先のクラスで勉強する費用は、クラスメートとほぼ同じなため、学年を飛び越した分、**教育費の節約（save educational expenses）** になる Q2」と言うことができます。

反対派②（EQ、IQ バランスを損なう）の主張に対しては、**優秀な子供の精神的成熟度は、同じ年齢の同級生よりも、飛び級先の生徒たちに近い（psychosocial maturity of gifted children is more closely linked to their academic mental age than their chronological age [psychosocial maturity of gifted children is close to that of the average students in the upper grades]）** という研究（Janos & Robinson）もあり、IQ の高い子供は、EQ も同様に高く、EQ-IQ のバランスを欠くことはない、という反論が考えられます。

「飛び級」問題を討論するための表現力 UP！

- ☐ 学習効率を高める　enhance the effectiveness of one's learning
- ☐ 生徒に**英才教育**を施す　provide students with **special education for the gifted**
- ☐ 才能ある生徒の能力を最大限に引き出す　**maximize the potential of gifted students**
- ☐ 習熟度別クラス　**assign students to different classes based on the level of their academic achievement**（⇔ 能力混合クラス　mixed ability class）
- ☐ 飛び級した生徒　accelerated students（acceleration は「加速教育」（飛び級も含む））
- ☐ 複数年度の飛び級を経験した生徒　radical accelerants
- ☐ 同年齢の人　age peers [age-mates]（「IQ が同じ年齢の人」は cognitive peers）

論争度★★★　　　　　　　　　　　　　　　　　CD-41

語学習得　7. What makes a successful foreign language learner?（成功する外国語学習の要因とは?!）

　自分の考えをうまく発信できない**日本人英語学習者（Japanese learners of English）**は多く、これを打破するには、今までの**受信型言語教育（foreign language education based on the development of reading and listening skills）**から、**発信型言語教育（foreign language education based on the development of speaking and writing skills）**への転換が必須で、国内でも「発信型」をスローガンにさまざまな試みがなされるようになりました。では、世界中のさまざまな言語習得に共通の、successful language learning に関するキーアイディアを見てみましょう。皆さんは以下の項目のうち、どれを実践していますか？

1. **短期、中期、長期の明確な目標設定。**	**Clear, short-term, mid-term, and long-term goal setting.**
2. 集中語学プログラムの**刺激的な学習環境**での学習。	Study in the **stimulating learning environment** in intensive language programs.
3. **目標言語の資格試験を受ける**ことで、**学習意欲を高める。**	**Enhance your motivation for learning** by **taking qualification tests** in your **target language**.
4. テレビ番組を目標言語で視聴する。	Watch TV programs in your target language.
5. 目標言語でEメールや手紙を書く。	Write e-mails and letters in your target language.
6. 目標言語を話すネイティブスピーカー**と友達になる。**	**Make friends with** native speakers of your target language.
7. 間違いを恐れず、目標言語で話したり書く練習をする。	Practice speaking and writing in your target language without being afraid of making mistakes.
8. **学習者**を駆り立て、啓発する指導者のもとで外国語を勉強する。	**Study** a foreign language **under mentors** who **inspire and enlighten** its learners.

強いアーギュメントをするためのロジカル・シンキング力 UP！

　仕事や日常生活で**目標言語**（**target language**）が必須である状況に身を置くのは、言語上達の近道です。マルチリンガルの権威とも言うべきシュリーマンや南方熊楠は、それぞれビジネスや論文執筆の必要性から10数ヵ国語をマスターしたように、**言語学習**（**language learning**）において、生活や学習・仕事における言語の必要性が増すと、**学習者の言語習得**（**learner's language acquisition**）が加速することは言うまでもありません。

　言語学習の過程では、学習者の**語彙力や文法力**（**command of English vocabulary and grammar**）、**問題解決力**（**resourcefulness**）や**比較文化的洞察力**（**cross-cultural awareness**）、**論理力**（**logical thinking ability**）、**リズム感やトーン感**（**sense of rhythm and tone**）などが充実していくほど、言語習得が容易かつ好ましい結果になることは明らかです。そして**言語に対する鋭い感性**（**linguistic sensibilities**）や**平常心**（**poise**）を失わない姿勢ができ上がれば、怖いものなしです。ただし上記の要素すべてを満たすには、時間や費用も大いにかかり、またそれを貫徹するには学習者本人のモチベーションや周囲の温かい理解も大切です。そういったハードルを一つ一つクリアしていった人にこそ、言語が身についていくのではないでしょうか。

「語学学習」問題を討論するための表現力 UP！

- 異文化コミュニケーション　intercultural [cross-cultural] communication
- 英語運用力が高い[低い]　have a good [poor] command of English
- 外国語嫌い　linguistic xenophobia（「海外不適応」は overseas maladjustment）
- 多文化教育　multicultural education（「多民族教育」は multiethnic education）
- 外国語に堪能であること　foreign language proficiency
- 実践的な外国語研究をカリキュラムへ組み入れる　incorporate practical foreign language study into curriculums

「教育」問題を発信するための背景知識力UP④

外国語授業の必須化

　2011年度から全国の公立小学校の5・6年生で英語の授業が必修となり、毎週1回の英語の授業が実施されましたが、導入前から、反対意見として、「小学生から**英語嫌い（English xenophobia）**を増やすのか」「従来の科目すら時間内に消化しきれないのに、**英語教材（English teaching materials）**等の準備が加われば教師の負担を増やすだけではないのか」「**ゆとり教育（more relaxed and flexible education）**と同様、短期間で旧に復するのではないか」「**日本語力（Japanese language proficiency）**そのものが低下しているのに、小学生から英語を学ばせる必要はあるのか」「英語に固執するのは**英語至上主義を助長する（promotion of the linguistic imperialism of English）**だけではないのか」などの声が多く聞かれました。一方私立の幼稚園や小学校では、以前から**早期英語教育（early English education）**とその**学習効果（learning effectiveness）**を売り物にしている学校も珍しくなく、児童や保護者の**公立離れ（moving away from public school）**や**教育格差（educational disparities）**の一因となっています。

論争度★★★★　　　　　　　　　　　　　　　　　　　　　　CD-42

個性育成　**8. How to develop children's individuality and creativity（子供の個性と創造性の育て方とは?!）**

　日本の学校で**個性や創造性（individuality and creativity）**が育ちにくい理由として、**画一的な学校教育（uniform school education）**や**詰め込み教育（cramming education）**、**集団の和を重んじる社会（group-harmony-oriented society）**がよく挙げられますが、「そもそも学校とは社会で必要となる**基本的な学力や社会のルールを身につけさせる場所（place to develop students' basic scholastic ability and conformity to the social rule）**なのだから、個性や創造性の育成はそれほど重要ではない」という意見も根強く存在します。また、子供の個性や創造性を伸ばす教育が国レベルで行われて

いるフィンランドやスウェーデンでも、**子供の個性や創造性を尊重する一方で、子供の自制心を重視している**（develop children's sense of discipline as well as their individuality and creativity）ことも知っておくべきでしょう。では、ここで、効果的な個性や創造性の育て方のキーアイディアを見てみましょう。

1. 子供に他の人と意見交換をする機会を十分与える。	Give children plenty of opportunities to exchange their opinions with others.
2. 絵画、演劇、楽器演奏などの**創造的な活動への参加**を子供に**奨励する**。	**Encourage children to** participate in **creative activities,** such as painting, acting, and musical playing.
3. 服装やヘアスタイルについて子供に**自由に決め**させる。	Let children **make independent decisions about** their clothes and hairstyles.
4. 異なる文化背景を持った、いろんな種類の人**との交流**を子供に**奨励する**。	**Encourage** children **to mix with** various kinds of people with different cultural backgrounds.
5. 鼓舞してくれる、創造的な人**との交流**を子供に**奨励する**。	**Encourage** children **to interact with** creative people, who can inspire them.

強いアーギュメントをするためのロジカル・シンキング力 UP！

このトピック関連で、**What's so important about individuality and creativity in homogeneous Japanese society?（日本のような均一社会で個性がそんなに重要なのか？）** と質問されたら、皆さんはどう答えますか？ creativity は「偉大な発明や社会・生活の向上につながり、国の経済を支えるために必須である」、individuality は、「国際社会で世界の人と分かり合うために、他の人とは違う**自らの個性を主張する**（assert your own individuality）必要がある」などが回答例ですが、皆さんも具体的な方法論の前に、その必要性を一度考えてみてください。では、*One View of Giftedland* の著作で有名な Catharina F. de Wet 博士が提唱する**創造性**を高める方法（**How to develop your creativity**）を紹介しましょう。

1. **Deliberately remove barriers of tradition and habit that block creativity:** 慣れ親しんだ慣習・規則・伝統・文化規範に疑問を持つ。
2. **Examine and remove perceptual blocks:** 自分の興味・必要性・偏見・価値観で即決せず、立ち止まって、他の選択肢を吟味する。
3. **Recognize and remove emotional blocks:** リスク・失敗・相違・疑問や、喜び・怒り・疑念・憎しみなどの感情の障害を取り除く。
4. **Recognize and overcome limited resources:** 資金・人材・時間不足の状況下で、打開策を考える。
5. **Practice divergent thinking**（発散思考の実践）：有効性や価値にかかわらず、**できるだけ多くの新しい選択肢を挙げて考える**（brainstorming）。
6. **Practice convergent thinking**（収束思考の実践）：**異種のアイディアを合体し**（deliberately putting diverse and disparate ideas together）、新しいアイディアを生み出す。
7. **Pursue new experiences:** 新しい経験・考え・場所・人・ものに心を開く。
8. **Make time to think:** 考える時間を持ち、リラックスする。
9. **Collaborate:** 複数の人との協力により、**ブレインストーミング、発散思考、多角的な物の見方**（brainstorming, divergent thinking, multiple perspectives）を実践する。
10. **Make time to study:** 勉強で**得た知識を別の領域で利用する**（use knowledge acquired from one domain in another）

　皆さん、いかがでしたか？　では、ここで **Borderless English 言い換えトレーニング**にトライしていただきましょう。平易な構文や語彙を使い、世界のノンネイティブが理解しやすい Borderless English で表現してみましょう。

3. Borderless Englishで言うとこうなる！〜教育編〜

1. **Corporal punishment** at school **results in children's intense dislike toward** authority, **thus undermining** their relationships with teachers.（学校での**体罰**は権威に対する児童の**強烈な嫌悪感をもたらし**、教師との関係**を損なう結果になる**）

> **Borderless English**　**Physical punishment** at school will **cause children to hate** authority **and therefore damage** their relationships with their teachers.
>
> **解説**　corporal punishment（体罰）は **physical punishment** に、**result in children's intense dislike toward 〜**（〜に対する児童の強烈な嫌悪感をもたらす）は **cause children to hate 〜** に、**…, thus undermining 〜**（結果として〜を損なう）は **…and therefore damage** と言い換えて易しい英文にしています。

2. Corporal punishment will develop students' **antisocial behaviors** including violence against teachers and **school avoidance**. 体罰は教師に対する暴力や**不登校**など生徒の**反社会的な行為**を助長するだろう

> **Borderless English**　Physical punishment will cause young students to show **problematical and harmful behaviors** such as **school refusal** and violence against teachers.
>
> **解説**　antisocial behaviors（反社会的な行動）を **problematical and harmful behaviors** に、school avoidance（不登校）を **school refusal** に言い換え、易しい英文にしています。

3. School uniforms will **instill in students a sense of** pride and **belonging to their school**.（制服は生徒に**学校への誇りや帰属意識**を**染み込ませるもの**である）

> **Borderless English**　School uniform will **inspire students with** pride and make them **feel that they belong to their school**.
>
> **解説**　instill in students 〜（生徒に〜を植えつける）は **inspire students with 〜** に、a sense of belonging to their school（学校への帰属意識）は **feel that they belong to their school** と易しく言い換えています。

4. Doing part-time jobs will make students more **materialistic, hampering the development** of volunteer spirits.（バイトをすることで、学生はより**実利的**になり、ボランティア精神の**発育を妨げる**）

Borderless English Doing part-time jobs will make students **concerned only with money and possessions,** and therefore **discourage the development** of their volunteer spirits.

解説 materialistic（実利主義の）を concerned only with money and possessions に、hamper the development（発育を妨げる）を discourage the development に言い換え、易しい文にしています。

5. Grade-skipping will **maximize the potential of gifted students** by **enhancing their learning effectiveness** through study in the upper grades.（飛び級は、上級クラスで勉強することで、**学習効率を高め、才能ある生徒の潜在能力を最大限に引き出す**）

Borderless English Grade-skipping will **develop gifted students' natural abilities as much as possible** by **making their learning more effective** through study in the upper grades.

解説 maximize the potential of gifted students（才能ある生徒の潜在能力を最大限に引き出す）を develop gifted students' natural abilities as much as possible に、enhance their learning effectiveness（学習効率を高める）を make their learning more effective に言い替え、易しくしています。

　皆さん、いかがでしたか？　では、「教育」のその他の重要例文にまいりましょう。

4.「教育」問題を討論するためのその他の重要例文集

論争度★★

9. The pros and cons of smaller classes
（少人数制クラスの是非とは？）

PROS（賛成側の主張）

1. 少人数クラスはより**対話型**になり、**その結果、教授・学習効率を高める**。	They will make classes more **interactive, thus increasing teaching and learning effectiveness**.
2. 教師は生徒のニーズや意見にもっと対応**できる**ようになる。	They will **allow** teachers **to** respond more to their students' needs and feedback.
3. 生徒のしつけや、**教科指導以外の職務**に関した教師の負担が減る。	They will reduce teachers' burdens associated with the **discipline** of students and other **non-instructional duties**.

CONS（反対側の主張）

1. 政府の**財政負担**が増える。	They will increase the **financial burden on** the government.
2. 生徒が友達を作る機会が減る。	They provide fewer opportunities for students to make friends.

「教育」問題を発信するための背景知識力 UP⑤

少人数クラス：日本 vs. 世界！

　日本では 1980 年に公立小中学校の 1 クラスの生徒数上限が 40 人と定められ、**少人数学級 (small class)** の導入が 2001 年に始まり、2010 年には全都道府県で導入されました。少人数学級の **1 クラスの理想的な生徒数 (ideal number of students per class)** は 20 人前後、と言われていますが、日本の現状では、**小学校で 28 人**（世界 27 カ国中 3 番目に多い）・中学校で 33

人（世界 23 カ国中 2 番目に多い）と、残念ながら芳しくない値です。ちなみに、**OECD** の平均は、**小学校 21.6 人**・**中学校 23.7 人**で、最少は小学校がルクセンブルクの 15.6 人、中学校がスイスの 18.9 人となっています（2008 年）。

　少人数学級の導入効果については、一人一人の生徒に目を行き届かせる余裕が増えた、教室や施設に余裕が生まれたなどの声が寄せられており、それが**学力の向上**（improving students' academic performance）や**非行予防**（preventing juvenile delinquency）につながるとして各自治体でも前向きに受け入れられています。

論争度★★

10. The pros and cons of lecture-oriented class
（講義型クラスの是非とは？）

PROS（賛成側の主張）	
1. 生徒がより効果的に**知識を習得**できる。	It helps students **acquire knowledge** more effectively.
2. 政府の教育費の節約になる。	It will save education costs for the government.
3. 生徒の（話を）聞く力を伸ばし、**権威に従う**ようになる。	It will develop students' listening skills and **conformity to the authority**.

CONS（反対側の主張）	
1. クラスへの参加が減ることによって、生徒の勉強**意欲が低下**する。	Lack of participation in class will **undermine** student's **motivation** for study.
2. 生徒の創造性や個性を駄目にする。	It will **undermine students' creativity and individuality**.
3. **論理的思考やディスカッション、プレゼン技術**を育てない。	It does not develop **skills in logical thinking, discussion, and presentation**.

論争度★★

11. Should moral values be taught at school?
（道徳を学校で教えるべきか？）

YES（賛成側の主張）

1. 家庭での**道徳教育**や**親のしつけ不足を補う**。	It can **compensate for** lack of **moral education or parental discipline** at home.
2. 家庭よりも学校の方が、より効果的に道徳教育がなされる。	Moral education can be provided more effectively at school than at home.

NO（反対側の主張）

1. **さまざまな文化的背景**があるため、学校で道徳を教えることは非常に難しい。	It is very difficult to teach moral values at school because of **cultural diversity**.
2. 宗教的信条を考慮せずに、生徒に対して**思想統制**を行うことになる。	It can lead to **ideological control** of students, **without regard for students' religious beliefs**.

「教育」問題を発信するための背景知識力 UP ⑥

日本の道徳教育の変遷とは?!

戦前の道徳教育は「**修身（ethics）**」と呼ばれ、天皇への忠誠心を軸に、孝行・勤勉などをうたった**教育勅語に基づくもの（moral education in prewar years based on the Imperial Rescript on Education）**で、日本の**軍国主義教育（military education）**を担ったと言われています。戦後は、GHQ指導の**教育の民主化（the democratization of education）**により、理性ある社会人を育てるための「道徳」（1953年～）に生まれ変わり、現在では小中学校で年間35単位の授業が、**学習指導要領（the Ministry's official guidelines for teaching）**に基づき実施されています。その内容は、**社会規範（social norm）**のみならず、**動物愛護（animal protection）**や**公共の福祉（public welfare）**、**正しい生活習慣（proper way of living）**など多岐にわたります。

「教育」問題を発信するための背景知識力 UP⑦

日本の学校での道徳教育の是非とは?!

昨今の少年犯罪や学級崩壊などの原因は、社会全体の**モラルの崩壊**（moral decay）にあるとし、その対策として小中学校における**道徳教育**（moral education）が再び注目されています。日本の道徳教育賛成派は、①近年増加する**少年犯罪の抑止**（deterrence to juvenile delinquency）、②**自国に対する誇り回復**（revive people's pride in their own nation）につながると主張し、道徳教育を見直し、戦前の**教育勅語**（the Imperial Message of Education）を再評価する動きもあります。それに対し、反対派は、「**国旗国歌法**（the Act on National Flag and Anthem）に代表される**愛国心の煽動**（whip up nationalistic sentiment）や、戦前のような**教育の政治的利用**（politicize education）につながる」として強い抵抗を示しています。一方で、賛成・反対の論争が主役である児童を置き去りにした**思想対立**（ideological conflict）や**政治闘争**（political battle）になっていないか、そのことがかえってモラルの崩壊につながっていないか、という意見も保護者や社会の中にあります。皆さんはどんな意見をお持ちでしょうか？

論争度★★

12. The pros and cons of distance learning (e-learning)
（E ラーニングの是非とは？）

PROS（賛成側の主張）	
1. 生徒は自分のペースで勉強し、**学習効果を高める**ことができる。	Students can study at their own pace, which can **enhance their learning effectiveness**.
2. 通常の教育よりも**費用が安い**。	It is **less costly** than non-distance learning.
3. **身体に障害を持った人**や、**専業主婦**などの教育機会を増やす。	It will increase educational opportunity for people such as **physically challenged people** and **full-time homemakers**.
CONS（反対側の主張）	
1. **監督がゆるい**ため、**学力**があまり伸びないことが多い。	**Limited supervision** will often lead to lower **academic achievement**.
2. 他の生徒との関わり合いがな	**Lack of interaction with** other students

| くなることによって、人との接し方がうまくならない。 | does not develop **people skills**. |
| 3. 通常の学校の閉鎖につながる。 | It will lead to the **closedown of non-online schools**. |

論争度★★

13. Should Japanese senior high schools be made compulsory?
（日本の高校は義務教育にするべきか？）

YES（賛成側の主張）	
1. 全体的に日本人生徒の**学力水準を上げる**。	It can **raise the academic standard of** Japanese students as a whole.
2. すべての中学生に高校教育を受ける機会を**与える**。	It will **provide** all junior high school students **with** opportunities to receive senior high school education.
3. 高校入学に向けた中学生の激しい競争を軽減する。	It **alleviates keen competition** among junior high school students for **admission to senior high school**.
NO（反対側の主張）	
1. **学問が必要ない仕事**に就きたい生徒にとって、時間の無駄になる。	It is a waste of time for students who seek **nonacademic careers**.
2. 社会をより**学歴志向**にする。	It will make our society more **academic background-oriented**.
3. 日本国民の税金負担が増える。	It will **increase a tax burden on** Japanese people.

論争度★★

14. The pros and cons of teacher evaluation by students at high school
（高校生による教師評価の是非とは？）

PROS（賛成側の主張）	
1. 教師の指導力向上を促し、教育の**質**を高める。	It will encourage teachers to improve their teaching, thus **enhancing the quality of education**.

2. 教師の**勤務評定**に必要な情報を高校に与える。	It gives high schools information necessary for **performance appraisal** of their teachers.
3. 生徒に対して教師が**権威を振りかざ**さなくなる。	It will make teachers less **authoritarian** with students.
CONS（反対側の主張）	
1. 高校生は**教師を的確に評価**できるほど成熟していない。	High school students are not mature enough to **evaluate their teachers properly**.
2. **人気投票**になりがちで、信頼性に欠ける。	It is not reliable as it often leads to a **popularity contest**.
3. 生徒に**規律を守らせる**ために必要な、**教師の威信を損なう**可能性がある。	It can **undermine teachers' authority** over students, which is necessary to **discipline** them.

「教育」問題を発信するための背景知識力 UP⑧

米国の教師評価シート（Teacher Evaluation Sheet）の内容とは?!

評価シートには、教師の**授業の準備（preparedness for class）**や教科の**知識（knowledge of the subject）**、**成績の公平さ（fairness in grading）**、**時間管理（time management）**などの他、以下のような項目が並んでいます。

①問題解決力や批判的思考（**problem solving and critical thinking**）を養う課題を与えたか？

②テストや課題の学習目標（**what is expected on assignments and tests**）を明示したか？

③提出課題をすばやく返却したか（**promptly evaluate students' assignments**）？

④課題に対する向上のためのフィードバック（**feedback on assignments for students' improvement**）を与えたか？

⑤個々の生徒のニーズに柔軟に対応（**flexibly accommodate each student's needs**）したか？

⑥自分の誤りに対する責任を真摯に負ったか（willingly accept responsibility

for his/her own mistakes）？
⑦創造的な活動・授業（**creative activities and lessons**）を行ったか？

論争度★★

15. The value of lifelong learning
（生涯教育の意義とは？）

1. ビジネス界の**変動するニーズを満たす**仕事に必要なスキルを高める。	It will **develop job skills** that can **meet the changing needs of** the business world.
2. **知力**を上げる、または維持する。	It will **develop or maintain people's intellectual abilities**.
3. **文化的視野を広げる**。	It will **broaden people's cultural horizons**.
4. **生きがい**を与える。	It will give people **something to live for**.
5. **知人のネットワーク**を築くことができる。	It can **build up a network of acquaintances**.

「教育」問題を発信するための背景知識力UP⑨

目指せ、生涯学習！

　生涯学習は、**自己達成や啓発**（**self-fulfillment and cultural enrichment**）を進める有意義な手段として、日本では1970年代に始まり、特にOECDが提唱する生涯教育構想である**リカレント教育**（**recurrent education**）や文科省の社会人の学び直しニーズ対応教育推進プログラムなどの施策、各自治体の生涯学習支援策により、全国に浸透しています。近年では、大学が**社会人コース**（**adult student course**）を大幅に取り入れ、図書館やホールなどの施設も利用できる**大学開放**（**university extension**）が好評で、これには近年のIT技術の進歩によるEラーニングの普及や、**図書検索システム**（**library search system**）の充実も一役買っています。

5.「教育」問題を発信するための必須表現クイズにチャレンジ

本章で取り上げた表現の中から厳選した20の表現を英語で説明してみましょう。

1	退学	11	丸暗記
2	登校拒否	12	講義形式のクラス
3	落ちこぼれ	13	中高一貫教育
4	いじめられっ子	14	生涯教育
5	ゆとり教育	15	英才教育
6	通信教育	16	学歴偏重社会
7	名門大学	17	知能指数と感情指数のバランス
8	大学進学率	18	異文化コミュニケーション
9	追試験	19	英語運用力が高い
10	選択方式試験	20	外国語嫌い

解答例 即答できるまで繰り返し音読して覚えましょう！

1	withdrawal（自主的）、expulsion from school（罰として）	11	rote memorization（「一夜漬け」は overnight cramming）
2	refusal to go to school	12	lecture-oriented class
3	underachiever（「成績優秀者」は high-achiever）	13	unified lower and upper secondary school education
4	bullied children	14	continuing [lifelong] education
5	more relaxed and liberal education	15	special education for the gifted
6	correspondence course [distance learning]	16	academic background-oriented society
7	prestigious university	17	balance between IQ and EQ
8	college continuance rate（「進学組」は college-bound students）	18	intercultural [cross-cultural] communication
9	make-up（test, exam）（「再試」は retake）	19	have a good command of English
10	multiple-choice exam	20	linguistic xenophobia

6.「教育」問題を討論するための最重要サイト TOP10

- **United Nations Educational, Scientific and Cultural Organization [UNESCO]**（国際連合教育科学文化機関）　http://www.unesco.org/new/en/
  ユネスコが推進している教育・文化事業の活動に関する最新情報が満載。
- **United Nations Children's Fund [UNICEF]**（国際連合児童基金）　http://www.unicef.org/　ユニセフが推進している児童保護事業の活動についての最新情報を紹介。
- **Organization for Economic Cooperation and Development [OECD]**（経済協力開発機構）　http://www.oecd.org/
  各国の生徒の学習到達度調査（PISA）についてのデータや最新情報を入手できる！
- **文部科学省**　http://www.mext.go.jp/
  教育政策に関する情報と関連する法令や白書、各種統計資料等の最新情報を参照できる！
- **外務省**　http://www.mofa.go.jp/
  各国の学校制度についての基本情報を入手できる。
- **経済産業省**　http://www.meti.go.jp/
  経済産業省が推進しているキャリア教育プロジェクトについての基本情報を参照できる。
- **農林水産省**　http://www.maff.go.jp/
  農林水産省が推進している食育事業についての基本データや最新情報を掲載。
- **文化庁**　http://www.bunka.go.jp/
  文化行政に関する最新情報を入手できる。
- **日本教育学会**　http://www.jera.jp/
  教育学についての最新情報を知ることができる。
- **日本学校教育学会**　http://www.gakkoukyouiku.com/
  学校教育についての研究に関する最新情報を掲載。

第6章

「医療」問題を英語で討論するための技術と表現力UP

Medicine

1.「医療」問題の最重要トピックはこれだ！

医療 (Medical Treatment)
①代替医療（Alternative Medicine）
②入院治療（Hospital Treatment）
　□終末期医療（Terminal Care）
　　→□安楽死（Euthanasia）
　□告知問題（Truth-telling）
　□臓器移植（Organ Transplants）

心の問題と対策 (Mental Problems & Countermeasures)
□心の病気（Mental Illness）
□ストレス対策（Anti-stress）

健康増進（Health Promotion）

生活習慣病と対策（Life-style Related Diseases）
□ダイエット（Dieting）
□健康食品（Health Food）
□運動（Exercise）
□禁煙対策（Anti-smoking）
□アルコール対策（Anti-drinking）
□代替医療（Alternative Medicine）

　医療について討論する際には、安楽死や終末期医療のあり方、臓器移植など、「生と死」にかかわる問題と、ストレスやうつ病などの心の問題、代替医療の台頭、喫煙などの生活習慣と健康管理についてなど、時代や世相、政治の動きなどを幅広く踏まえて、論理を構築することが大切です。

医療と健康は私たちの生命にかかわりの深い最重要分野で、CNN 放送では以前よりも数段報道時間が増え、また国内外で盛んに議論されています。まず医療面では、**臓器移植（organ transplants）、脳死（brain death）**をめぐる論争、**安楽死の是非 (the pros and cons of euthanasia)** や、**現代病（modern-day diseases）**とも言える**不眠(insomnia)、うつ病(depression)、**ストレスなどの対策が社会問題になっています。また、西欧諸国でニーズが急増している**代替医療（alternative medicine）**についても理解しておく必要があります。健康面では、昨今の**健康ブーム（health fad）や公共の場での全面禁煙（total smoking ban in public places）**の動き、**女性の極端なダイエット志向（women's obsession with dieting）**の危険性、目覚ましい**健康食品市場の拡大（expanding health food market）**などが重要です。**医師・看護師不足（shortage of doctors and nurses）、医療費の増加（increase in medical costs）、患者のモラルの低下（moral decline among patients）**と**救急医療の崩壊（collapse of emergency medical services）**など、日本の医療が直面している諸問題と、**外国人看護師、介護福祉士の採用（hiring foreign nurses and caregivers）** や **予防医療の推進（promoting preventive medicine）**など、問題解決策についての理解も欠かせません。

下記のランキング第1～5位は、国内外で最も議論され、かつ各種英語資格検定試験で頻出の重要トピックです。特に英検、TOEFL、国連英検などでは、医療系の国際時事問題がよく出題されるので、医療をめぐる世界の動きに関心を持ち、それらに関する英字誌や英語ニュースを見て背景知識をインプットしておきましょう。また、本章の例文や表現集を覚え、説得力のある議論ができるようになりましょう。

▶国内外で最も議論されているトピック「医療」ベスト5

1	Anti-smoking（禁煙）
2	**Hospital care reform（医療改革）**
3	**Mercy killing（安楽死）**
4	**Eating habits and health（食習慣と健康）**
5	Stress management（ストレス対策）

第6章 「医療」問題を英語で討論するための技術と表現力UP

2.「医療」問題を討論するためのアーギュメント＆表現力UP

論争度★★★★　　　　　　　　　　　　　　　　　　　　　CD-43

| 医療改革 | **1. Suggestions for improving hospital care**
（医療の向上のための提案） |

　医療費の増加、医師不足と**地域医療の崩壊**（**collapse of the community healthcare system**）、**患者のモラル低下**（**moral degeneration among patients**）など、日本の医療はさまざまな問題を抱えています。英エコノミスト誌は、2050年に日本人の平均年齢は50歳を超えると予測しており、過去10年間で20%以上増加した日本の**国民医療費**（**national medical expenses**）は、今後さらに増え続け、**医師不足**（**doctor shortage**）にも拍車がかかると考えられます。**社会保障費の財源確保**（**secure financial resources for social security**）は、日本のみならず世界の多くの国が直面している課題ですが、**医療と福祉の充実**（**development of medicine and welfare**）は、外交や安全保障など、他の重要政策にかける**国家予算を逼迫**（**put a strain on the government budget**）させることにもなります。わが国の医療を向上させるために、今必要なことは何でしょうか。

1. **インフォームドコンセントの実施を推進し**、患者がある程度治療における意思決定に参画できるようにする。	To promote **the practice of informed consent,** which empowers patients to be partially responsible for decision-making about the medical treatment they receive. (**Q1** 日本ではどの程度進んでいるのか？)
2. **医師不足を緩和する**ために、患者の通院を最小限に抑えさせることで、**政府の医療助成金の比率を減らす**。	To **decrease the ratio of government subsidies** for medical treatment to **encourage** patients to minimize their hospital visit to **alleviate doctor shortage**.
3. 医学部の入学定員を増員して、**医師不足の問題に対処する**。	To address the problem of doctor shortage by increasing the enrollment of medical schools. (**Q2** 医師不足はどのくらい深刻か？)

強いアーギュメントをするためのロジカル・シンキング力 UP！

1960年代にアメリカで起こったさまざまな人権運動の一つが、**医師のパターナリズム（doctors' paternalism）**に対する反対運動で、**患者本位の医療（patient-oriented medical care）**を標榜する**インフォームドコンセント（informed consent）**の概念はここから生まれたと考えられています。日本では1980年代からこの言葉が聞かれるようになり、1990年に**日本医師会（the Japan Medical Association）**がその必要性を指摘したことから、広く社会に知られるようになりました。現在、その概念自体は日本の**医療現場（medical institutions）**にほぼ知られています**Q1**が、情報の提供量や**カウンセリングの頻度についての統一基準（uniform standards for counseling）**はなく、さらに医師が一人の患者に説明の時間を割くと、**医師不足の問題が深刻化（serious doctor shortage）**するというジレンマも抱えているため、日本におけるインフォームドコンセントの実施は必ずしも十分ではありません。

> **Q2回答**：人口1000人あたりの医師数は、日本は2.2、アメリカは2.4、イギリスは2.7、ドイツは3.7で、他の先進国と比べても低い比率となっています（OECD Health Data 2010より）。日本の医師の約40%が月80時間の時間外労働をしており、大半の勤務医は夜間当直後に32時間連続勤務を行っています。昼夜を問わない過酷な勤務や訴訟のリスクの高さから、産科と小児科の慢性的な医師不足は特に深刻で、日本の医療制度の崩壊を招きかねない問題となっています。

Notes
- **インフォームドコンセント（informed consent）**：患者が医師から病気やその**治療方法（therapeutic methods）**などについて十分に情報を得た上で、**医療行為（medical practice）**に同意すること
- **医師のパターナリズム（doctor's paternalism）**：医師の権威主義的な態度
- **セカンドオピニオン（second opinion）**：より良い決断をするために、**かかりつけ医（primary care doctor）**以外の専門家の意見を参考にすること

「医療改革」問題を討論するための表現力 UP！

- 医療過誤訴訟　medical malpractice lawsuit
- 病気の感染を最小限に抑えるためのガイドライン　guidelines to minimize the transmission of disease
- 生活習慣病　life-style related diseases
- 血中コレステロールを下げる　lower **blood-cholesterol levels**
- 健康診断を受ける　have [undergo] a medical examination [checkup]
- インフルエンザの予防接種を受ける　get vaccinated for influenza

論争度★★★★　　　　　　　　　　　　　　　　　　　　CD-44

安楽死　　**2. Should mercy-killing be legalized?**
（安楽死は合法化すべきか？）

かつては不治とされた病気が治療可能になり、多くの患者が医学の進歩の恩恵に浴する一方で、**高度な延命医療（highly advanced life-prolonging treatment）**がかえって患者を苦しめることにもなり、20世紀以降、**末期患者（terminally-ill patient）**とその家族は、**緩和治療（palliative care）**や「**安楽死**」（euthanasia）を含めた**終末期医療（terminal care）**のあり方を考える必要に迫られるようになりました。**末期ガン（terminal cancer）**とは、一般的には余命6ヵ月程度で死に至る状態のことで、その頃には70％以上の患者に**継続的な強い痛み（continuous severe pain）**があり、同時に**極度の貧血（acute anemia）**や、**腫瘍からの大量出血（massive hemorrhage from tumor）**、嘔吐（**vomiting**）、下痢（**diarrhea**）、**呼吸困難（breathing difficulty）**などの症状があらわれます。**モルヒネ（morphine）**などの**鎮痛剤（analgesic drug）**で一時的に痛みを抑えることができますが、患者は絶え間ない激痛と**意識不明（unconsciousness）**の状態を交互に繰り返し、やがて死んでいきます Q1。**壮絶な苦しみ（excruciating pain）**に耐える患者に安楽死という選択肢はないのでしょうか。

YES（賛成側の主張）	
1. 末期患者は、耐え難い苦しみを終わらせることのできる尊厳死の権利がある。	**Moribund patients** have **the right to death with dignity**, which can **terminate their excruciating pain**. (**Q1** 末期ガンの苦しみはどのくらいか？)
2. 安楽死は**医療費を削減し、治療可能な病気**にその資金を回すことができる。	Euthanasia will reduce the **government healthcare costs,** thus allowing more money to **be allocated for** treatment of **curable diseases**. (**Q2** 終末期医療費の平均額は？)
3. 安楽死は、患者を介護する家族の**経済的、精神的、また肉体的負担をなくす**ことができる。	Mercy-killing can **eliminate the financial, mental, and physical burdens** on family members.
NO（反対側の主張）	
1. 安楽死は、「医師の使命は人命を助けること」という**医療倫理に反する**。	It **runs counter to the medical ethics** that a doctor's duty is to save patients' lives.
2. 安楽死は殺人に匹敵し、**医師に多大な精神的負担をかける**。	Euthanasia, which **is equivalent** to murder, **imposes a great mental burden on physicians**.
3. 人の命は**神聖で不可侵なもの**で、いかなる状況においても誰もそれを奪うことはできない。	Human life is so **sacred and invaluable** that nobody is allowed to terminate it under any circumstances.
4. ガンのような、**治療不可能な病気**への医療行為**の発展を妨げる**。	It can **discourage the development of** medical treatment for **incurable diseases** like cancer.

強いアーギュメントをするためのロジカル・シンキング力 UP！

　厚労省によると、日本人1人あたりの生涯医療費の平均は男性2300万円、女性2500万円で、そのうちの約半分は70歳以降に必要になります**Q2**。安楽死は医療費の抑制に貢献するという考え方ができる一方で、**安楽死に手を貸す行為（get involved in mercy-killing）**は**医師として倫理的に問題がある（ethically inexcusable as a doctor）**という主張、殺人と安楽死の境界（**line** between murder and euthanasia) が曖昧になることへの懸念、人間の生死は神の領域であるという宗教観などが安楽死に反対する主な理由で、大変複雑な問題です。

2001年にオランダで、国家レベルでは世界で初めて**「安楽死法」(the euthanasia law)** が可決されましたが、同国には、**ホームドクター制度 (family doctor system)** によって患者と医師に強い信頼関係があり、患者は安楽死について医師とよく相談することができる環境があります。また、異なる価値観に対して寛容で、**自己決定権を重要視する (emphasis on the right of self-determination)** 同国では、安楽死だけでなく、麻薬や売春、**同姓結婚 (same-sex marriage)** なども合法化されています。これらのことから、オランダには安楽死を受け入れる特有の**国民性 (national identity)** や、社会的土壌があることがわかります。オランダにおける安楽死の件数は年々増加しており、安楽死を選択する患者の大半が、ガンを患っています。

オランダに続いて2002年にベルギーで、2008年にはルクセンブルクで同様の法律が可決されました。アメリカでも安楽死に関する運動が積極的に行われており、オレゴン州とワシントン州では**安楽死の合法化 (legalization of euthanasia)** が実現しています。スイスでは**医師による自殺幇助 (physician-assisted suicide)** は禁じていますが、末期患者が病院外で第三者の**助けを得て自殺すること (assisted-suicide)** は容認しており、外国人も受け入れています。

「安楽死」問題を討論するための表現力 UP！

- □安楽死を合法[不法]とする　legalize [outlaw] euthanasia [mercy killing]
- □積極的安楽死　active euthanasia ⇔ 消極的安楽死　passive euthanasia
- □尊厳死　death with dignity　□延命治療　life-sustaining [prolonging] treatment (「延命装置」は life-support system)
- □生前遺言　living will (自分の尊厳死を守るため、自分への延命措置などを禁止するなど)
- □末期ガン患者　terminal cancer patient (「終末期医療」は terminal

[hospice] care)
- □安楽死させる provide **euthanasia [mercy killing]**（「致死量の注射をする」は **give a lethal injection**）
- □ガンの告知 **notification of cancer** [truth telling] ⇔ truth concealment
- □ガンの早期発見 **early detection of cancer**（「ガンの転移」は **metastasis [spread] of cancer**）
- □抗ガン剤を投与する administer **anticancer [antitumor] drugs**
- □激しい苦しみ **excruciating [agonizing] pain**
- □苦痛緩和医療 **palliative care**
- □苦痛を最小限にするケア **humane care**
- □グリーフケア **grief care**（身近な人の最期を看取った家族が悲しみから立ち直れるように支援すること）

論争度★★★★

CD-45

臓器移植

3. The pros and cons of organ transplant
（臓器移植の是非）

臓器移植医療（**organ transplant treatment**）が可能になったことで、私たちは死の定義について考えるようになりました。日本では、**心停止（cardiac arrest）**後の移植医療が20世紀半ばから行われてきましたが、**脳死後の臓器提供（organ donation after brain death）**は1997年10月16日に「**臓器移植法」（the Organ Transplant Law）**が施行されて可能となりました。さらに、2010年7月17日に施行された**改正臓器移植法（the revised Organ Transplant Law）**により、**本人の意思（will of the patient）**が不明な場合でも、**家族の同意（family's consent）**だけで臓器提供できるようになり、15歳以下の子供からも臓器提供を受けられるようになりました。この法改正以後、**脳死者（person diagnosed as brain dead）**からの**臓器提供数が増加（increase in organ donation）**しましたが、そのほぼすべてが家族の同意のみによる臓器提供です。日本の移植医療は今後どうなっていくのでしょうか。

PROS（賛成側の主張）	
1. 臓器移植がなければ失われる、臓器不全で苦しむ患者の命を救うことができる。	Organ transplants **can save the lives of patients suffering from organ failures** that would otherwise be lost. (**Q1**移植後何年生きられるのか？)
2. 臓器移植は患者の**正常な身体機能と体力を回復**させ、生活の質を向上させる。	Organ transplants allow patients to **recover their normal bodily functions and physical strength** thus **enhancing the quality of their lives**.
3. 臓器移植の推進は、**医学の進歩に大きく貢献する**。	The promotion of organ transplants will **contribute greatly toward advancement in medical science**.
CONS（反対側の主張）	
1. 臓器移植の法制化は、**人体を商品化した臓器売買を生み出す**。	The legalization of organ transplants will **encourage organ trafficking, thus commodifying human bodies**. (**Q2**臓器売買の現状は？)
2. **遺体を傷つけて、人間の尊厳を踏みにじる**ことは非倫理的だ。	Organ transplant will **trample on human dignity by damaging the dead bodies**.
3. 脳死を人の死と定義するかどうかについて、国民の**コンセンサス**が得られていない。	There is no **national consensus about whether brain death is defined as human death**.

強いアーギュメントをするためのロジカル・シンキング力 UP！

　日本における主要な臓器の移植数は、アメリカの移植数の100分の1程度で、他の先進諸国と比べても移植数の少なさは際立っています。**内閣府（cabinet office）**の調査によると、日本人の**臓器提供意思表示カード所持率（donor card ownership rate）**は10%にも満たないのが現状で、**移植臓器（organs for transplantation）**の数が圧倒的に不足しています。深刻な移植臓器の不足が原因で、アジアや中南米、アフリカなどの発展途上国を中心とした**臓器の闇市場（black market for organs）**の存在が次々と明らかになっています。人間の体には腎臓が2つあり、**腎臓の機能（kidney function）**は1つでも

十分に果たせるため、貧困などの理由で片方の腎臓を売る人が多く、その取引価格は数十万とも数百万とも言われています。今のところ臓器売買を合法化している国はなく、**違法な臓器売買（illegal organ trafficking）**が世界各地で問題になっています。**Q2**。

日本臓器移植ネットワーク（the Japan Organ Transplant Network）によると、国内での移植手術の平均待機期間は、**心臓移植（heart transplant）**は2年8ヵ月、**肝臓移植（liver transplant）**は約2年、**腎臓移植（kidney transplant）**は約14年にも及びますが、それでも**移植を受けることができる患者（patients who can undergo an organ transplant operation）**は幸運で、多くの患者が移植を受けられません。国内での心臓移植には、**心臓移植手術（heart transplantation）**と**心臓摘出（extraction of donor heart）**、脳死臓器提供管理に約170万円かかり、**臓器の搬送（transportation of donor organs）**費や医師団の交通費も必要です。アメリカで移植を受ける場合には、渡航費や滞在費などの諸費用も含めて約5000万〜1億4000万円という、さらに莫大な費用が必要です。

これまで日本は**臓器移植手術（organ transplant operations）**を海外に頼ってきましたが、近年世界では**渡航移植（Transplant tourism）**に対する規制の動きが強まっており、2008年、**国際移植学会（the Transplantation Society）**は、**移植臓器の自給自足（national self-sufficiency in organ donation）**、**自国民の移植医療（transplant services for people in the country）**の機会尊重を呼びかける**「イスタンブール宣言」（the Declaration of Istanbul）**を採択しました。実際、アメリカは外国人への**移植医療（medical transplantation）**の提供を全体の5%に制限しており、かつて日本人患者を受け入れていたイギリスやオーストラリアでも渡航移植を中止しています。

Q1 回答：臓器移植による5年後生存率は、心臓94.2%、腎臓89.6%、肝臓71.3%、肺66.1%（日本臓器移植ネットワーク）となっています。

「臓器移植」問題を討論するための表現力 UP！

- □臓器移植を受ける　have [receive] **an organ transplant**（「臓器移植をする」**give an organ transplant**）
- □臓器提供意思表示カードを携帯する　carry **a donor card**
- □臓器提供者　**organ donor** ⇔ 臓器被提供者　**organ recipient**
- □ドナーの意思を尊重する　**honor the wishes of the donor**
- □脳死を法律上の死と認める　**recognize brain death as legal death**
- □臓器移植の拒絶反応　organ transplantation rejection symptons
- □生存率を高める　increase **the survival rate**
- □臓器密売　**organ trafficking** ☞ 臓器の密売人　**organ trafficker**、臓器仲介業者　**organ broker**

ではここで、社会問題を英語で討論する際に、覚えておくと大変役立つ表現のレクチャーにまいりましょう。今回は、「**〜を上回る**」です。

社会問題を討論するためのテクニック⑧

「～を上回る」outweigh をマスター！

　outweigh は、社会問題の **pros & cons（賛否）**を討論する際によく使われる表現です。メリットとデメリットを列挙した後に、**I think the merits far outweigh the demerits.（メリットがデメリットよりはるかに大きいと思います）**のように使うことができます。もちろん、outweigh の理由を付け加えることは必須です。

☐ The advantages [benefits] **outweigh** the disadvantages [negatives].
（利点の方がマイナス点を上回る）
☐ Nonsmokers' rights to avoid smoke **outweighs** smokers' rights to smoke.（嫌煙権は喫煙権に勝る）

　また、**Individual privacy vs. the public's right to know（「個人のプライバシー」対「国民の知る権利」）**のどちらを尊重するべきかのような質問をさばく際にも、In the case of coverage of crime victims, individual privacy **outweighs** the public's right to know, but in the case of coverage of political corruption, the latter **outweighs** the former.（犯罪被害者の報道では、個人のプライバシーの方が、政治汚職の報道では、後者の方が勝ります）のように使えます。

論争度★★★★ CD-46

| メンタル ヘルス | 4. Causes of and countermeasures for mental illnesses （心の病気の原因と対応策） |

厚生労働省の調査によると、日本における**精神疾患の患者数（the number of mentally ill patients）** は300万人以上で、その数はガン、脳卒中**(stroke)**、**急性心筋梗塞（acute cardiac infarction）**、糖尿病**(diabetes)** の**4大疾病（the four major diseases）**の患者数を大きく上回ることから、2011年に同省は、4大疾病に新たに**精神疾患（mental disorders）**を加え、**5大疾病（the five major diseases）**とし、重点的に対策を講じる方針を決定しました。これほどまでに「心の病気」が社会に蔓延するようになった理由を考えてみましょう。

Causes（原因）	
1. 自然災害など**衝撃的で命を危険にさらす経験**が、深刻な精神的苦痛や情緒障害を引き起こす。	Traumatic, life-threatening experiences such as natural disasters often **cause tremendous mental suffering or emotional disorders**.
2. 長引く不況による**リストラや会社の倒産**は、サラリーマンのセルフイメージをひどく傷つける。	Business restructuring or bankruptcy under the prolonged recession has a devastating impact on business people's self-image.
3. 心の病気は、**就職や大学入試の失敗**による落ち込みによって起こる。	Mental illnesses are caused by depression due to **failures in job hunting and college admission**.
4. **子育てや介護への社会的支援の欠如**は、主婦にとって多大な負担となる。	Lack of social support for child-rearing and nursing care causes great trouble to housewives. (**Q1** どれほど深刻なのか？)
Countermeasures（対策）	
1. メンタルヘルスの専門家にかかり、問題を吐露したり治療方針を話し合ったりする。	Consult with **mental health professionals** about your suffering and discuss your therapeutic options with them. (**Q2** メンタルヘルス治療の最先端

	は？）
2. 家族や信頼できる友人に**悩みを打ち明け**、助言や助けを得る。	**Confide your worries** to your family members and trusted friends and get some advice and support from them.
3. ありのままの自分を受け入れて、気分が高揚するような活動に参加する。	**Accept yourself as you are,** and engage yourself in **activities that can elevate your spirit**.

> 強いアーギュメントをするためのロジカル・シンキング力UP！

　近年、**精神科（psychiatry）**や**心療内科（psychosomatic medicine）**で扱う「**心の病気**」（**mental illness**）が増加しています。その原因は、**不況による失業（loss of employment due to recession）**、**成果主義の職場環境（efficiency-oriented working environment）**、**人件費削減による人手不足（labor shortage due to reduction in labor costs）**、一人あたりの業務量の増加、IT機器の普及による**対人コミュニケーションの希薄化（decrease in interpersonal communication）**、少子化や核家族化などによる育児や介護のストレスなどで、それらは自殺の原因になることさえあります**Q1**。アメリカでも、成人の約10%が**うつ病（depression）**患者で、その3分の1は特に**重症（critically ill）**だと言われています。心の病気は**早期発見と早期治療（early detection and early treatment）**が大切で、**病気療養後の社会復帰（return to society after sick leave）**への環境整備も必要です。

Q2 回答：これまでうつ病の診断は**医師の問診（doctor's questions）**によって行われることが一般的でしたが、その判定は難しく、**誤診（misdiagnosis）**の懸念もありました。しかし、頭に近赤外線を当て、脳の働きを**血液量（blood volume）**の変化から調べる**光トポグラフィー検査（optical topography）**が、2009年に厚労省の先進医療に指定され、新たなうつ症状診断技術として注目を集めています。

「メンタルヘルス」問題を討論するための表現力 UP！

- ストレスを解消［発散］する　relieve [release] stress
- 自律神経失調症　autonomic imbalance　□不眠症　insomnia
- うつ病　depression（「躁うつ病」は manic depression）
- 偏頭痛　migraine　□抗うつ剤　antidepressant
- 精神科　psychiatrist
- 心因性の病気　psychosomatic disease　□自閉症　autism
- ADHD（注意欠陥多動障害＝ attention deficit hyperactivity disorder）
- PTSD（心的外傷後ストレス障害＝ post-traumatic stress disorder）
- 統合失調症　schizophrenia（「多重人格」は multiple [split] personality）

「医療」問題を発信するための背景知識力 UP①

効果的なストレス解消法とは！

　ストレスをため込むと、**偏頭痛（migraine）**やめまい**（dizziness）**、**胃潰瘍（gastric ulcer）**などの身体的症状や、**イライラ（irritability）**や**情緒不安定（emotional instability）**などの精神的症状が起こり、ひどい場合は、**引きこもり（stay-at-home）**や**過度の飲酒（excessive alcohol drinking）**などの行動になって現れます。

　そこで効果的な解消法の１つは、笑うことです。**笑いは幸福ホルモンとして知られるエンドルフィンの分泌を促し（laughing boosts the release of endorphins known as happiness hormone）**、不安や精神的苦痛を和らげると言われています。また、ガムを噛むことは、**イライラの解消（decreased irritability）**や**注意力の向上（increased alertness）**、**緊張緩和（reduced tension）**に役立つことが最近の研究からわかっています。**副交感神経を刺激する（stimulate parasympathetic nerves）**ことで体をリラックスさせたり、疲労を回復したりする入浴は、日本人好みのストレス解消法です。**米国心理学会（the American Psychological Association）**の調査によると、アメリカで最も一般的なストレス解消法は音楽鑑賞で、運動、家族や友人との交流が第２位、第３位と続きます。

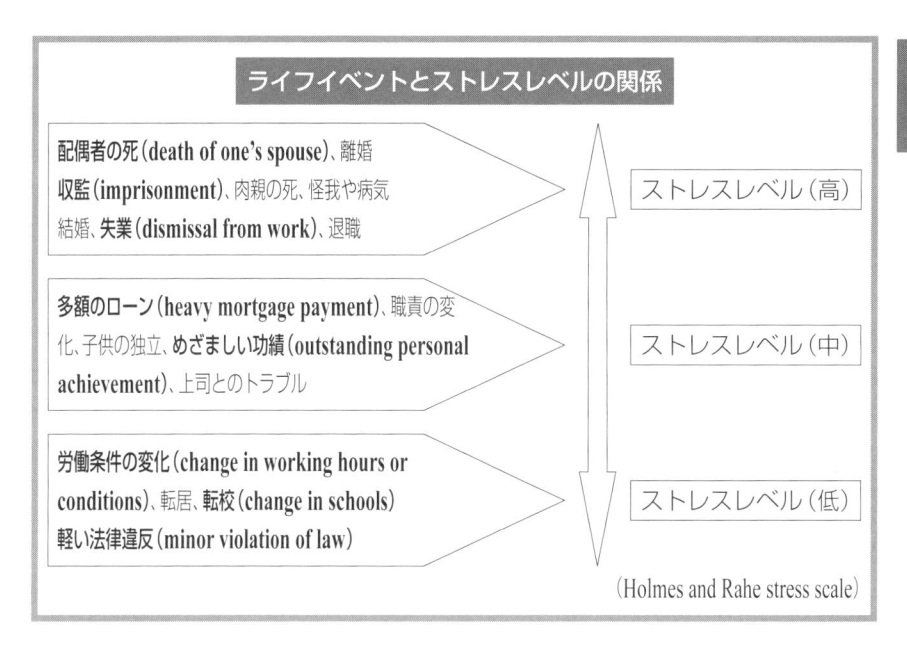

ライフイベントとストレスレベルの関係

配偶者の死(death of one's spouse)、離婚、収監(imprisonment)、肉親の死、怪我や病気、結婚、失業(dismissal from work)、退職 → ストレスレベル（高）

多額のローン(heavy mortgage payment)、職責の変化、子供の独立、めざましい功績(outstanding personal achievement)、上司とのトラブル → ストレスレベル（中）

労働条件の変化(change in working hours or conditions)、転居、転校(change in schools)、軽い法律違反(minor violation of law) → ストレスレベル（低）

(Holmes and Rahe stress scale)

論争度 ★★★★

(CD-47)

喫煙 5. The growing anti-smoking trend
（高まる禁煙の機運）

世界医師会（**the World Medical Association**）は「20世紀に煙草で**命を落としたのは1億人（responsible for 100 million deaths）**で、適切な対策が講じられなければ、21世紀にも10億人がたばこによって命を落とすだろう」と警告しています。今、世界各国が**喫煙防止対策（anti-smoking measures）**を講じ、**たばこの広告や販売促進の禁止（ban on advertisements and sales promotion of tobacco）**に取り組んでいます。それでは、禁煙の機運がこれほどまでに高まっている理由を考えてみましょう。

1. たばこに含まれる化学物質は、喫煙者と非喫煙者の双方の健康に害があることが科学的に証明されている。	Scientific evidence demonstrates that **harmful substances contained in cigarettes endanger the health of non-smokers as well as smokers**. (**Q1** 副流煙とは？)

2. 公共の場での喫煙を規制し、非喫煙者が健康に有害な副流煙から保護されるのは当然の権利だ。	Nonsmokers should be protected from the harm of sidestream smoke through smoking regulations in all public places.
3. 喫煙関連の病気が国の医療費を増大させ、国の医療保険制度の安定を脅かしている。	Smoking-related diseases increase the government medical expenditure, thus threatening the national health insurance system.（**Q2** どんな病気のリスクがあるのか？）

強いアーギュメントをするためのロジカル・シンキング力 UP！

　喫煙は**心筋梗塞（myocardial infarction）**や**脳卒中（stroke）**、**肺炎（pneumonia）**などのリスクを高め、ガンの原因の2～3割 **Q2** だと言われ、人類にとって最大の脅威の一つとなっています。しかも、喫煙者が吸い込む**主流煙（mainstream smoke）**より、**副流煙（sidestream smoke）**の方が、**発ガン物質（carcinogen）**や、**タール（tar）**、**ニコチン（nicotine）**、**一酸化炭素（carbon monoxide）**などの**有害物質（harmful substances）**を多く含む **Q1** ので、健康への害は**受動喫煙者（secondhand smokers）**の方が大きいと言われています。また、たばこには、①**寝たばこ（smoking in bed）**や**吸殻のポイ捨て（littering of cigarette butts）**など、**火災原因（fire hazard）**となり、②大量の薪を必要とする**たばこの栽培（tobacco cultivation）**は森林破壊をもたらすことなどの社会的悪影響があります。

　そこで、**健康増進法（the Health Promotion Law）**は、多くの人が利用する施設に、**受動喫煙の防止措置（preventive measures for passive smoking）**を講ずる義務を規定しています。さらに2006年からは、禁煙を希望する喫煙者への支援として、一定の条件下で**禁煙治療（smoking cessation treatment）**に医療保険が適用されるようになりました。しかし、2兆円を超えるたばこ税収は**国や地方の貴重な収入源（major source of government revenue）**であり、**たばこ産業（the tobacco industry）**は、製造・広告・輸送・販売など多くの雇用を創出するというメリットもあるので、完全な禁煙は難しいと言われています。経済的見地から、メリット、デメリットを天秤にかけると次のようになります。ちなみに、時代に逆行していますが、

喫煙賛成派（pro-smoking）の意見としては、①税収が増える（increase in tax revenue）、②リラックス効果 (relaxation effect) がある、③創造的思考（creative thinking）を助ける、などが挙げられます。

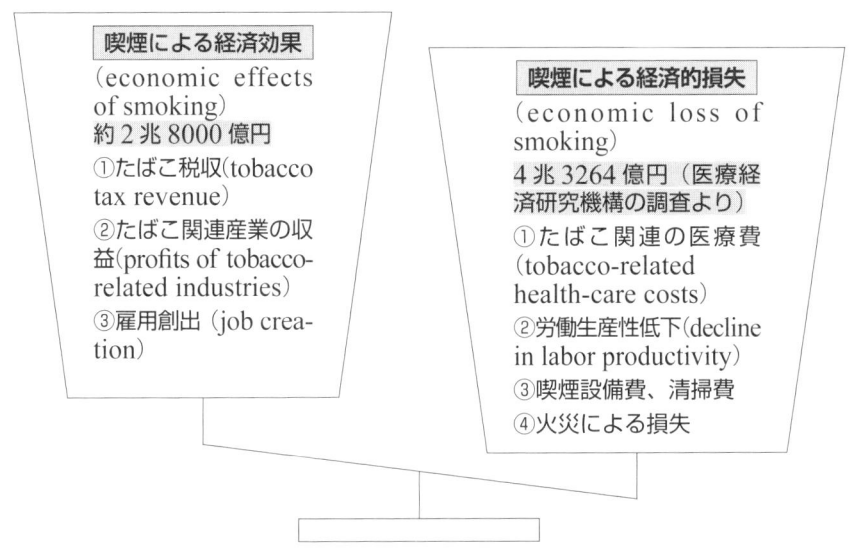

喫煙による経済効果
（economic effects of smoking）
約2兆8000億円
①たばこ税収(tobacco tax revenue)
②たばこ関連産業の収益(profits of tobacco-related industries)
③雇用創出（job creation）

喫煙による経済的損失
（economic loss of smoking）
4兆3264億円（医療経済研究機構の調査より）
①たばこ関連の医療費（tobacco-related health-care costs）
②労働生産性低下(decline in labor productivity)
③喫煙設備費、清掃費
④火災による損失

◎喫煙の経済的メリット VS. 喫煙の経済的デメリット

　先進諸国と比較して、日本のたばこの値段が安いことが問題視されています。**世界保健機関（the World Health Organization）の調査によると、たばこの値段が1割上がると、喫煙率が高所得国で約4%、中低所得国で最大8%下がる（tobacco price increase by 10% decreases tobacco consumption by about 4% in high-income countries and by up to 8% in low- and middle-income countries）**ため、同機関はたばこの価格を引き上げるよう各国に求めています。

「喫煙」問題を討論するための表現力 UP！

- □喫煙のかっこよさを伝えるたばこ広告　cigarette advertisements that project a cool image of smoking
- □受動喫煙　passive [secondhand] smoking
- □副流煙　secondhand [sidestream] smoke
  - ⇔ 主流煙　mainstream smoke
- □発ガン物質　carcinogen　□禁煙ガム　antismoking gum
- □分煙　separation of smoking and non-smoking areas
- □健康の害　health hazard（「火の元」は fire hazard、「環境の害」は environmental hazard）
- □公共の場での喫煙禁止　ban on smoking in public places
- □所定の喫煙場所　designated area for smoking
- □路上喫煙　smoking in the street
- □未成年者の喫煙　underage smoking

社会問題を討論するためのテクニック⑨

「AとBに二極化する〜」
polarize between A and B をマスター！

「二極化」という表現は、社会問題を討論する際に頻出で、以下のような表現を覚えておくと大変便利です。

□ **polarize between haves and have-nots [rich and poor]**（持てる者と持たざる者［富める者と富まざる者］に二極化する）

□ **There is a polarization of [between] A and B [rich and poor / haves and have-nots].**（AとB［富める者と貧しい者］に二極化している）

□ Genetic engineering, which is unaffordable to needy countries, will exacerbate the **polarization of rich and poor**.（遺伝子操作は、途上国には手が届かず、**貧富の二極化**を助長する）

□ **There is a polarization between** entrepreneurs **and** environmentalists.（企業家と環境保護論者**に二極化する**）

□ **A is polarized into either B or C.**（AはBとCに二極分化される）

論争度★★★ CD-48

| 代替医療 | 6. The pros and cons of alternative medicine
（代替医療の是非） |

代替医療は、**鍼灸**（acupuncture and moxibustion）、**気功**（Qigong）、**食事療法**（alimentary therapy）、**心理療法**（psychotherapy）、若い女性に人気の**アロマセラピー**（aroma therapy）、**ヨガ**（Yoga）、健康食品など、現代西洋医学・病院がカバーしない医学・医療のことで、**代替補完医学**(alternative and complementary medicine) や**補完医学**（complementary medicine）とも呼ばれ、近年世界中で注目を集めています。現代西洋医学なくして**重病**（critical illnesses）や**重傷**（serious injuries）の治療はありえませんが、それを補完するものとして何らかの代替医療を利用する人が増えています。それでは、代替医療が果たす役割と問題点を考えてみましょう。

PROS（賛成側の主張）	
1. **自然由来の物質**は、医師の処方薬に比べて、**副作用をかなり抑えられる**。	The use of natural substances causes far fewer side effects than the use of western medicine prescribed by physicians. (**Q1** 副作用はどれくらい少ないのか？)
2. **心身の総合治療**が特徴の代替医療は、人間の自然治癒力を高め、**ストレスや疲労などの心因性の病気によく効く**。	Alternative medicine characterized by **holistic treatment, responds effectively to psychosomatic diseases** by enhancing humans' natural healing power.
3. 代替医療は**予防医療**で、長期的には、国の医療費負担を少なくする。	Alternative medicine is **preventive medicine,** which can decrease governments' health care costs in the long run. (**Q2** どれほど医療費を削減するのか？)
CONS（反対側の主張）	
1. 一般的に、今日の代替医療の効果や安全性について、**まだ科学的に証明されていない**。	In general, the efficacy and safety of alternative medicine **has not been scientifically proven**.
2. 代替医療に携わる施術者たちは、法的責任、および社会的責任がないので、**一般的に提供す**	In general, alternative medical practitioners **provide lower-quality medical treatment** because of fewer

る医療の質は低い。	legal and social responsibilities.
3. 代替医療では、命にかかわる病気や怪我の治療ができない。	Alternative medicine **cannot provide specific cures for life-threatening illnesses and injuries**.
4. ほとんどの代替医療は、**医療保険でまかなえないので**、不経済である。	In general, alternative medicine is more expensive because it is **not covered by national health insurance**.

強いアーギュメントをするためのロジカル・シンキング力 UP！

厚労省の調査によると、**糖尿病（diabetes）**や**高血圧性疾患（high blood pressure disease）**などの**生活習慣病（life-style related diseases）**は、死亡原因の約60%を占め、必要な医療費は10兆円超にも上りますが、生活習慣を改善することで、それらの病気の**発症率（incidence）**を大幅に減少させることができる Q2 ので、**体質改善（improving one's physical condition）**や**自然治癒力（natural healing power）**を高める代替医療は、**予防医療（preventive medicine）**の分野で注目を集めています。

アメリカには日本のような**医療保険制度（medical insurance system）**がなく、医療費が非常に高いため、国民の約40%以上が比較的安価な代替医療を利用しており、今後ますますアメリカ社会に浸透していくものと思われます。米国の国立補完代替医療センター（the National Center for Complementary and Alternative Medicine）などは、積極的に代替医療に関する調査や研究を行っており、**指圧（acupressure）**や**カイロプラクティック（Chiropractic）**など、政府機関や保険会社が**有効性・安全性（efficacy and safety）**を認めた医療は**健康保険の適用（application of health insurance）**が受けられます。日本では2010年に、厚生労働省が、**近代西洋医学（modern western medicine）**と補完代替医療を組み合わせた**統合医療（integrative medicine）**に関して、積極的な推進を検討するプロジェクトチームを発足させました。

代替医療の効用と副作用に関しては、例えば**花粉症（hay fever）**の治療に用いるスチームや甜茶やヨーグルトは、**副作用（side effects）**がないが**明確な治療効果（clear medical effects）**も確認できないと指摘されています。また、「天然」や「自然」をうたい、**無害であるかのように宣伝されている健康食品（health foods advertised as harmless）**ですが、自然界にも有害

なものはあり Q1、ヨーロッパでは、病気の症状を引き起こす物質を微量だけ体内に入れて、逆に症状を改善するという**ホメオパシー（homeopathy）**が人気ですが、科学的根拠がなく、**プラシーボ効果（placebo effects）**以上の効果はないという意見もあるので、情報をよく吟味する必要があります。

日本のガンの医療現場における補完代替医療の実態

①日本のガン患者の補完代替医療の利用状況

利用している	利用していない
44.6%	55.4%

②補完代替医療の効果について実感できるか。

効果あり	効果なし	わからない
22.0%	6.0%	70%

（厚生労働省がん研究助成金「我が国におけるがんの代替医療に関する研究」班の調査より）

「代替医療」問題を討論するための表現力 UP！

- □予防医学　preventive medicine
- □自然治癒力を高める enhance natural healing power
- □慢性的な痛みを抑える　relieve chronic pain
- □栄養補助食品　food supplements
- □催眠術治療　hypnotic therapy
- □針灸　acupuncture and moxibustion
- □特定保健用食品　food for specified health uses 国の基準で、特定の保健の効果を表示している食品のこと。

論争度★★★　　　　　　　　　　　　　　　　　　　　CD-49

菜食主義　7. The pros and cons of vegetarianism
（菜食主義の是非）

ベジタリアンの定義は、卵や乳製品は許容するゆるやかな**ベジタリアン**

（vegetarian）から、一切の動物性食品を避けたり、革製品など動物を材料とする製品の使用も認めない**厳格なベジタリアン（vegan）**までさまざまです。**菜食主義になる主な動機（primary motivations for vegetarianism）**は、**健康保持、信仰、動物愛護、そして環境保護（health maintenance, faith, animal protection and environmental conservation）**で、欧米はじめ諸外国で、既に**食事習慣（dietary habits）**の一種として浸透していますが、日本における**ベジタリアニズムの認知度（recognition of vegetarianism）**は、まだ低いようです。それでは、菜食主義の賛成・反対双方の意見を見てみましょう。

PROS（賛成側の主張）	
1. ベジタリアンは、非ベジタリアンに比べて、**ガンの死亡率が極めて低い**。	**Cancer mortality rates** of vegetarians are **significantly lower** than those of non-vegetarians. （Q1 どのくらい低いのか？）
2. 低脂肪の菜食は**減量につながり、ひいては肥満に起因する病気の発生率を下げる**。	Low fat vegetarian diets will **lead to weight loss,** thus **lowering the incidence of obesity-related diseases**.
3. 有り余るほどの非動物性の食物源があるのに、**消費のために家畜を屠殺するのは残酷で不道徳**だ。	It is **cruel and immoral to slaughter animals for consumption** despite the availability of abundant non-animal food sources.
CONS（反対側の主張）	
1. **人体に不可欠な9種類の必須アミノ酸を欠く菜食は、疲労や病気を招きがちである**。	Vegetarian diets, **lacking the nine essential amino acids indispensable for human health,** make vegetarians **more prone to fatigue and illness**.
2. **菜食は貧血予防や正常な神経系の維持に必須のビタミンB12を含まない**。	Plant foods **lack Vitamin B12,** which is essential for the **prevention of anemia and the maintenance of the healthy nervous system**.
3. **菜食は、脳や骨の発達のために栄養面で特別な配慮が必要な子供の心身の発育を妨げる**。	Vegetarianism **hampers the physical and mental development of** children, who **need special nutritional care** for the brain and bone development.

249

強いアーギュメントをするためのロジカル・シンキング力 UP！

　菜食主義は**ガン発症リスク（risk of developing cancer）**を約 10%低下させ**Q1**、**メタボリック症候群（metabolic syndrome）**の予防に役立つと言われています。**肉類の過剰摂取（excessive meat consumption）**による**カロリーやコレステロール過多（excess calorie and cholesterol）**は、**生活習慣病（life-style related diseases）**の危険性を高めます。しかし、ビタミン B_{12} が不足する極端な菜食主義は**心疾患や脳梗塞のリスクを高め（increase the risk of cardiac disease and cerebral infarction）、脳や脊髄の発育に悪影響を与える（stunt the growth of brain and spinal cord）**と言われています。そこで、菜食では摂取できない**栄養素（nutrients）**を、厳格なベジタリアンはサプリメントで補う必要があります。

　ところで、**腹囲（abdominal circumference）**が男性で 85cm 以上、女性で 90cm 以上あり、さらに**脂質異常症（dyslipidemia）、高血糖（high blood sugar）、高血圧（high blood pressure）**のうち、2 つ以上に該当すると、**メタボリック症候群（metabolic syndrome）**通称「メタボ」と診断されます。放置すると、将来糖尿病や脳卒中、**心臓病（heart disease）**などを発症する可能性が高まります。

「食事」と「健康」問題を討論するための表現力 UP！

- **食習慣**　eating habits　□**厳格な菜食主義者**　vegan
- **バランスの取れた食事**　well-balanced diet（「栄養価の高い低カロリーの食べ物」は nutritious, low-calorie food、「長寿食」は macrobiotic food）
- **健康おたく**　health fanatic [fitness freak]
- **栄養過多**　excessive nutritional intake [overnutrition] ⇔ **栄養失調**　malnutrition
- **体脂肪率**　body fat percentage（「内臓脂肪」は visceral fat、「骨格筋」は skeletal muscle、「メタボリックシンドローム」は the metabolic syndrome）
- **肥満が原因で起こる病気**　diseases caused by obesity

- □摂食障害　eating disorders（「拒食症」anorexia nervosa や「過食症」bulimia のこと。「食欲不振」なら appetite loss）
- □養生法　regimen

論争度★★★　　　　　　　　　　　　　　　　　　　　　CD-50

| ダイエット | 8. Causes and effects of women's obsession with dieting（女性の極端なやせ願望の原因と結果） |

この20年で、BMI18.5以下の低体重に分類される女性が2倍に増えているにもかかわらず、約7割の女性が**やせ願望（desire to be thin）**を持っており、ダイエットが空前のブームになっています。女性のやせ願望はどこから来るのでしょうか？　美しい体型の基準はあるのでしょうか？

1.【原因】細い体が**外見的に美しい**という**社会通念**が、若い女性を極端なダイエットに駆り立てる。	**The popular notion** that thin bodies are **aesthetically pleasing** drives young women into extreme dieting.（**Q1** 美しい体の基準は？）
2.【原因】自分の体型への不満や自尊心の低さから、特に10代の少女の異常なやせ願望が生じる。	**Dissatisfaction with their body and low self-esteem** can generate **a morbid desire for slim figures** especially among teenage girls.
3.【結果】極端なダイエットは、**摂食障害やホルモンバランスの乱れ**などの健康問題を引き起こし、死を招くこともある。	Excessive dieting can lead to health problems such as **eating disorders and hormone imbalance,** and even to death.

強いアーギュメントをするための背景知識力UP！

2006年にブラジル人ファッションモデルが**拒食症で死亡（die from anorexia）**して以来、**やせすぎモデルの是非（the pros and cons of overly-thin models）**が問われるようになりました。以来、ファッション界をリードする欧米諸国は、「細い＝美しい」というイメージ（**the image that a slim body is beautiful**）の悪影響を懸念して、さまざまな対策を講じる

ようになりました。現在、スペインとイタリアでは、**BMI 値 18 以下のモデル（models with a body mass index of 18 or lower）**のファッションショーへの出演を規制しており、オーストラリアにも同様の動きがあります。

日本における肥満度の指標　BMI ＝ 体重 ÷（身長 × 身長）

BMI 値 18.5 未満	低体重	骨量の低下、貧血、月経異常の危険性
BMI 値 18.5 以上〜 22 未満	普通体重	BMI 値 22 はもっとも疾病が少ない
BMI 値 25 以上	肥満	数値が高いほど高血圧や糖尿病の危険性

Q1 回答：一般的に、多くの女性は BMI20 程度のやせ型体型を理想とし、健康を維持するための健康体重 (BMI 21 〜 22) を太めと考えるようです。ファッションショーのモデルはさらにスリムな BMI18 〜 19、あるいはそれ以下で、健康に支障をきたしかねないレベルですが、彼女らの容姿は、常に世の女性の羨望と注目を集めています。

「極端なダイエット」問題を討論するための表現力 UP！

- 摂食障害に陥る　fall into eating disorders ☞ 摂食障害の兆候　signs of eating disorders
- 過食症　anorexia（「過食」は overeating、「食欲不振」は appetite loss）
- 思春期の女の子の身体イメージ　body image of adolescent girls
- やせていることに価値を置く美意識　aesthetic sensibility that values thinness
- ダイエットをする　go on a diet（「やせこける」は get too skinny）

「医療」問題を発信するための背景知識力 UP②

ストレスは本当に悪なのか!?

過労や不安、人間関係のトラブルなどの悪いストレス（destress）は心身を蝕みますが、夢や目標、ライバルの存在など、自分を奮い立たせるような良いストレス（eustress）は、豊かな人生を送るのに不可欠です。心理学者ヤーキーズ・ドットソンは実験によって、**適度なストレス（moderate stress）** がある方が、**低ストレス（low stress）** の場合より、**記憶や知覚（retention and perception）** などのパフォーマンスが高いことを示しています。スポーツ選手が「**プレッシャーを力に変える**」（**thrive on pressure**）と言うのをよく耳にしますが、この場合もプレッシャー、つまりストレスが、**選手のパフォーマンス向上に一役買っている（stress plays a part in improving athletes' performance）** わけです。

stress は英英辞典の定義では、**continuous feelings of worry（絶え間ない不安）** という意味です。英検1級の2次試験でも、この feelings of worry がなくなるまで、①トピックのレパートリーを増やし、②繰り返し練習し、③1次免除を使わず、1次から毎回受けて、2次に臨み、④ **positive image training** によりストレスレベルを下げ、⑤直前には開き直り、ディスカッションをエンジョイしようという気持ちで、stress level を50%（medium）まで下げましょう。そうすれば、きっと2次試験でも良い結果が出るでしょう！

皆さん、いかがでしたか？　では、ここで **Borderless English 言い換えトレーニング**にトライしていただきましょう。平易な構文や語彙を使い、世界のノンネイティブが理解しやすい Borderless English で表現してみましょう。

3. Borderless English で言うとこうなる！〜医療編〜

1. Organ transplants allow patients to **recover their normal bodily functions and physical strength,** thus **enhancing the quality of their lives**. (臓器移植は患者の**正常な身体機能と体力を回復**させ、生活の質を向上させる)

Borderless English Organ transplants can **make patients healthy and strong enough to enjoy a better quality of life**.

解説 recover their normal bodily functions and physical strength (患者の正常な身体機能と体力を回復させる) は make patients healthy and strong enough to 〜と、enhancing the quality of their lives (生活の質を向上させる) は enjoy a better quality of life と言い換えることができます。

2. The legalization of organ transplants will **encourage organ trafficking, thus commodifying human bodies**. (臓器移植の法制化は、**人体を商品化した臓器売買を生み出す**)

Borderless English If the government makes organ transplant legal, more people will **sell and buy organs** as a mere commodity.

解説 organ trafficking (臓器の売買) は sell and buy organs と易しくパラフレーズしています。

3. **Traumatic, life-threatening experiences** such as natural disasters often **cause tremendous mental suffering or emotional disorders**. (自然災害など**衝撃的で命を危険にさらす経験**が、深刻な精神的苦痛や情緒障害を引き起こす)

Borderless English When people have **very shocking and dangerous experiences** such as natural disasters, they **suffer from serious mental illnesses or emotional problems**.

解説 Traumatic, life-threatening experiences (衝撃的で命を危険にさらす経験) を very shocking and dangerous experiences に、cause tremendous mental suffering or emotional disorders (深刻な精神的苦痛や情緒障害を引き起こす) を、suffer from serious mental illnesses or emotional problems に言い換えて易しくしています。

4. **Lack of social support for child-rearing and nursing care causes great trouble to** housewives.（子育てや介護への社会的支援の欠如は、主婦にとって大きな苦悩を引き起こす）

> **Borderless English** Without social support, housewives will suffer greatly from the heavy responsibilities of **bringing up their children and taking care of their elderly** parents.
>
> **解説** child-rearing and nursing care（子育てや介護）は bringing up their children and taking care of their elderly と、cause great trouble to ～（～にとって大きな苦悩を引き起こす）は suffer greatly from the heavy responsibilities と言い換えることができます。

5. Alternative medicine characterized by **holistic treatment, responds effectively to psychosomatic diseases** by enhancing humans' natural healing power.（心身の総合治療が特徴の代替医療は、人間の自然治癒力を高め、ストレスや疲労などの心因性の病気によく効く）

> **Borderless English** Alternative medicine, which **treats the whole person,** can **cure illness caused by mental problems** by **improving** humans' natural healing power.
>
> **解説** holistic treatment（心身の総合治療）は treats the whole person と、responds effectively to psychosomatic diseases（心因性の病気によく効く）は cure illness caused by mental problems と言い換えて易しくしています。

6. **Dissatisfaction with their body and low self-esteem** can generate **a morbid desire for slim figures**, especially among teenage girls.（自分の体型への不満や自尊心の低さから、特に10代の少女の**異常なやせ願望**が生じる）

> **Borderless English** When teenage girl are not happy about their bodies and have **no confidence in themselves,** they may have an **unhealthy desire to become slim**.
>
> **解説** low self-esteem（自己肯定感の低さ）を **no confidence in themselves** に、**a morbid desire for slim figures**（異常なやせ願望）を **unhealthy desire to become slim** に言い換えると簡単になります。

　皆さん、いかがでしたか？　では、「医療」のその他の重要例文にまいりましょう。

4.「医療」問題を討論するためのその他の重要例文集

論争度★★★

9. The value of health food（健康食品の価値）

1. 健康食品は、**代謝の促進や免疫力の向上**に役立ち、**生活習慣病の予防や改善**に役立つ。	Health **food enhances metabolism and immune system**, thus **preventing life-related diseases**.
2. 健康食品は、現代の食生活で不足しがちな**栄養素を補って、不健康なライフスタイルを改善**する。	Health food **compensates for unhealthy eating habits by providing nutrients which are scarce** in the modern diet.
3. 健康食品は、**依存性が低く、容易に入手できる**ので、効果的に、自分で健康管理ができる。	Health food, which is **readily available but not addictive,** allows people to maintain their health effectively.

論争度★★

10. Should doctors tell the truth to cancer patients?
（医師によるガン告知は必要か？）

YES（賛成側の主張）

1. 患者は、**人生の残された時間を最大限に生かすための貴重な機会**を得られる。	It will give them **an invaluable chance to make the most of their remaining period of their lives**.
2. **受けられる治療の選択肢についての決定権は、ガン患者本人**にある。	It **gives cancer patients the right to make a decision** about treatment options available.

NO(反対側の主張)

1. 末期患者にとって、**死の予期と死のプロセス**は、実際の死よりも**苦しく、恐ろしい**。	**Anticipation and the process of death is more agonizing** for terminally-ill patients than death itself.

| 2. ガン患者は**希望を失い**、さらに**寿命を縮める**ことになる。 | It will bring a **feeling of hopelessness** to cancer patients, thus **shortening their lifespan**. |

論争度★★

11. The harm of obesity（肥満の害）

1. 肥満は高血圧や糖尿病などの**慢性病のもと**で、**早死**することがある。	Obesity, which generally **causes chronic diseases** such as hypertension and diabetes, can **lead to premature death**.
2. 肥満の女性は**ホルモンバランスが乱れやすく、不妊の原因**となりうる。	Overweight women are **more likely to suffer from hormone imbalance which can cause infertility**.
3. 肥満になる時期が早く、その期間が長いと、健康リスクが高まるので、小児肥満は一層深刻である。	Childhood obesity is more serious because **early-age onset and longer duration of obesity increase the health risk**.

論争度★★★

12. Why are we too dependent on doctors and medicines?（なぜ過剰医療が起こるのか？）

1. 西洋医学の、**即時的な治癒力**に対する**過剰な期待**があるため。	It is caused by **the excessive expectation of immediate curative power** of western medicine.
2. 処方薬が生み出す莫大な利益は、過剰医療の強い動機になるため。	**Huge profits generated by prescription** drugs provide a powerful incentive to overmedication.
3. 日本には、**医者崇拝の慣習**が広くはびこっており、**患者の自立性が欠如**しているため。	It is caused by **the widespread practice of doctor worship** in Japan and **lack of patient autonomy**.

5.「医療」問題を発信するための必須表現クイズにチャレンジ

本章で取り上げた表現の中から厳選した20の表現を英語で説明してみましょう。

1	摂食障害	11	延命治療
2	うつ病	12	栄養失調
3	積極的安楽死	13	終末期医療
4	寿命	14	肥満
5	抗ガン剤	15	たばこの副流煙
6	臓器売買の闇市場	16	医療過誤
7	生前遺言	17	ガンの転移
8	針灸	18	自律神経失調症
9	体脂肪率	19	不眠症
10	心因性の病気	20	生活習慣病

解答例 即答できるまで繰り返し音読して覚えましょう！

1	eating disorders（「拒食症」は anorexia nervosa）	11	life-sustaining treatment（「延命装置」は life-support system）
2	depression（「躁うつ病」は manic depression）	12	malnutrition（「栄養過多」は excessive nutritional intake）
3	active euthanasia（「尊厳死」は death with dignity）	13	terminal [end-of-life] care ☞ 末期患者 terminally-ill patients
4	lifespan [life expectancy]	14	obesity
5	antitumor drugs（「薬を処方する」は prescribe medication）	15	secondhand (sidestream) smoke ☞ たばこの主流煙 mainstream smoke
6	black organ markets（「臓器密売人」は organ traffickers）	16	medical malpractice
7	living will	17	metastasis [spread] of cancer
8	acupuncture and moxibustion	18	autonomic imbalance
9	body fat percentage	19	insomnia ☞ 睡眠薬 sleeping pill
10	psychosomatic disease	20	life-style related diseases

6.「医療」問題を討論するための最重要サイト TOP10

- **World Health Organization [WHO]**（世界保健機関） http://www.who.int/en/　病気撲滅の研究など、医療と健康に関する国際基準や、世界の現状がわかる。
- **American Psychological Association**（米国心理学会） http://www.apa.org/　代表的な心の病気について、症状や対応策などの情報を掲載。
- **Organization for Economic Co-Operation and Development [OECD]**（経済協力開発機構） http://www.oecd.org/
  喫煙率や肥満率、病床数、死亡原因など、各国比較データが Get でき、将来の社会変化や経済動向を予測することができる。
- **National Institute of Health**（米国国立衛生研究所） http://www.nih.gov/　米国最古の医学研究拠点機関のサイト。医療に関する最新の研究成果や、健康の保持増進のための最新情報を Get できる！
- **厚生労働省**　http://www.mhlw.go.jp/
  喫煙やメンタルヘルス、5 大疾病への国の取り組みなど、日本国内の健康や医療に関する国政や法令の情報、各種統計資料などを掲載。
- **Centers for Disease Control and Prevention**（米国疾病予防管理センター） http://www.cdc.gov/
  病気の予防や健康増進に関する信頼性の高い情報を幅広く入手できる。
- **National Center for Complementary and Alternative Medicine**（国立補完代替医療センター） http://nccam.nih.gov/
  多種多様な代替医療に関する臨床研究情報がここに！
- **World Medical Association**（世界医師会） http://www.wma.net/en/10home/index.html
  医療倫理に関する情報や世界の医療関連ニュースは要チェック！
- **(社)日本臓器移植ネットワーク**　http://www.jotnw.or.jp/
  臓器移植に関する法令や手続きはこのサイトでチェック！ 臓器移植を推進する側の考え方が学べる。
- **国立健康栄養研究所**　http://www0.nih.go.jp/eiken/
  日本人の栄養と健康に関する情報のデータベースが充実！

第7章

「結婚・家庭」問題を英語で討論するための技術と表現力UP

Marriage & Families

1.「結婚・家庭」問題の最重要トピックはこれだ！

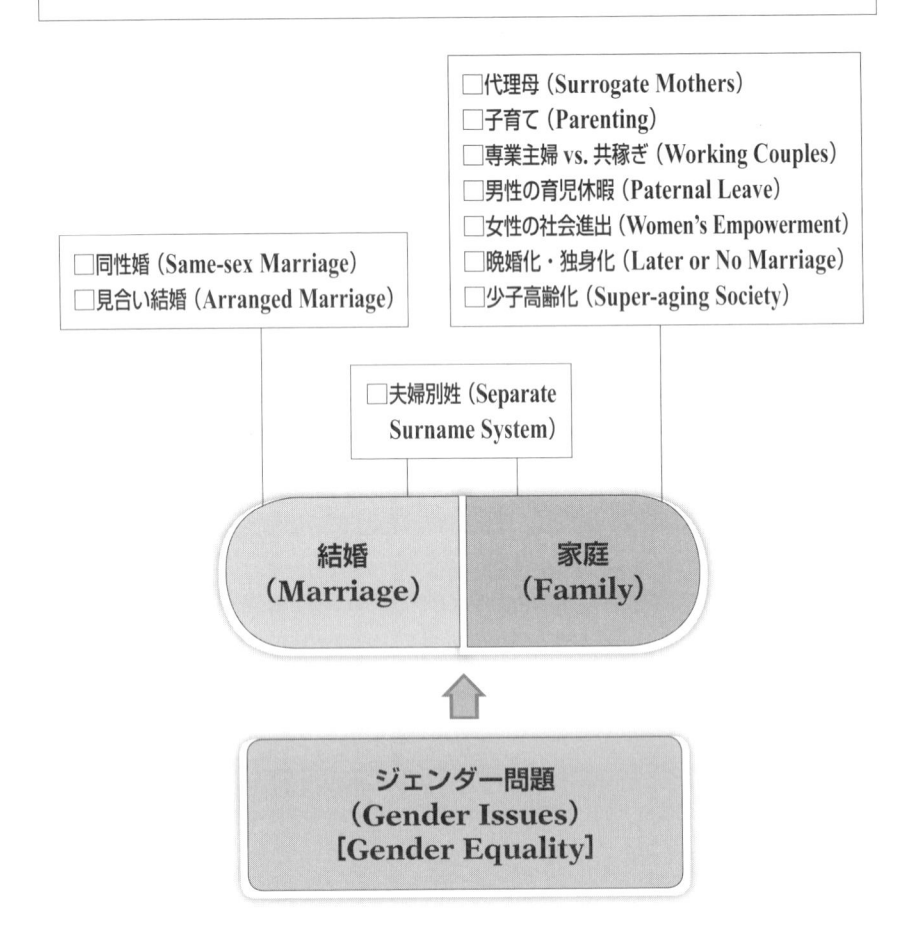

- □代理母 (Surrogate Mothers)
- □子育て (Parenting)
- □専業主婦 vs. 共稼ぎ (Working Couples)
- □男性の育児休暇 (Paternal Leave)
- □女性の社会進出 (Women's Empowerment)
- □晩婚化・独身化 (Later or No Marriage)
- □少子高齢化 (Super-aging Society)

- □同性婚 (Same-sex Marriage)
- □見合い結婚 (Arranged Marriage)

- □夫婦別姓 (Separate Surname System)

結婚 (Marriage) | **家庭 (Family)**

↑

ジェンダー問題 (Gender Issues) [Gender Equality]

　結婚・家庭問題を討論する際の基盤をなすのが、**「ジェンダー問題」**で、ここから「結婚」、「家庭」それぞれの重要トピックである「同性婚」、「女性の社会進出」、「少子高齢化」などへと発展していきます。この流れを意識しながら、アーギュメントを見ていきましょう。

結婚・家庭分野の重要トピックである**多様な結婚・家庭形態、子育て法、女性の社会進出、少子高齢化社会の問題点**はどれも私たちのライフスタイルや人生観と深くかかわり、国内外を問わず広く議論されています。

　「結婚」関連で最重要は、**同性婚（same-sex marriage）**の是非で、米国をはじめ世界的に論争を巻き起こしている注目トピックです。次に**恋愛結婚と見合い結婚（love and arranged marriage）**の是非、そして、日本ではなじみのないトピックですが、**一夫多妻（polygamy）**についても世界では論争頻度の高いトピックですので、**国際人（successful intercultural communicator）**として自分の意見を語れるようにしておく必要があります。

　「家庭」関連で最重要は、「子育て」に関するもので、TOEFLやIELTSでも頻出の**成功する育児（successful parenting）、父親の育児責任（the child-rearing responsibilities of fathers）**などについて自分の意見を整理しておきましょう。また、**女性の社会進出（women's empowerment）**から発展し、**共稼ぎ（double-income family）**や**晩婚・独身化の原因（reasons for later or no marriage）、代理母（surrogate mothers）**の是非などは、どれも各種試験でよく問われますので、本章の例文や表現集を覚え、英語で発信できるようになりましょう。さらに、先進諸国で頻繁に議論される、**少子高齢化問題（the problems of aging society with a declining birthrate）**とその**原因と対策（causes and countermeasures）**も必須トピックで、**高齢者差別（discrimination against elderly people）**や**少子化が日本の教育に与える影響（effects of a decreasing number of students on Japanese education）**など教育・経済・医療面から多角的にとらえた関連トピックにも対処できるようにしておきましょう。

▶国内外で最も議論されているトピック「結婚・家庭」ベスト5

1	**Parenting**（子育て）
2	**Same-sex marriage**（同性婚）
3	**Women's empowerment**（女性の社会進出）
4	**Aging society**（高齢化社会）
5	**Arranged marriage vs. love marriage**（見合い結婚 vs. 恋愛結婚）

2.「結婚・家庭」問題を討論するためのアーギュメント＆表現力UP

論争度★★★★

CD-51

| 結婚 | **1. Should same-sex marriage be legally accepted?**
（同性結婚は法制化するべきか？） |

米国では、1970年代初めに**ゲイカップルの結婚と優遇措置（marriage rights of and benefits for same-sex couples）**を求める運動が始まり、90年代半ばに顕著になりました。現在、同性婚が認められているのは、マサチューセッツ州をはじめ米国の数州、オランダ、ベルギー、スペイン、カナダ、スウェーデン、南アなど数力国で、その数は今後も増え続けると見られています。一方、同性婚に反対している保守派には、**バチカン市国（Vatican City）**など宗教と深い関係にある国や団体が多く、同性婚論議は世界的に白熱したものになっています。ちなみに、米国では国民の半数以上が同性婚を支持しているという、**ギャラップ世論調査（the Gallup poll）**のデータもあります。では、同性婚の法制化に賛成・反対双方の主張を見てみましょう。

YES（賛成側の主張）	
1. 同性カップルも**異性カップル**と同様に、結婚と**結婚に伴う優遇措置**を受ける権利がある。	Like **heterosexual couples**, homosexual couples have the right to marriage and **marriage benefits**.
2. 同性婚により養子の数が増え、恵まれない孤児にとって大いにためになる。	Same-sex marriage is **highly beneficial to underprivileged orphans** because it can increase the number of child adoptions.（**Q1** 同性婚カップルで養子を取ったケースはどれくらい？）
3. 同性婚法制化は、同性カップルに長くともに歩む**責任**と家族の価値を促し、**社会の安定化**につながる。	Legalization of same-sex marriage **encourages commitment to** long-term relationships and family values among gay couples, thus **contributing to social stability**.

264

NO（反対側の主張）	
1. 同性婚の法制化により、同性カップルに**社会的な優遇措置**が与えられるので、**納税者の経済負担**が増える。	Legalization of same-sex marriage, which provides gay couples with **social benefits**, will **make an** additional **financial burden on taxpayers**.
2. 同性婚の法制化はゲイの関係を助長するので、**出生率低下に**つながる。	Legalization of same-sex marriage will **lead to a decline in** birth rates, as it will **encourage** homosexual relationships.（**Q2** 出生率の低下は、海外からの養子でカバーできるのでは？）
3. 同性婚の法制化で、**伝統的な家庭の価値観**が著しく**損な**われる。	Legalization of same-sex marriage will seriously **undermine traditional family values**.

Notes

□marriage benefits：配偶者控除（**tax exemption for a spouse**）、遺族年金の支給（**social security payments for a deceased spouse**）、配偶者への健康保険の適用（**coverage by a spouse's health insurance policy**）などの優遇措置をさす。

強いアーギュメントをするためのロジカル・シンキング力 UP！

　同性婚法制化の最大の争点は、**配偶者控除（tax exemption for a spouse）**などの**優遇税制措置（tax break）**の問題で、**賛成派**（性的志向により benefits の有無を決めるのは不公平だ）と**反対派**（給付すれば市民への**税負担が増す（increase tax burden）**）の間で大論争となっています。ニューヨーク市**会計監査官（comptroller）**の調査では、同性婚の法制化により benefits を給付しても、wedding に伴う経済効果があり、差し引きすると政府にとってプラスになるという、賛成派に有利なデータも紹介されています。

　賛成派②（**養子を取ることで孤児に family ができる**）のサポートとして、米国で同性夫婦が養子を取った割合は、2000 年の 1 割から 10 年間で 2 割近く増えている（米国勢調査局（The US Census Bureau））などのデータがあ

り、今後もますます孤児に新しい家族ができると見られます **Q1**。

　反対派②（法制化でゲイが増え、出生率が低下）に対しては、「確かにその国の**出生率**は低下するが、ゲイカップルが**海外からの養子（overseas adoption）**や、**代理母（surrogate mothers）**により、子供を持つことができるので、国の子供の数は減らないし、**外国人労働者（immigrant workers）**を雇うことで、**労働力不足（labor shortage）**になる心配もない」との反論が予測されますが、「海外からの養子を取るゲイカップルはまだ少なく、**出生率の低下（declining birthrate）をカバーできない**」**Q2** とさばくことができます。

　反対派のその他の主張「同性婚の子供は**男女の役割（gender roles）**を混乱する」に対しては、ゲイに育てられた子供と、一般の親に育てられた子供の間には「精神面、社会的・性的機能の側面で違いはない」（全米小児医学会）という研究発表もあり、**男女平等（gender equality）**が求められる今日では、弱くなってきています。同性婚については他にもさまざまな観点から論じられていますので、"pros and cons of same-sex marriage" などのキーワード検索により世界の議論をリサーチしておきましょう！

「オルタナティブ・ファミリー」問題を討論するための表現力 UP！

- □ **代替家族**（同性家族や父子［母子］家庭など）　**alternative family** (homosexual family, motherless [fatherless] family, etc.)
- □ **一夫一婦家族**　monogamous family（「**一夫多妻、一妻多夫**」は **polygamy**）
- □ **養子縁組**　adoption（「養子縁組した子」は adopted child）
- □ **代理母**　surrogate mother（「代理母を務めること」は surrogacy）
- □ **生みの親**　biological parent（「里親」は foster parent）
- □ **子の親権**　child custody
- □ **核家族**　nuclear family (consisting only of parents and a couple of children)
- □ **2つの核家族**　binuclear family ☞ 子供と離婚により別れた夫婦とその配偶者で構成。
- □ **拡大家族**　extended family（「2世帯住宅」は two-household house [duplex]）
- □ **伝統的な家族から脱皮する**　break away from the traditional family
- □ **戸籍制度**　the family registration system

- □都会から故郷に戻り親と一緒に生活する子供　boomerang kid（その世代を the boomerang generation という）
- □両親がそろっている世帯　intact family（⇔「一人親家族」は single parent family）
- □3世代同居　extended financial family（☞ 主に経済的理由で祖父母、両親、子供の3世代が同居。「多世代家族」は multigenerational household）
- □親孝行　filial piety [devotion to one's parents]

「結婚・家庭」問題を発信するための背景知識力UP①

伝統的家族から多様化する家族へ

　米国の「家族」は、1950年代は、**一家の稼ぎ手（breadwinner）**の夫と**専業主婦（full-time housewife）**の妻に2人の子供が典型的でしたが、1960年代には**女性の解放（women's liberation）**が叫ばれ、70年代には**キャリアを追求する独身女性（career-minded single women）**が自立した**女性の象徴（symbol of women's independence）**となり、**DINKS [Double Income No Kids]（子供のいない共働き夫婦）**が風潮となりました。ところが、80年代後半には、**キャリア志向のベビーブーマー（career-oriented baby boomers）（1946～65年生まれ）**が結婚・出産を真剣に考え始め、**不妊カップル（infertile couples）**は**生殖技術（reproductive technology）**にまで手を出すようになりました。**90年以降**、家族はさらに多様化し、**代理母（surrogate mother）**や**卵子提供（egg donation）**による出産、**海外からの養子縁組（adoption of children in foreign countries）**、**ひとり親家庭（single-parent family）**、同性カップルや非婚カップル（**same-sex and unmarried couples**）などがどんどん増えています。日本は、米国をほぼ10年遅れで追いかけていますが、同性婚や代理母は違法で、非婚カップル、**シングルペアレント（single parent）**、**海外からの養子縁組（overseas adoption）**などに対する世間の受容度は低い状況です。

論争度★★★★ CD-52

家庭　**2. Should women stay at home to take care of their children?**（女性は子育てのために家にいるべきか？）

このトピックは、昔からずいぶん議論されてきましたが、「子供の**教育や感情の発達**（educational and emotional development）に最も重要な期間の0～6歳の子を持つ母親は、家で子育てに専念すべき」という伝統的な価値観の賛成派に対して、**女性の社会進出**（women's empowerment）と仕事と家庭を両立させる（juggle one's career and family）ワーク・ライフ・バランス（work–life balance）を唱える反対派が今日の趨勢です。

では、賛否双方の意見を見てみましょう。

YES（賛成側の主張）	
1. 幼児期は**発育段階**で最も重要な時期なので、幼児を持つ母親は子育てに**専心するべきだ**。	Mothers should **devote themselves to** taking care of their small children because early childhood is the most important **stage of development in their lives**.
2. **保育所の保育サービス**は、子供の知性やコミュニケーション力を**伸ばす**ほど質はよくない。	The quality of **day-care services at nurseries** is not good enough to **develop children's intelligence and communication abilities** effectively.
3. **専業主婦**はPTA集会のような学校の活動に積極的**に参加す**ることができ、そのことは教育環境**の向上につながる**。	Full-time homemakers can actively **participate in** school activities including PTA meetings, which **contributes to improvement of** the educational environment.
NO（反対側の主張）	
1. 子供は、保育園で**仲間**と遊ぶことで、より効果的に**社交術を伸ばす**ことができる。	Children can **improve their social skills** more effectively by playing with their **peers** at nurseries.
2. 母親の**キャリアの追求**を奨励することで、**国の総労働力**が上がり、国の経済力を高める。	Encouraging mothers to **pursue their careers** will increase the **nation's total workforce**, thus strengthening national

268

	economy. (**Q1**どのくらい総労働力が上がるのか？)
3. 男女同権の原則のもとでは、キャリア志向の女性に子育てのために仕事をあきらめさせるのは、不公平である。	Under the principle of gender equality, it is unfair to make career-minded women give up their careers **for child-rearing**.

強いアーギュメントをするためのロジカル・シンキング力 UP！

　日本の専業主婦の数は、約 1000 万人で、仮にその半数が働きに出れば、退職する団塊世代の労働者数 500 万人をほぼ補うことができると言われています。これらの**女性のキャリア追求（women's pursuit of career）**を推進することは、**国の総労働力（nation's total workforce）**を飛躍的に UP させるのに必要です**Q1**が、ワーク・ライフ・バランスを進めるためには、EU 諸国のような**育児休業制度（childcare leave）**の充実が必須です。例えば、ノルウェーでは**パパ・クォータ制（"papa quota" program）**により、給料が 100％支給される育休 42 週間のうち、父親には最低 4 週間の取得を義務づけることで、**父親育休（paternal leave）**取得率 80％を達成したように、母親だけでなく、父親の育児参加を奨励する制度の整備が望まれます。

「結婚・家庭」問題を発信するための背景知識力UP②

日本の社会進出における男女格差ランキングは？

　世界経済フォーラム（the World Economic Forum [WEF]）が毎年公表する、社会進出における男女格差を示す指標である**ジェンダーギャップ指数（the Global Gender Gap Index [GGGI]）**によると、**経済活動（economic participation and opportunity）**や、**政治への参画度（political empowerment）**で男女格差が大きい日本は、世界 135 ヵ国中 100 位前後と下位にランクしています。ちなみに大手企業幹部の女性比率は、ノルウェーの 40％、米国の 15％に対して、日本は 2.3％とかなり低くなっています。（各国の最新詳細データは、世界経済フォーラムのサイト（http://www.weforum.org/issues/global-gender-gap）で見ることができます。）

「女性の社会進出」問題を討論するための表現力 UP！

- □専業主婦　full-time mothers [homemakers]（「専業主夫」は full-time househusband [(stay-)at-home dad / Mr.Mom]
- □在宅起業ママ、母親企業家　mompreneur（← mom ＋ entrepreneur「企業家」の合成語）（「外で働く母親」は **Mrs. Dad**）
- □在宅勤務の母親　work-at-home mom; stay-at-home working mom
- □ホット・ママ（育児をしながら企業家として活躍する女性）hot mama
- □離脱世代（母親業に専念するため、仕事をやめる高学歴の 30 〜 40 代の女性）**the opt-out generation**
- □仕事で家を顧みない父親　absentee dad
- □在宅勤務　work at [from] home（「在宅勤務者」は telecommuters）
- □共働き家族　double [duel] income family（「片親家庭」は single-parent family）
- □母親の育児休暇　maternity leave ⇔ 父親の育児休暇　paternity leave
- □性的偏見 [差別]　gender bias [discrimination]（「性差別主義」は **sexism**）
- □家事の平等分担　equal housework sharing
- □義理の親の世話をする　take care of [look after] their parents-in-law
- □夫婦別姓　separate surname [dual-surname] system
- □旧姓を維持する　keep one's maiden [premarital] name
- □女性の社会進出　women's participation in paid work [women's empowerment]
- □平等主義の社会　egalitarian society
- □キャリアをさらに進める [築く]　advance [further, build] one's careers
- □中絶賛成の　pro-choice（⇔「中絶反対の」は pro-life）
- □生殖技術の進歩　advancement in reproductive technology [fertility treatment]
- □男性は稼ぎ手で女性は家を守るという伝統的な考え方　the traditional notion of men as **bread-winners** and women as **homemakers**
- □明確に分けられた男女の役割　clearly differentiated gender roles
- □男性優位社会　male-dominated society（「家父長的伝統」は **patriarchal tradition**、「男尊女卑」は **male chauvinism**）
- □仕事と家庭生活を両立させる　juggle one's career and family（「仕事と生活のバランス」は work-life balance）
- □子育てよりもキャリアを重視する　put one's career before parenthood
- □「母性の壁」　maternal wall ☞ 働く母親が男性や子供がいない女性と

同様の昇進や給与を手にできない目に見えない障害のこと
□家庭内離婚 in-home separation (「協議離婚」は amicable [uncontested] divorce)

論争度★★★★

CD-53

家庭

3. Successful parenting
(成功する子育てとは?!)

子育ては、世界共通のトピックで、頻繁にその理論や実践法について議論されています。成功する子育ての条件としては、親が、①**身の回りの出来事について、誠意をもって子供に伝える（talk honestly about events that have happened）**、②**決まった日課（daily routine）**を持ち、**一貫性を保っている（stay consistent）**、③子供の教育に必要なものや、**早期才能開発（early talent development）**に興味を持つ、④子供の行動や学習内容を知る、などが挙げられます。では、成功する育児についてのキーアイディアを読んで、皆さんも理想の育児を考えてみましょう。

1. 成功する子育ては親子の**相互理解と尊敬から生まれる**。	Successful parenting **is based on mutual understanding and respect** between parents and children.
2. 親は**子供に手本を示すロールモデルとなる**べきである。	Parents should **serve as role models who set a good example for their children to follow**.
3. 親が適度なしつけをして子供を**育てると、子は立派な社会人**に育つ。	**Sufficient nurturing** combined with **reasonable discipline** will develop children into **full-fledged members of society**.
4. 威厳を持ちつつ自由も認める子育てをすると、社会的に成功する大人になる。	A combination of **authoritative and liberal parenting** will create **socially competent individuals**.

強いアーギュメントをするためのロジカル・シンキング力 UP！

著名な**発達心理学者（developmental psychologist）**の Diana Baumrind

は、次の3つの育児法のうち、**責任感のある、自立した、前向きな10代の若者**（responsible, independent, and positive teenagers）を育てるための、**効果的育児法**（effective parenting style）として「**公平型**」を提唱しています。

①**公平型**（the Authoritative ["Just Right"] parenting style）	親は**確固たる信念を持って生き**（live according to their principles）、**子供の要求に適度に答える**（moderately responsive to children's needs）理想的子育て法！
②**権威主義型**（the Authoritarian ["Too Hard"] parenting style）	親は**頑固で厳しく**（very rigid and harsh）、**虐待する**（abusive）こともある。
③**甘やかし型**（the Permissive ["Too Soft"] parenting style）	親は**子供の要求をすぐに受け入れる**（overly responsive to children's needs）

「子育て」問題を討論するための表現力 UP！

- □ **家族の絆を強める** [⇔ 弱める]　**strengthen** [foster ⇔ weaken] **family ties**
- □ **家族と大切な時間を過ごす**　**spend quality time with one's family**
- □ 子育て　child-rearing [-bearing]（「保育施設」は child-care facility）
- □ **温室育ちである**　**have had a sheltered** [**pampered**] **upbringing**（「進歩的な子育て」は liberal upbringing）
- □ 両親をつなぎとめる子供　the children **serving as the glue** that holds parents together（「子はかすがい」は、The children are the "hinge" of a marriage.）
- □ **兄弟間の競争意識**　**sibling rivalry**
- □ カギっ子　latchkey child
- □ 分別年齢　the age of discretion（英米の法律では14歳）
- □ **待機児童**　**child on the waiting list for admission to a nursery school**

ではここで、社会問題を英語で討論する際に、覚えておくと大変役立つテクニックのレクチャーにまいりましょう。今回は、「**改善する**」を表す表現編です。

社会問題を討論するためのテクニック⑩

「改善する」
improve, correct, rectify, alleviate をマスター！

「改善する」は、社会問題を討論する際によく使われる表現です。以下の動詞の使い分けをぜひマスターしましょう。

- ☐ **improve** は一般語で**「以前より良くする」**という意味ですが、案外使えない場合もあるので要注意です。
- ☐ **correct** も一般語で**「間違いを直して正しくする」**で幅広く使えます。
- ☐ **remedy** は「問題を解決して悪い状況を改善する」という意味。
- ☐ **rectify** は「間違いや悪を正して望ましい状況にする」という意味の固い語ですが、時事英語ではよく使われます。
- ☐ **redress** は「不公平（unfairness）、不均衡、不当などを是正する」
- ☐ **alleviate** は「貧困や苦しみなど**社会問題の深刻さを軽減する**」という意味で、社会問題を討論する時に欠かせない重要語。
- ☐ **reform** は「組織、制度、法律などを改善して効果的なものにする」

「改善」を意味する語のコロケーション

	situation	problem	system	imbalance	poverty	suffering
improve	2◎	×	1◎	×	×	×
correct	4	1◎	3△	1○	×	×
remedy	3○	3○	×	4△	×	×
rectify	1◎	2○	×	3△	×	×
redress	×	×	×	2○	×	×
alleviate	△	4	×○	×	◎	◎
reform	×	×	2	×	×	×

この他、**ameliorate** という固い語がありますが、上の表では **suffering** 以外にはほとんど使われません。また、**revamp**（制度や組織などに改良や変更を加えて刷新する）、**better**（以前より上の基準に高める e.g. better the working conditions）、**modify**（目的にかなうように修正する e.g. modify the program）などがあります。ちなみに **pave the way for ～**（**好ましい状況を生み出す**ことで進歩・発展を可能にする e.g. pave the way for success（成功への道を開く））も覚えておきましょう。

論争度★★★　　　　　　　　　　　　　　　　　　　　CD-54

結婚　4. Causes of increasing late marriage and single life（晩婚化と独身増加の原因とは?!）

　国連のデータによると、**晩婚化（tendency toward late marriage）** は、世界の7割以上の国で見られ、世界の**平均初婚年齢（average age at the first marriage）** は男女とも2歳上昇し、世界的現象と言えます。日本人の平均初婚年齢は、男女とも30歳くらいで、先進国の中でも、かなり高くなっています。また、日本の「**生涯未婚率（the rate of lifelong singlehood）**（50歳時の未婚率）」は男性で2割以上、女性は1割以上と、独身増加傾向が続いています。では、晩婚化と独身増加の原因についてのキーアイディアを見てみましょう。

Causes（原因）	
1. 大半の女性は、**経済的に自立**しているため、サバイバル**のた**めだけに結婚したいとはほとんど思わない。	Most women have little desire to get married **merely for** survival because of their **economic independence.**（**Q1** 経済的に自立している女性の比率は？）
2. **独身でいること**はもはや**非難**されないので、**結婚を急がない**女性がますます増えている。	An increasing number of women will not **rush into marriage**, as **single status is** no longer **stigmatized**.
3. 今日の両親は、子供に**結婚す****るようプレッシャーを与え**ない**し、多くの親は子供と一緒に暮らしたいとさえ思っている。	Today's parents no longer **pressure** their children **into marriage** and many of them even want to live with them.
4. ますます多くの**大学出の女性**は、**理想の結婚相手を探す**ことへの興味が減り、**キャリア志向**になっている。	An increasing number of **women with college degrees** have become **career-minded** with less interest in **finding Mr Right**.

強いアーギュメントをするためのロジカル・シンキング力 UP！

　日本では「**バツイチ（divorcée [once-divorced]）**」という表現が出始めた、1991年頃から、**独身であること（single status）** は徐々に非難の対象でなくなりました。女性大卒者の有職者の割合は、1990年頃には60数％程度でしたが、20年間で20％増えており、男性はその間、80数％と横ばいで、以前の

274

ように、**経済的な安定（financial stability）** を求めて結婚する女性は少なくなりました**Q1**。

「晩婚化と独身増加の原因」問題を討論するための表現力 UP！

- □ 大学卒で上昇志向の独身女性　**college-educated, upwardly mobile, single woman**
- □ 子供手当　**childcare allowance**
- □ 婚前契約（書）　**prenuptial agreement [prenup]**（離婚後の金銭や不動産などの所有権について婚前に交わす契約書。**結婚後**に交わす場合は **postnup**）
- □ 理想の男性　**Mr. Right [Prince Charming]**（「理想の女性」は **Ms. Right**、「相性のいい異性」は **the soul mate**、「素晴らしい男性」は **Mr. Wonderful**、「結婚相手にふさわしい男性」は eligible man）
- □ 父［母］親になる覚悟ができている　**be ready for fatherhood [motherhood]**（「父親としての責任」は **paternal responsibility**）
- □ 平均初婚年齢　**average age at the first marriage**（「結婚適齢期」は　marriageable age）
- □ 合計特殊出生率　**the total fertility rate [TFR]**
- □ 晩婚化　**(growing) tendency toward late marriage**
- □ 内縁（関係）　**common-law marriage**（「内縁の夫」は common-law husband）
- □ 一家の稼ぎ手を求める（女性の）心理　**provider-seeking mentality**
- □ 腰かけで働く　**work just to kill time before marriage**（「花嫁修業」は **training for married life**）
- □ 婚活　**spouse [bride, husband] hunting**
- □ 望まない男性と妥協して結婚する　settle for an undesirable man

「結婚・家庭」問題を発信するための背景知識力 UP③

ベビーブーマー、X 世代、Y 世代、ミレニアルズとは?!

- □ **baby boomers:** 第二次世界大戦後 10 〜 15 年の間に生まれた世代で、別名を **the "Me" Generation** と言うように、**selfish materialism（自己の幸福や満足）** を第一に追求する世代。

- □ **the Generation X「X 世代」**：第二次大戦後のベビーブームの後の、**1960 年代初めから 1980 年頃までに生まれた世代**。米国建国から数えておよそ 13 番目の世代のため、**the 13th Generation（第 13 世代）**とも呼ばれる。将来の展望を欠いた無気力な世代。
- □ **the Generation Y「Y 世代・団塊ジュニア世代」**：baby boomers の子供たちの世代
- □ **the Millennial Generation (Millennials)「ミレニアルズ」**：1970 年代後半～ 2000 年前後に生まれ、デジタル技術に囲まれて育った若年層。**Y 世代やミレニアルズ**は、イラクとアフガニスタンでの戦争や Hurricane Katrina を経験し、ボランティア精神や**公徳心のある世代（the Civic Generation）**で、**egalitarian relationships（平等な人間関係）**の中で育ったため、**hierarchy（上下関係）**を重んじない世代とも言われる。

論争度★★★　　　　　　　　　　　　　　　　　　　　CD-55

結婚　**5. The pros and cons of arranged marriage**
（見合い結婚の是非）

　日本の結婚は、現在、**恋愛結婚（love marriage）**が 9 割近くを占め、見合いは 1 割未満。この見合い結婚の減少（恋愛結婚が上回ったのは 1960 年代後半）が結婚率を下げ、その結果、**少子化（declining birthrate）**を推し進めることになったとも言われています。ちなみにインドでは、見合いが 9 割、恋愛は 1 割（日本の 1920 年代後半に匹敵）で、「見合い」か「恋愛結婚」かの議論が活発になされています。

　では、見合い結婚の是非についての賛成派・反対派の意見を見てみましょう。

PROS（賛成側の主張）	
1. 見合い結婚の夫婦は、**社会経済面と教育面で似通った背景を**持つため、関係を**長続きさせる**ことができる。	Arranged marriage couples can make marital relationship **enduring** because they usually have similar **socioeconomic and educational backgrounds**.
2. 見合い結婚は、親の支援をより多く受けることができるので、**結婚生活の危機**に直面して	Arranged marriage seldom breaks up even when faced with **marital crisis** because the couple can gain more support from their

も、破たんすることはめったにない。	parents.
3. 見合いは、**社会とかかわりを持てない人や異性が苦手な人**にとって、結婚相手を見つける機会を与える。	Arranged marriage provides an opportunity to find a marriage partner to those who are **socially disconnected** or **shy with the opposite sex**.
CONS（反対側の主張）	
1. 見合い結婚では普通、カップルがお互いについて知る時間が限られており、不幸な結婚**に終わる**可能性がある。	Arranged marriage usually **allows** couples a limited time to get to know each other, which can **end up in** an unsuccessful marriage.
2. 見合いは、愛情や**相性**は**二の次になる**ため、幸せな結婚生活に至らない可能性がある。	Arranged marriage, which **undervalues** love, **emotional compatibility and right chemistry**, cannot lead to a happy marriage life.
3. 見合いの夫婦は、両親が**個人の問題**にまで**干渉しがち**で、自由がたびたび束縛されることが多い。	Arranged marriage couples' freedom is often restricted by their parents who tend to **interfere with** their **personal affairs**.

強いアーギュメントをするためのロジカル・シンキング力 UP！

恋愛結婚に**賛成派**のアーギュメントは以下のものが挙げられます。

> ①恋愛結婚は結婚に不可欠な要素である相思相愛に基づいている。(It is based on mutual love, which is an essential ingredient of marriage.)
> ②相手のいい面と悪い面を理解する機会が十分あるので、結婚が破局に至る可能性が減る。(It provides ample opportunities to find both positive and negative aspects of prospective marriage partners, thus decreasing the likelihood of marriage breakup.)

一方、**反対派**のアーギュメントは、以下のものが主流です。

> ①恋愛結婚は相手への期待が大きく、結婚後の失望が大きいため、破局に至ることが多い。(Love marriage is more likely to end up in divorce as it often starts with great expectation and brings greater disappointment after marriage.)

②情熱に駆られて結婚（marriage inspired by passionate impulse）するため、経済的に不安定（lack of financial stability）で、子育ての責任（child-rearing responsibility）を全うできない可能性がある。

「さまざまな結婚」問題を討論するための表現力 UP！

☐夫婦間不和　marital conflict（「家族のもめごと」は family squabble）
☐孤独を癒すための軽はずみな結婚傾向　teddy bear syndrome
☐できちゃった結婚　shotgun wedding
☐事実婚　de-facto marriage（「法律婚」は legal marriage）
☐同性結婚　same-sex marriage, gay marriage

論争度★★★★　　　　　　　　　　　　　　　　　　CD-56

6. Problems of aging society with declining birthrates（少子・高齢化社会の問題とは?!）
高齢化

　WHO（世界保健機関）や国連の定義によると、「**高齢化社会（aging society）**」とは、全人口に対して65歳以上の**高齢者（senior citizens）**の占める割合が7%超の社会を、「**高齢社会（aged society）**」とは14%を超える社会を、「**超高齢社会（super-aging society）**」とは21%を超える社会をいいます。日本は2007年にいち早く、9人に1人が75歳以上という世界的に前例のない、**超高齢化社会**に突入しました。日本人の**平均寿命（average life expectancy）**は、1947年の男性50歳、女性54歳から、60余年で男性80歳、女性86歳と飛躍的に伸び、**世界第1位の長寿国（country with the world's longest lifespan）**（世界平均男性66歳、女性71歳）になりました。2050年には、日本の人口構成は若年層が最も少ない**逆人口ピラミッド（inverse demographic pyramid）**となることが予想され、**人口統計学上の時限爆弾が秒読み段階である（demographic timebomb is ticking）**現在、高齢化社会をめぐるさまざまな問題への対策を立てる必要があります。では、その諸問題の中で特に重要なキーアイディアを見てみましょう。

Problems（問題点）	
1. 保険や年金の掛け金の減少により、国民健康保険制度や年金制度が危機に瀕する。	The **national health insurance** and **pension system** will **be jeopardized** by a decrease in the **insurance and pension premiums**.
2. 高齢化により政府の医療と年金給付の支出が増し、財政赤字が悪化する。	The aging population will **increase the government's spending on medical care** and **pension provision,** thus **exacerbating the fiscal deficit**.
3. 高齢化により労働者人口がかなり減り、深刻な労働者不足が起こる。	Aging society will suffer from an **acute labor shortage** due to a significant decline in **working-age population**. (**Q1** どのくらい深刻な労働者不足になるのか？)
4. 高齢化により寝たきり老人や認知症患者の数が増え、家計の負担となる。	Aging society will increase the number of **bedridden elderly people** and **dementia sufferers,** thus making a burden on **household economy**.
5. 出生率の低下により、大量の学校閉鎖が起こり、教育機関や教育産業を縮小させる。	Declining birthrates will lead to massive **school closure**, thus decreasing the number of educational institutions and industries. (**Q2** 学校閉鎖や定員割れの状況は？)

強いアーギュメントをするためのロジカル・シンキング力 UP！

高齢化に関しては、次のような問題が山積しており、とりわけ**高齢者に対する医療・福祉の充実（promotion of healthcare and welfare for the aged）**が急務となっています。

高齢化社会の問題

①高齢化による**労働力不足（labor shortage）**：2030年には2010年比で最大840万人就業者減（厚生労働省）**Q1**
②**年金の掛け金（pension premium）**納付者の減少による年金制度存

続の難しさ（difficulty in maintaining the pension system）
③医療費（medical costs）や年金給付金（pension provision）の増大
④寝たきり老人（bedridden elderly）や老人性認知症（senile dementia）などの要介護高齢者（elderlies requiring nursing care）の急増や高齢者が高齢者を介護する老老介護（elderlies taking care of their parents）問題
⑤高齢者の経済困難と孤独（financial difficulty and loneliness of elderly people）
⑥高齢者虐待（elderly abuse）
⑦学校閉鎖問題（school closure）：近年、私立大学で定員割れを起こしている学部・学科などを持つ大学は、全体の4割を超えており、閉鎖予定の大学が増加中 Q2。

しかし、高齢化はネガティブな面ばかりではありません。**経済を活性化させる（vitalize the economy）高齢者の購買力（purchasing power of elderly people）、専門知識や経験を持った労働力（elderly workforce with expertise）、地域に貢献するシニアボランティア（senior volunteers for local communities）**の存在は、明るいニュースです。また、**自己実現（self-actualization）**を求め、**大学公開講座（extension courses）や放送大学（the Open University of Japan）**などで**生涯学習（lifelong learning）**を通じて、**教養を高め続ける（pursuit of cultural enrichment）**シニア学習者や、「**生涯現役（"amortality"）**」を目指す**精力的でポジティブな高齢者（super seniors）**により、**年齢に縛られた社会（age-locked society）**から、**生涯現役社会（ageless society）**へと時代を転換させる**高齢者パワー（grey power）**の存在も忘れてはなりません。

少子化の背景はいかに!?

- 仕事と育児の両立の難しさ (difficulty in juggling office work and child-rearing)
- 長引く不況 (prolonged recession)
- 女性の経済的自立 (women's economic independence)
- フリーターの増加 (increasing number of "fleeters" (job-hopping part-timers))
- 同棲・内縁の増加 (increasing cohabitation and common-law marriage)
- 少子化 (declining birthrate)
- 不妊の増加 (growing infertility)
- 非婚化・晩婚化 (growing tendency toward late or no marriage)
- 草食系男子の増加 (increasing number of "herbivorous men")
- 結婚相手選択基準 UP (growing selectivity toward marriage partners)
- 自由志向 (freedom-loving)
- 周囲の圧力の欠如 (lack of peer pressure)

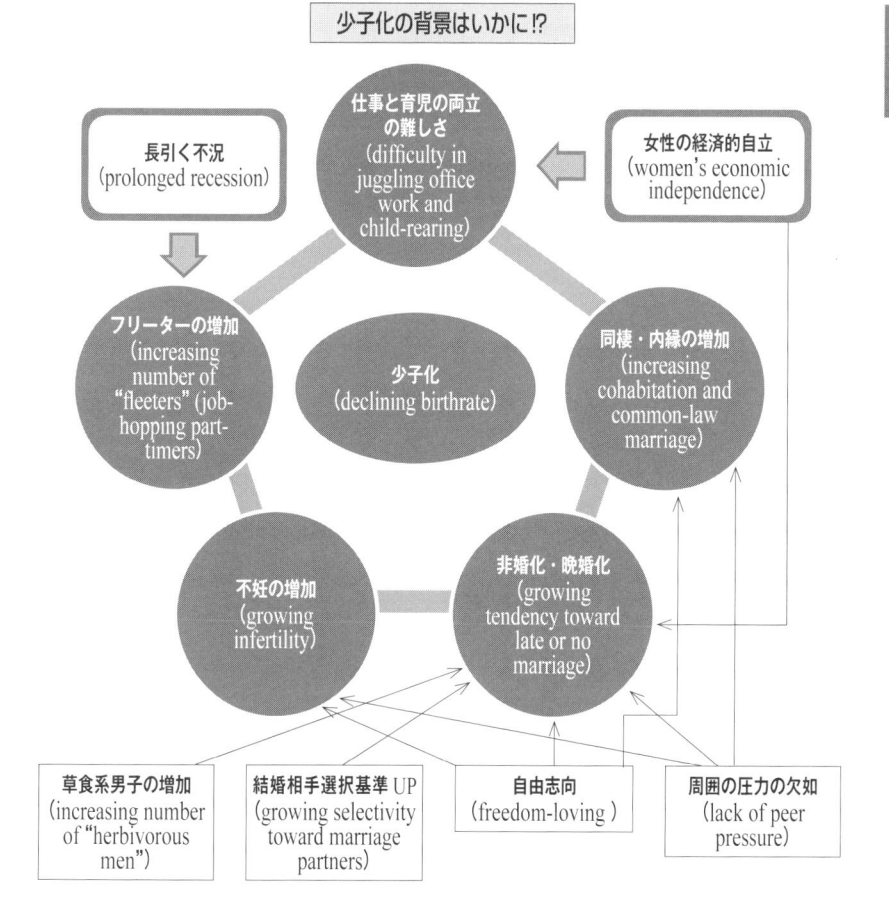

「少子・高齢化社会」の問題を討論するための表現力 UP！

- □ 平均寿命　**average lifespan**（「平均余命」は average life expectancy、「(寝たきりにならず元気に活動する)健康平均年齢」は **average healthy lifespan**）
- □ 団塊の世代　**the postwar baby-boom generation**
- □ 生産年齢人口　**working-age population**
- □ 高齢化する人口　**the graying [aging] population**
- □ 後期高齢者　**the "old old"**（「超高齢者」は the oldest old）

□年齢層　the age bracket
□過疎地に住む人々　people living in sparsely [thinly] populated area
□老人性認知症　senile dementia
□寝たきりの高齢の両親　bed-ridden elderly parents
□人口統計学上の時限爆弾　demographic timebomb
□人口の逆ピラミッド　inverse demographic pyramid
□出生率の急低下　baby bust
□人口の配当　demographic dividend（出生率低下により突出して多くなる世代が、労働年齢に達したときに、その国が急成長すること。その世代がリタイヤ年齢になると、その配当は負になる。）
□少子化の危機　fertility crisis
□長寿危機　longevity crisis（高齢化社会における社会保障財源不足問題）
□基礎年金の国庫負担率　the government's share of contributions to the basic pension

論争度★★★★　　　　　　　　　　　　　　　　CD-57

高齢化　**7. Causes of and countermeasures for super-aging society**（超高齢化社会の原因と対策とは?!）

少子・高齢化社会の問題点を見てきましたが、今度はその原因と対策に関するキーアイディアを考えてみましょう。

Causes（原因）	
1. **医学の進歩**と**バランスのよい食事**により日本人の**平均寿命**がとても長くなった。	**Medical advancement** and **well-balanced diet** have greatly increased the **average lifespan** of Japanese people.
2. **経済的に自立した女性**が増えたことで**晩婚化・非婚化**が進み、出生率が下がる。	**Women's growing economic independence** has increased **the tendency toward late or no marriage,** thus decreasing the birthrate.
3. とりわけ**長引く不況下**では、**平均的な稼ぎ手**は経済的な負担を恐れて、2人以上の子供を持ちたがらない。	**Average wage-earners** are reluctant to have more than one child for fear of financial burden, especially **under the prolonged recession**.

Countermeasures（対策）	
1. 中低所得層の家族の財政負担を減らすために、政府は**子育ての助成金を増やす**必要がある。	The government needs to **increase the amount of subsidy** to child-rearing to decrease **financial burden on middle- and low-income households**.
2. 政府は**年金支給年齢**を引き上げるか、**年金支給額**を減らすべきだ。	The government should **raise the age of pension eligibility** and decrease the amount of **pension provision**.
3. 労働者は**老後に生き残る**ために、**民間の年金に投資**すべきだ。	Workers should **invest in private pension schemes for survival in their advanced age**.
4. 会社は**深刻な労働不足を緩和**するために、**高齢者の再雇用**を促進するべきだ。	Companies must **promote reemployment of elderly** workers to **alleviate an acute labor shortage**.
5. **対処療法**よりも**予防医学**を奨励することにより、政府の医療支出を削減する。	Promoting **preventive medicine** rather than **symptomatic treatment** will reduce the government spending on medical care.

強いアーギュメントをするためのロジカル・シンキング力 UP！

少子化対策として導入している**育児休業制度（childcare leave）**について、EU諸国と日本を比較してみましょう。

チェコ、スロバキア	母親は3年の育休を取るのが普通！
ノルウェー	42週間の育休（給料は100％支給）のうち最低4週間取得を父親に義務づける**パパ・クォータ制（"papa quota" program）**により、父親育休取得率80％を達成
スウェーデン	育休480日（8歳まで）のうち父親割り当ては60日
ドイツ、フランス	3歳に達するまで最長3年間までの休業が可能
日　本	子供が1歳（保育所に入所できない場合は1歳半）まで、父母のどちらでも取得可（実際は、女性取得が7割、男性の取得者は、1％以下と世界的に見て低水準）

ちなみに、日本の男性が**育児休業制度（childcare leave）**を取得しない原因には、①**昇進の機会の減少（less chance for promotion）**、②家計の収入

減（lower family income）、③子育て中の働く男性への支援の欠如（lack of support for child-rearing male workers）などが挙げられます。

「結婚・家庭」問題を発信するための背景知識力UP④

スウェーデンやフランスに学べ、少子化対策！

　世界の出生率は1970年の4.45から、2010年には2.45まで急落（国連調査）しており、とりわけ先進国の少子化傾向は顕著で、アメリカ（2.07）、日本（1.32）、韓国（1.29）など、人口維持に必要な**合計特殊出生率（the total fertility rate [TFR]）**2.08人を軒並み下回っています。そんな中で、スウェーデンやフランスは、**扶養家族手当（dependent family allowance）**など**経済支援（financial support）**中心から**保育サービス（child-care services）**など**子育て＆就労の両立支援（promotion of juggling child-rearing and career）**へ移行した結果、**女性の労働力（female workforce）**を維持したまま、1.6まで低下した出生率をスウェーデン（1.9）、フランス（2.0）まで回復させ、先進国のお手本となっています。

「少子・高齢化の原因と対策」問題を討論するための表現力UP！

- □定年の年齢を引き上げる　raise the mandatory retirement age
- □民間の年金制度へ投資する　invest in private pension schemes
- □老後に備える　provide for one's old age [golden years]（☞ golden agersとは通例65歳以降の人、「高齢化する」はgo grayer）
- □介護保険　Public Nursing Care Insurance
- □介護保険保険料　premium for nursing care insurance
- □在宅福祉サービス　welfare services at home
- □在宅介護者（ホームヘルパー）　in-home caregiver
- □年齢に縛られた社会　age-locked society ⇔ 生涯現役社会　ageless society（「生涯現役」は"amortality"）
- □精力的でポジティブな年配者　super-seniors

《超高齢化社会（super-aging society）の影響と対策はこれだ！》

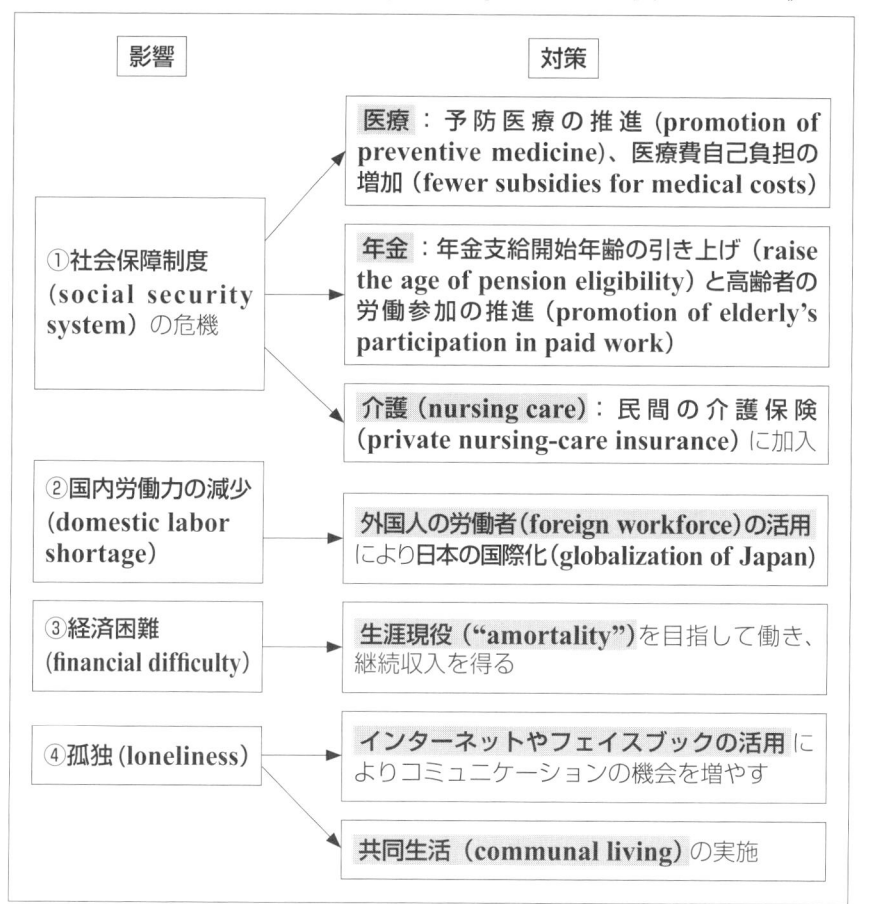

影響	対策
①社会保障制度（social security system）の危機	医療：予防医療の推進（promotion of preventive medicine）、医療費自己負担の増加（fewer subsidies for medical costs）
	年金：年金支給開始年齢の引き上げ（raise the age of pension eligibility）と高齢者の労働参加の推進（promotion of elderly's participation in paid work）
	介護（nursing care）：民間の介護保険（private nursing-care insurance）に加入
②国内労働力の減少（domestic labor shortage）	外国人の労働者（foreign workforce）の活用により日本の国際化（globalization of Japan）
③経済困難（financial difficulty）	生涯現役（"amortality"）を目指して働き、継続収入を得る
④孤独（loneliness）	インターネットやフェイスブックの活用によりコミュニケーションの機会を増やす
	共同生活（communal living）の実施

　皆さん、いかがでしたか？　では、ここで **Borderless English 言い換えトレーニング**にトライしていただきましょう。平易な構文や語彙を使い、世界のノンネイティブが理解しやすい Borderless English で表現してみましょう。

3. Borderless English で言うとこうなる！〜結婚・家庭編〜

1. Successful parenting **is based on mutual understanding and respect** between parents and children.（成功する子育ては親子の**相互理解と尊敬**から生まれる）

Borderless English Parents can successfully bring up their children only when they **understand and respect each other**.

解説 mutual understanding and respect（相互理解・尊敬）という表現は understand and respect each other と易しく言い換えることができます。is based on は comes from と言い換えることもできます。

2. Sufficient **nurturing** combined with **reasonable discipline** develops children into **full-fledged members of society**.（親が子供を**適度なしつけを**して育てると、子供は**立派な社会人**に育つ。）

Borderless English If you **bring up your children** while **moderately controlling** them, they grow up into **mature members of society**.

解説 nurturing（養育）を bring up your children に、reasonable discipline（適度なしつけ）を moderately controlling them [children] に、full-fledged members of society（立派な社会人）を mature members of society に言い換えて易しくしています。

3. **A combination of authoritative and liberal parenting** creates **socially competent individuals**.（威厳を持ちつつ自由も認める子育てをすると、社会的に成功する大人になる）

Borderless English If you **raise your children with confidence and power while giving them enough freedom,** they grow up into **socially successful adults**.

解説 A combination of authoritative and liberal parenting（威厳を持ちつつ自由を認める子育てをすること）は平たく表現すると、**raise your children with confidence and power while giving them enough freedom** に、socially competent individuals（社会的に成功した大人）は **socially successful adults** になります。

4. **An increasing number of women will not rush into marriage,** as

single status **is no longer stigmatized.**（独身でいることはもはや非難されないので、結婚を急がない女性がますます増えている）

Borderless English Fewer and fewer women try to have an early marriage, as **society no longer makes them feel ashamed of** their single status.

解説 An increasing number of women will not rush into marriage（ますます多くの女性が結婚を急がなくなる）を Fewer and fewer women try to have an early marriage に、～ is no longer stigmatized（～はもはや非難されない）を society no longer makes them fell ashamed of ～に言い換えて、平易にしています。

5. Aging society will increase the number of **bedridden elderly people** and **dementia sufferers, thus making a burden on household economy**.（高齢化による寝たきり老人や認知症患者の数が増え、その結果、家計の負担となる）

Borderless English In aging society, more and more **elderly people will have to stay in bed** or **suffer from serious mental disorders, and therefore many families will have financial difficulties**.

解説 bedridden elderly people（寝たきり老人）を elderly people will have to stay in bed に、dementia sufferers（認知症患者）を people … suffer from serious mental disorders と説明訳にし、thus making a burden on household economy（結果として家計の負担となる）の引き締まった分詞構文は and will therefore many families will have financial difficulties と平易な構文に言い換えています。

6. The government should raise **the age of pension eligibility** and decrease the amount of **pension provision**.（政府は年金支給年齢を引き上げるか，年金支給額を減らすべきだ）

Borderless English The government should raise **the age when people have the right to receive a pension** and decrease the **pension they receive**.

解説 the age of pension eligibility（年金支給年齢）を the age when people have the right to receive a pension に、pension provision（年金支給）を pension they receive に言い換え平易な英文にしています。

　皆さん、いかがでしたか？　では、「結婚・家庭」のその他の重要例文にまいりましょう。

4.「結婚・家庭」問題を討論するためのその他の重要例文集

論争度★★

8. The pros and cons of surrogate mothers（代理母の是非とは?!）

PROS（賛成側の主張）	
1. 代理母によって、子供ができない夫婦が、血のつながった子供を持てる。	Surrogacy gives **infertile couples** a chance to have a **biological child**.
2. 代理母によって出産率が上昇する。	Surrogacy will increase the birthrate.
CONS（反対側の主張）	
1. 子供への法的権利をめぐって、代理母と**依頼者夫婦**との間で争いが起きる可能性がある。	It can cause conflicts between a surrogate and **intended parents** over the legal rights to their children.
2. 人間の命を売買することは、道義に反する。	It is **unethical** to **make a trade in** human lives.
3. 女性の体を売り物にすることによって、女性の**搾取**につながる。	It will lead to the **exploitation** of women by **commodifying** their bodies.
4. 代理母の健康を損ねる恐れがある。	Surrogacy may harm the health conditions of surrogate mothers.

論争度★★

9. The pros and cons of double-income family
（共稼ぎの是非とは?!）

PROS（賛成側の主張）	
1. 共稼ぎによって高収入を得、高水準の生活を送ることができる。	Double-income families can have a higher income and enjoy a **higher standard of living**.
2. 女性が外で働くことによって、	**Women's participation in paid work** will

経済的自立を促し、**女性の社会的地位向上**につながる。	lead to **female empowerment** by promoting women's financial independence.
3. **女性の社会進出**は、女性に**達成感**を与える。	**Women's participation in paid work** gives them **a sense of accomplishment**.

CONS（反対側の主張）	
1. 夫婦間のコミュニケーション不足が**夫婦の絆を弱める**。	Lack of communication between husband and wife **weakens their marital bond**.
2. 子供と過ごす時間が減ることによって、**家族の結びつきが弱く**なる。	Fewer opportunities to spend time with children **weaken family ties**.
3. 子供の**人格形成**に良くない影響を与える。	It has a negative influence on the **character development** of children.

論争度★★

10. The pros and cons of separate surnames for married couples
（夫婦別姓の是非）

PROS（賛成側の主張）	
1. **男女平等**や**女性の社会進出**を促す。	It will **promote gender equality** and **female empowerment**.
2. **夫婦別姓**によって、女性の**同僚**や顧客とのビジネス関係が保たれる。	**Separate surnames** will maintain women's business relationships with their **coworkers** and clients.
3. 夫婦別姓は、**アイデンティティの損失**から配偶者を守る。	Separate surnames will protect one of the spouses from the **loss of his/her identity**.

CONS（反対側の主張）	
1. 夫婦別姓によって、**夫婦の絆**や**家族の結びつき**が弱まり、離婚率が増える。	Separate surname system can weaken **marital bond** and **family ties**, which can lead to increased divorce rate.
2. 夫婦別姓は、**新生児の命名を**複雑にする。	Separate surname system can **complicate** the naming of the **newborn babies**.
3. 夫婦別姓は、社会的混乱を引き起こす。	Separate surname system will create social confusion.

第7章 「結婚・家庭」問題を英語で討論するための技術と表現力UP

論争度★★

11. Causes and effects of increasing divorce rates
（離婚増加の原因と結果とは?!）

Causes（原因）

1. 経済的に自立し、キャリア志向の女性がどんどん増えている。	A growing number of women have become more financially independent and career-minded.
2. 家族の幸せよりも個人の喜びに価値を置く。	People **put more value on** their personal pleasure than on the well-being of their family.
3. 離婚は恥とはもはや見なさない。	There is no longer a **stigma attached to** divorce.

Effects（結果）

1. 離婚は子供の精神発達に良くない影響を与える。	Divorce will **have a negative effect on** the mental development of children.
2. 離婚した母子は、経済的困難に直面する。	**Divorced** mothers and children will **face financial difficulty**.
3. 離婚は出生率の低下につながる。	Divorce will **lead to** a declining birthrate.

「結婚・家庭」問題を発信するための背景知識力UP⑤

離婚の現状とは？

　離婚率（divorce rate） 世界第1位の米国では、結婚したカップルのうち5割が離婚、初婚者の結婚は平均8年間続き、離婚後3年半で再婚すると言われています。離婚率増加の理由は、第1に、**女性の経済的自立（women's financial independence）**。第2に、**男女の役割分業の曖昧化（blurred gender roles）** に伴う家庭でのストレス増加。第3に、**離婚に対する社会的容認（less stigma attached to divorce）** などが挙げられます。さらに、**不倫（adultery）** や**虐待（spouse abuse）** などの落ち度がなくても結婚の解消が可能となった「**無責離婚（no-fault divorce）**」法の施行（1970年

California 州で制定）により、夫婦の合意なく、一方の意思で離婚できるようになった点が挙げられます。日本の離婚の理由も、おおむね上記1～3と同じですが、日本独特の社会現象として注目されるのが、夫の退職を機に離婚する「**熟年離婚（divorce due to husband's retirement）**」や、40～50代の妻が、夫の親が要介護になる前に別れる「**介護前離婚（divorce before they are forced to look after their husband's parents）**」で、特に後者は高齢化社会問題の一つとして、福祉面のサポートが急がれています。

論争度★★

12. Should marriage to more than one person be legal?
（複婚を法制化するべきか？）

YES（賛成側の主張）	
1. **一夫多妻制の法制化**は、女性の婚姻率を高め、**結果として**出生率を高めることに**つながる**。	**Legalization of polygamy** will increase marriage rates among women, **thus leading to** increased birthrates.
2. 複数の母親がいると、子供の**さまざまな長所や技能**を育てることができる。	Presence of several mothers will help develop children's **diverse strengths and skills**.
3. 子供は2人以上の母親からのサポートを得る。	Children will receive more support from more than one mother.

NO（反対側の主張）	
1. 一夫多妻制は**男性優越思想**を奨励し、**男女不平等につながる**。	Polygamy encourages **male chauvinism,** thus **leading to gender inequality**.
2. 一夫多妻制により、妻たちの間で**ライバル心**や争いが生まれる。	Polygamy generates **rivalry** and conflict among wives.
3. 一夫多妻制は社会の**基盤**である**婚姻制度**を崩す。	Polygamy undermines the **institution of marriage,** which is the **building block** of society.
4. 一夫多妻制により**近親相姦**の可能性が増す。	Polygamy will increase the possibility of **incest**.

論争度★★

13. Can working parents play a sufficient role in raising their children?（共稼ぎの両親は子供の養育に十分な役割を果たせるか？）

YES（賛成側の主張）

1. 家事と仕事を両立し、子供に良い手本を示すことができる。	They can **set a good example for** children by **juggling housework and paid work**.
2. 共稼ぎにより収入が上がり、子供によりよい教育の機会を与える。	**Working parents with a higher income** gives their children better educational opportunities.
3. 共稼ぎの両親は、子供に仕事やお金の価値をうまく教える。	Working parents successfully teach their children the value of work and money.

NO（反対側の主張）

1. 共稼ぎの両親と子供の間のコミュニケーションや対話が減り、家族の絆が弱くなる。	Less communication and interaction between working parents and their children **weaken family ties**.
2. 共稼ぎは家事が**おろそかにな**るので、子供の心身の発育に**悪影響を与える**。	Working parents are **neglectful** in their housework, which **negatively affects** their children's mental and physical development.
3. 両親ともに家にいないため、子供は**孤独**になり、**非行**の増加につながる。	Absence of working parents gives children **a sense of loneliness, leading to** an increase in **juvenile delinquency**.

論争度★★

14. Why do so few men take time off for childcare?
（なぜ育休を取る男性はそんなに少ないのか？）

1. 企業はまだ働く男性のための**育休制度を整備**していない。	Companies haven't yet **established a childcare leave system** for working men.
2. 日本の働く男性には、**育休を取れない**ような、**同僚**や**上司**からの**圧力**がかかっている。	Japanese male workers are **under pressure** from their **peers** or **supervisors** not to **take time off for childcare**.
3. 働く男性とその妻という伝統的な考えを、大部分の男性がまだ持っている。	Most men still have the traditional notion of working men and their wives.

5.「結婚・家庭」問題を発信するための必須表現クイズにチャレンジ

本章で取り上げた表現の中から厳選した20の表現を英語で説明してみましょう。

1	夫婦別姓	11	男女平等を促進する
2	家事を平等に分担する	12	共働き家族
3	女性の社会的地位の向上	13	専業主婦［主夫］
4	大学出で上昇志向の独身女性	14	在宅勤務する
5	温室育ち	15	仕事と家庭生活を両立させる
6	男性優位社会	16	育児休暇
7	一家の稼ぎ手を求める（女性の）心理	17	中高年の離婚
8	共稼ぎの収入	18	晩婚化
9	夫婦間不和	19	理想の男性［女性］を見つける
10	少数派の昇進を阻む目に見えぬ壁	20	家族の絆を強める

解答例 即答できるまで繰り返し音読して覚えましょう！

1	separate surname [dual-surname] system	11	promote gender equality（「平等主義の社会」は egalitarian society）
2	share household duties [chores] equally	12	double [dual] income family
3	women's empowerment	13	full-time housewife [househusband]
4	college-educated, upwardly mobile, single woman	14	work from [at] home
5	sheltered [pampered] upbringing	15	juggle a career and a home life
6	male-dominated society（「男尊女卑」は male chauvinism）	16	parental leave（「母親［父親］の育児休暇」は maternity [paternity] leave）
7	provider-seeking mentality	17	midlife divorce
8	double household income（「共稼ぎ家族」は double-income family）	18	(growing) tendency toward late marriage
9	marital conflict（「家族のもめごと」は family squabble）	19	find Mr. [Ms.] Right（「結婚相手にふさわしい男性」は eligible man）
10	glass ceiling	20	strengthen family ties [unity]（「結びつきの強い家族」は close-knit family）

6.「結婚・家庭」問題を討論するための最重要サイト TOP10

- **United Nations Children's Fund [UNICEF]**（国際連合児童基金） http://www.unicef.org/ ユニセフが推進している児童保護事業の活動についての最新情報を入手できる
- **United Nations Statistics Division**（国連統計局） http://unstats.un.org/unsd/demographic/products/
世界の人口、男女比率、出生率、幼児・妊婦の死亡率、結婚・離婚率などの社会指標などを掲載
- **Millennium Development Goals Indicators**（国連ミレニアムゴール指標） http://mdgs.un.org/unsd/mdg/Data.aspx 各国のジェンダー問題、女性の社会進出の状況に関する統計やレポートが入手できる。
- **World Bank**（世界銀行） http://data.worldbank.org/ 世界のジェンダー問題（教育・社会進出・経済状態の男女格差など）の最新状況がわかる！
- **WHO**（世界保健機関） http://www.who.int/en/
世界の性年齢階級別人口の推移、高齢者人口の推移などの統計資料が参照できる。
- **United States Census Bureau**（米国勢調査局） http://www.census.gov/ 米国の国勢調査に基づく人口、同性婚等のデータ・分析が充実。
- 総務省統計局　http://www.stat.go.jp/
国勢調査、家計調査など統計の概況等が満載！
- 日本年金機構　http://www.nenkin.go.jp/n/www/index.html
公的年金加入状況、国民年金被保険者実態などの情報を Get できる！
- 少子化社会対策ホームページ（内閣府政策統括官（共生社会政策担当））http://www8.cao.go.jp/shoushi/index.html
政府の少子高齢化関係の法令、大綱などを参照できる。
- 子ども・子育て白書
http://www8.cao.go.jp/shoushi/whitepaper/index-w.html
少子化の状況および少子化施策の概況に関する政府の報告書が参照できる！

第8章

「メディア」問題を英語で討論するための技術と表現力UP

Media

1.「メディア」問題の最重要トピックはこれだ！

恩恵（Benefits）

- 情報の民主化（Democratization of Information）
- 情報共有（Information Sharing）
- 経済活動の活性化（Economic Revitalization）
- 情報の多様化（Diversity of Information）

弊害（Harmful Effects）

- メディアバイオレンス（Media Violence）
- デジタルデバイド（Digital Divide）
- 情報漏洩（Leakage of Information）
- 著作権の侵害（Infringement of Copyright）

情報化社会（Global Information Society）

メディアへの対応力（Media Literacy）

　メディアは、「情報化社会」(information society) を軸に、情報化社会がもたらす「恩恵」と「弊害」の２つに大きく分かれ、それぞれのトピックへと発展します。各「恩恵」と「弊害」は深く絡み合っている問題ばかりで、また、それらの問題は多くの場合、**「メディアへの対応能力」** (media literacy) の微妙なバランスの上に存在しています。英検１級二次試験に頻出のメディアの問題について Pros & Cons を検討する際には、そのバランスを考慮に入れて自分なりの考えを形成しておくことが大切です。

メディアは、**国際情報化社会（global information society）**において重要な役割を果たしており、多大な恩恵をもたらすと同時に、さまざまな**倫理上の問題（problems concerning media ethics）**を引き起こしています。中でも映画やコンピューターゲームなどの**暴力シーンや子供を対象にした広告の弊害（harmful effects of media violence and ads targeting at children）**、**著作権の侵害（infringement of copyright）**、**国家機密・個人情報漏洩（leakage of national and personal information）**などは国内外で議論されている問題（highly contentious issues）です。

また、**広告をはじめとするマスメディアの是非（the pros and cons of the mass media including advertisements）**、**インターネットの規制（restrictions on the Internet）**、**プライバシー vs. 知る権利（individual privacy vs. the public's right to know）**、**紙媒体から電子媒体へ移行（shift from printed media to electronic media）**、**ネット犯罪（cybercrime）**、**ネットいじめ（cyber bullying）**や**デジタルデバイド（digital divide）**なども重要な問題で、メディアへの**対応力（media literacy）**の向上が一層求められています。

今やメディアは、個人の生活レベルにとどまらず、世界の地域・国家がかかわる**地球規模の問題（issue of global concern）**であり、政治・経済も絡めた多角的な視点から議論することが必須です。本章では、各種英語資格試験に頻出のメディアトピックのエッセンスをまとめていますので、これらの表現や背景知識をマスターし、政治・経済的視点も意識しつつ、自分の意見を英語で発信できるように一緒に見ていきましょう。

▶国内外で最も議論されているトピック「メディア」ベスト５

1	Printed media vs. electronic media（紙メディア vs. 電子メディア）
2	Pros and cons of / roles of the mass media（マスメディアの是非／役割）
3	Effects of media violence on youth（若年層への暴力シーンの影響）
4	**Ban on ads targeting at children（子供を対象とした広告の禁止）**
5	Individual privacy vs. the public's right to know（プライバシー vs. 知る権利）

2.「メディア」問題を討論するためのアーギュメント&表現力UP

論争度★★★★　　　　　　　　　　　　　　　　　　　CD-58

| 電子メディア | 1. Will all printed media (books, newspapers, magazines) be replaced by electronic media?（すべての印刷メディアはやがて電子メディアに取って代わられるのか？） |

　2000年以降、急速に普及したインターネットに代表される**デジタル通信技術の躍進（advancement in digital communication technology）**は、先進国の**メディアの多様化（media diversification）**に拍車をかけています。2007年には米アマゾン社が発売した**キンドル（Amazon Kindle）**が米国でヒットし、**電子書籍（electronic book）**の売り上げも急増しました。また、アップル社が2010年に発売したiPadに代表される**常時オンライン接続（full-time connection）**が可能な**タブレット型端末（tablet-type device）**の登場に加え、**スマートフォン（高機能携帯電話）（smartphone）**が急速に普及し、紙とインクの**印刷文化（print culture）**消滅の気運がますます高まりました。では、印刷メディアが電子メディアに取って代わられる可能性についての賛成・反対双方の主張を見てみましょう。

YES（賛成側の主張）	
1. 電子メディアは**動画などの視聴覚情報**を提供し、印刷メディアよりはるかに大量の情報があり、**情報社会の高まるニーズに見合う**。	Electronic media provide **audiovisual information such as moving images** and store much more information than books, which can **meet the growing needs of information-oriented society**.
2. 電子メディアは、紙・輸送手段・スペースを利用しないので、**環境にやさしい**。	Electronic media are **eco-friendly** because of no use of paper, transportation and space.
NO（反対側の主張）	
1. **目の疲れや肩こり**を嫌い、電子メディアの使用を敬遠する人	Concern about the health risks such as **eye strain and stiff shoulders** will discourage

もいる。	people from using electronic media.
2. 多くの印刷メディアは室内装飾の一部にもなる**美的価値**を持つ。	In general, printed media have such **aesthetic value** and appeal that they can become part of interior decoration.

強いアーギュメントをするためのロジカル・シンキング力 UP！

　賛成派①の電子メディアならではの情報提供としては、ページ内にあるリンク先をたどっていけば**より詳細で個人が求めているさまざまなトピックの情報（more detailed and customized information on various topics）**を集めることができる、といった特長を挙げることができます。また、**音声認識やテキスト読み上げシステム（speech recognition and text-to-speech system）**を搭載した電子メディアは、直接キーボードに触れる必要がないために障害者にも文字データが利用しやすい、などのメリットが挙げられます。ハード面では、**長時間読んでも目が疲れない電子ペーパー（electronic paper display that causes little eyestrain for prolonged use）**を採用したものや、1回の充電で数週間以上電池が持つものなど、**バッテリーの残量（remaining battery charge [battery level]）**を気にせずに長時間読書をしたい消費者のニーズを満たす電子メディアも続々と登場しています。今後も電子メディアは、ハードウェアの**小型軽量化（reduction in size and weight）**、**機能の簡略化（more user-friendliness）**や**低価格化（lower prices）**が進むと期待されます。また、ハードウェアの普及に伴い、ソフトウェアも、質・量ともにますます充実していくでしょう。

　これに対して、反対派①の**電子表示へのストレスや違和感（stress and discomfort with electronic display）**を感じている人は多く、また、電子メディアの特長である**動画などの視聴覚情報（audiovisual information such as moving images）**によって得られる情報が豊かになった半面、想像力・思考力・独創性を養うには、多くの画像が提供されて情報が次々に変化していく電子メディアよりも、活字がメインである書籍がベターであるという指摘もあります。

論争度★★★★　　　　　　　　　　　　　　　　　　　CD-59

| メディアバイオレンス | 2. The effects of TV and movie violence on young viewers（テレビや映画のバイオレンスが若者に与える影響） |

今や世界中で人気を博している日本アニメは多いですが、**暴力シーン（violent scenes）** を多く含むものの子供への悪影響を懸念する声もあります。それに対して、すべての暴力描写が**若い視聴者に悪影響を及ぼす（have harmful effects on young viewers）** わけではなく、視聴する内容によっては、**攻撃性を抑制する（decrease their aggressive tendency）** 場合もあるというのが反対側の主張です。こういった主張を踏まえて、テレビや映画のバイオレンスが若者に与える影響について考えてみましょう。

1. 暴力シーンに過度に接すると、若い視聴者の**モラルは麻痺する**。	Exposure to scenes of too much violence will **paralyze young viewers' sense of morality**. (Q1 この問題への対抗策はあるのか？)
2. **長時間暴力シーンに接触する**と、影響を受けやすい低年齢層視聴者の攻撃性が刺激され、**暴力行動の増加につながる**。	**Prolonged exposure to violence** can stimulate susceptible young audiences' aggression, thus **leading to an increase in violent behavior**.
3. 低年齢の視聴者、特に男の子は**暴力シーンに夢中になる傾向**が強く、学力低下の原因ともなりえる。	Young audiences, especially boys are more likely to become **addicted to violent scenes,** which can often lead to a decline in academic abilities.

強いアーギュメントをするためのロジカル・シンキング力 **UP**！

欧米では、**メディアバイオレンスによる青少年への影響（effects of media violence on young viewers）** に関する研究が本格的になされており、各学術団体が、**統一した見解・警告（unified view and warnings）** を出しています。**対抗策（countermeasure）** としてQ1、**フィルタリング（filtering）** や**ブロッキング（blocking）** などが挙げられますが、**メディアから青少年を遠ざける（keep young viewers away from the media）** だけでは追いつかず、事態の解決にはなりそうにありません。そこで、青少年に、次のような「**メディア・リテラシー（media literacy）**」を身につけさせることの重要性

300

が唱えられるようになってきました。

▼メディア・リテラシーとは!?

① 批判的に読み解く能力（Ability to actively and critically analyze media messages）

③ 相互作用的なコミュニケーション能力（Ability to interactively and successfully communicate with others through the media）

② 技術を効果的に活用する能力（Ability to effectively use media technologies）

「メディア」問題を発信するための背景知識力 UP①

Harmful effects of ads targeting at children（子供を対象にした広告の弊害）

　欧米では、子供を対象にした広告の弊害に関する議論が盛んで、特に論議を呼んでいるのが、米国の**エンターテインメント業界（the entertainment industry）**が用いている、映画やテレビ番組などの中に実際の企業名や商品を登場させ、視聴者に印象づける**「プロダクトプレイスメント（product placement）」**という手法です。これは、**録画されたテレビ番組（recorded TV programs）の中のコマーシャルは飛ばし見されやすい（commercial zapping）**ことと、登場人物が使っている物に興味を持つ**流行に敏感な消費者（trend-conscious consumers）**に対応するためのマーケティング手法の一つです。効果的な手法として利用されてもいますが、**判断力の弱い子供向け（children with poor judgment）**にこの手法を使うことの是非が議論を呼び、ある年齢未満の子供を対象とした映画・テレビ番組、**一定の時間帯（specific time slot）**、また、酒・たばこ・ファーストフードなど健康被害が懸念される商品のプロダクトプレイスメントを自粛・禁止している国もあります。

論争度★★★★ CD-60

| マスコミ の役割 | 3. Does the mass media play a positive role in society? （マスメディアは社会において肯定的な役割を果たしているか？） |

「マスメディアの社会的役割」は TOEFL や英検 2 次試験で頻出のトピックです。賛成・反対双方の主張を参考にして、エッセイやスピーチの練習をしておきましょう。

YES（賛成側の主張）	
1. マスメディアは、**大衆が意見を述べる場を提供し、言論と表現の自由の促進、保護**において極めて重要な役割を担っている。	The mass media plays a vital role in **protecting the right to freedom of speech and expression through a forum to express opinions**.
2. **社会問題のメディアの報道**は、社会の不正やその解決の重要性に対する人々の意識を高めるので、生活の質を改善する。	Media coverage of social issues will enhance **the quality of life** by heightening public awareness about social injustice and the importance of solving social problems.
3. メディアが提供する**緊急速報や災害情報**によって、多くの人々や財産が救われ、**さらなる損害を防ぐ**こともできる。	**Urgent news flash or disaster information** offered by the media can save many people's lives and properties and **prevent further damage**.
4. メディアは、芸術や伝統文化の保存と普及に大きく貢献する**と同時に新しい流行も作り出す**。	The media greatly contributes to the preservation and promotion of arts and traditions **while setting a new trend and fashion**.
NO（反対側の主張）	
1. メディアは、高視聴率を狙って、**大衆受けする低俗な番組**を作成する傾向にある。	Aiming at achieving higher audience ratings, the media tend to produce **trashy programs that appeal to the general public**.
2. メディアで扱われるセックスや暴力によって、**社会全体のモラルが低下**する。	Sex and violence in the media greatly contribute to **moral degeneration**.

3. 報道内容を規制する政治家や官僚や大企業によって、メディアが操作される可能性がある。	The media can be manipulated by politicians, bureaucrats, or big businesses that control media coverage.

強いアーギュメントをするためのロジカル・シンキング力 UP！

　マスメディアのコンテンツの質は、**人々の嗜好と知的水準（the interest and intellectual level of people living in a society）**を反映しているとはよく言われますが、健全なニュースよりも悪質なニュースの方が**販売部数（circulation）**や**視聴率（viewer [andience] rating）**が上がるというのは、悲しい現実です。**熾烈な視聴率競争（fierce TV ratings race）**に勝ち抜くために、**でっちあげ（fabricating reports [stories]）**までしての**高視聴率の稼げる番組（TV program to achieve high viewer ratings）**の制作や**視聴率操作（Television-rating cheating）**、また、**有名人のスキャンダルの過熱報道（intensive media coverage of celebrities' scandals）**や**度の過ぎた暴露記事（sensational exposé）**で販売部数を伸ばそうとするなど、制作者・消費者双方の倫理観やモラルが問われています。

「マスコミ」問題を討論するための表現力 UP！

☐ 受信料　reception fee
☐ 視聴率操作　viewer [audience] rating cheating
☐ 民間放送　commercial broadcast（「国営テレビ局」は state-run television station）
☐ 地上波放送　terrestrial broadcasting（「地上波デジタル放送」は **ground-wave digital broadcasting**）
☐ 発行部数の多い新聞　mass-circulation newspaper
☐ 記者会見　press [news] conference
☐ 世論調査　public opinion survey [opinion poll]
☐ ビデオ映像　video footage
☐ マスコミ業界　the publishing and newspaper industries
☐ マスコミ受けする　mediagenic

☐マスコミ嫌いの　media-shy（「マスコミを敬遠する［に出たがる］」は avoid［seek］press publicity）
☐情報格差　digital divide（「情報過多」は information glut）
☐独占インタビュー　exclusive interview

「電話電信」問題を討論するための表現力 UP！

☐ウェブサイトを見て回る人　Web cruiser
☐（通常の）郵便　snail mail［hard mail］
☐ハイテクに強い　tech-smart［tech-savvy］
☐携帯電話加入者　cellular phone subscriber
☐勧誘電話　cold call（「電話勧誘」は telephone canvassing）
☐データ転送　data transmission
☐固定電話　landline　☐回線使用料　interconnection fees
☐ワン切り　single-ring solicitation scam　☐着メロ　ring tone
☐フリーダイヤル　toll-free call
☐個人情報を盗むこと　identity theft　☐電話詐欺　telephone scam
☐インターネット普及率　Internet penetration rate
☐高品位テレビ　high-definition television

「メディア」問題を発信するための背景知識力UP②

国民だれもがジャーナリスト?!

2010年から2011年にかけてチュニジアから始まり、中東・北アフリカ全域に広がった**「アラブの春（the Arab Spring）」**と呼ばれる**反政府運動（anti-government movement）**「ジャスミン革命」では、**フェイスブック（Facebook）**をはじめとするソーシャルメディアが中心的な役割を果たし、**「ソーシャルメディア革命」（social media revolution）**とも言われています。**デモの開催予定（demonstration schedules）**や**政府側の阻止行動（riot control）**の情報をソーシャルメディアで共有し、さらに**政府側との衝突（clash between police and protesters）**の模様を**ユーチューブ（You Tube）**にアップロードしたことで世界中の関心を集めました。日本では、2011年3月11日の**東日本大震災（the Great East Japan Earthquake）**直後、**短文投稿サイト（micro-blogging site）**の**ツイッター（Twitter）**が、**安否確認や被害情報（safety confirmation and disaster information）**を伝える場として大活躍しました。また、2011年9月、ウォール街から始まった**「格差是正」（reduction in economic disparities）**を求める若者たちのデモのニュースは、その後、**SNS（social networking service）**が**情報共有（information sharing）**の媒体として機能し、世界中に広がりました。

社会問題を討論するためのテクニック⑪

「重要な役割を果たす」
play a key [vital, pivotal] role in ～をマスター！

ではここで、社会問題を英語で討論する際に、覚えておくと大変役立つテクニックのレクチャーにまいりましょう。今回は、**「重要な役割を果たす」**と**「最大限にする・最小限にする」**表現編です。

> 「重要な役割を果たす」は、**play a key [vital / pivotal] role in ～**で社会問題の討論で頻出の表現ですので、以下の例文を参照して、使いこなせるようになっておきましょう。
>
> ☐ The mass media **plays a key [major] role in** promoting the right to freedom of expression.（マスメディアは、表現の自由の権利促進**に重要な役割を担っている**）
> ☐ Japan should **play a vital role** as the sole victim of atomic bombings **in** promoting nuclear disarmament.（日本は、唯一の被爆国として、核軍縮を進めるために**重要な役割を担うべきである**）
> ☐ Working parents can **play a sufficient role in** raising their children.（共稼ぎの両親は子供の養育**で十分な役割を果たすことができる**）

社会問題を討論するためのテクニック⑫

> 「最大限にする」maximize,
> 「最小限にする」minimize をマスター！

「最大限（最小限）にする」は、社会問題を討論する際によく使われる表現で、**maximize the profit [potential]**（利益[可能性]を最大限まで高める）、**minimize the risk [damage、danger、cost]**（リスク[危険性、コスト]を最小限に押える）などのコロケーションが重要です。

☐ Grade-skipping will **maximize the potential of** gifted students.（飛び級は、才能ある生徒**の潜在能力を最大限に引き出す**）

☐ Economic sanctions can be effective by **minimizing** the suffering of average citizens and **maximizing** the pressure on the leadership.（経済制裁は、一般市民の苦しみ**を最小限にし**、指導者への圧力**を最大限にする**ことによって、効果を上げることができる）

☐ **minimize** the amount of standby electricity（待機電力を**最小限にする**）

☐ **minimize the risks** of radioactive contamination（放射能汚染のリスクを最小限に抑える）

論争度★★★　　　　　　　　　　　　　　　　　　CD-61

| インターネット | 4. How has the Internet changed the mass media?（インターネットはメディアをどう変えたか？） |

インターネットの普及に伴い、得られる**情報の「量」**が大幅に増え、**画像（images）や動画（moving images / pictures）により情報の「質」も大きく変化（significant change in the volume and quality of information）**したため、24時間常に、最新のより詳しい情報（up-to-date, more detailed information）が各メディアから配信されるようになりました。では、インターネットよるメディアの変化に関する主張を見ていきましょう。

1. インターネットのおかげで、**メディアの民主化やグローカリゼーション**が進んだ。	The Internet has contributed to the **democratization and "glocalization" of the mass media**.
2. インターネットは、意見交換の場を提供し、メディアをより視聴者参加型に変えた。	Offering a forum to exchange opinions, the Internet has made the mass media more **interactive with** viewers. Q1（例えば、どんなものがあるか？）
3. インターネットのおかげで、メディアは**最新のより詳しい情報を配信**できるようになった。	The Internet has enabled the mass media to **provide more detailed, up-to-date information** than ever before.

強いアーギュメントをするためのロジカル・シンキング力 UP！

メディアと視聴者との**双方向のコミュニケーション（interactive communication between the media and viewers）**の機会が増えた例として、投票やツイッターでの書き込みによる発言の場を提供し、質疑応答など、**視聴者を交えながらの生放送をするテレビ番組やニュース、討論番組（live TV shows, news and studio discussion programs that interact with their viewers）**が増えたことなどが挙げられますQ1。

308

「メディア」問題を発信するための背景知識力 UP③

インターネットのもたらす可能性と問題とは?!

可能性	〈コミュニケーションの可能性と学習の機会を拡大〉 ・異文化交流（cross-cultural communication） ・遠隔教育（distance learning） ・生涯学習（lifelong learning）
	〈生活の利便性を向上〉 ・行政サービスの電子化（digitalization of administrative service） ・オンラインゲーム、音楽のネット配信（music distribution via the Internet） ・インターネット・バンキング（online banking） ・インターネット電話（Internet telephone）
	〈ビジネスチャンスの創造〉 ・オンライン・マーケティング（online marketing） ・ネット広告（Internet advertisement）
問題	〈社会的損害（social damage）〉 ・サイバー・テロ攻撃（cyberterrorism） ・虚偽情報（misleading information） ・個人情報流出（leakage of private information） ・他者からの誹謗・中傷（defamation）、ネット上でのいじめ（cyber-bullying） ・パソコンやインターネットなどの情報技術を使いこなせる者（the net-savvy）と使いこなせない者（the net illiterate）の間に生じる情報格差（digital divide） ・システム、情報への干渉（system and data interference） ・悪徳商法（illegal business practices [scam]） ・迷惑メール（spam mail）、ウイルス（computer virus） ・著作権違反（piracy [copyright violation]） ・児童ポルノ（child pornography）などの有害サイト（harmful websites）
	〈健康被害（health damage）〉 ・長時間のパソコン利用による**骨格や筋肉の機能低下（deterioration of the skeletal and muscular system）、体力の減退（decline in physical strength）、肥満（obesity）、姿勢の悪化（bad posture）**

「メディア」問題を発信するための背景知識力UP④

ネットメディアの特徴

　リアルタイムで音声や画像をネットに配信できる**ライブストリーミング技術（live streaming technology）**、**SNS（Social Networking Services）**、**動画共有サイト（video-sharing sites）**や**ブログ（web log）**などの**ソーシャルメディア（social media）**を利用して、一般市民が気軽に**情報発信者（information provider）**となり、テレビ・新聞などの支配的な**巨大メディア（media giant）**に対抗できるようになりました。今後もますますネットメディアの広がり・活躍が期待されます。

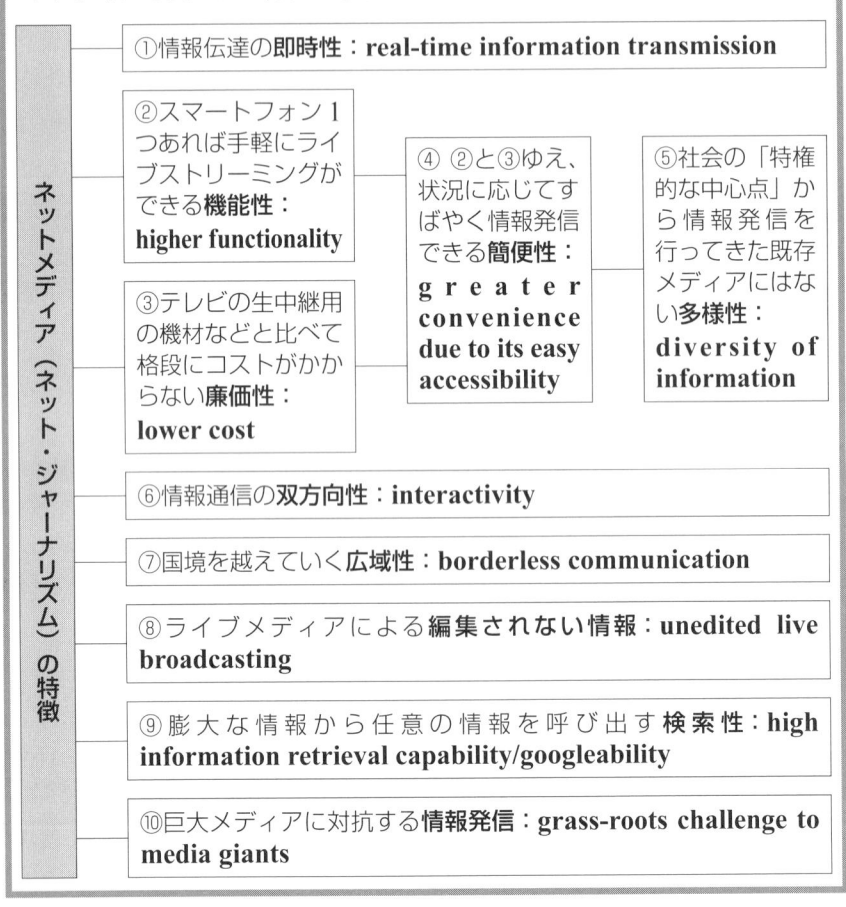

ネットメディア（ネット・ジャーナリズム）の特徴

① 情報伝達の**即時性**：real-time information transmission

② スマートフォン1つあれば手軽にライブストリーミングができる**機能性**：higher functionality

③ テレビの生中継用の機材などと比べて格段にコストがかからない**廉価性**：lower cost

④ ②と③ゆえ、状況に応じてすばやく情報発信できる**簡便性**：greater convenience due to its easy accessibility

⑤ 社会の「特権的な中心点」から情報発信を行ってきた既存メディアにはない**多様性**：diversity of information

⑥ 情報通信の**双方向性**：interactivity

⑦ 国境を越えていく**広域性**：borderless communication

⑧ ライブメディアによる**編集されない情報**：unedited live broadcasting

⑨ 膨大な情報から任意の情報を呼び出す**検索性**：high information retrieval capability/googleability

⑩ 巨大メディアに対抗する**情報発信**：grass-roots challenge to media giants

論争度★★★★　　　　　　　　　　　　　　　　　　　　CD-62

| メディア倫理 | **5. Should celebrities' privacy be protected?**（有名人のプライバシーは守られるべきか？） |

「有名人のプライバシー保護」に関しては、国内外を問わず盛んに議論されています。**知名度（publicity）**を狙ってマスコミにプライバシーを公開するなど、メディアを利用している有名人も実際に存在しており、**有名人であるがゆえの対価「有名税」（the price of fame）**としてとらえるべきである、という意見も多くあります。では、賛成・反対双方の主張を見ていきましょう。

YES（賛成側の主張）	
1. 個人の私生活は、知名度にかかわらず、不名誉な写真を撮影するためにプライバシーを侵害するでしゃばりなメディアから守られるべきである。	**Regardless of publicity**, the private lives of individuals should be protected from the **intrusive media that trespasses on their privacy** to take their scandalous pictures.
2. 有名人の写真を撮ろうとするパパラッチによる**執拗な追跡**は、有名人とその場に居合わせた一般人の生命を危険にさらす。	Paparazzi's **relentless pursuit** of photographing famous people will jeopardize the lives of celebrities and people around them.
NO（反対側の主張）	
1. 政治腐敗の報道の場合には、**報道の自由と人々の知る権利**が、有名人のプライバシーの権利より優先される。	In the case of coverage of political corruption, **freedom of press and the public right to know** outweigh celebrities' right to privacy.
2. 有名人は知名度のために莫大な報酬を得るのだから、**有名税**としてプライバシーは犠牲にして、大衆を楽しませるべきである。	Celebrities, who receive a huge income because of their publicity, should entertain the public by accepting the loss of their privacy as **the price of fame**.

強いアーギュメントをするためのロジカル・シンキング力 UP！

パパラッチの執拗な追跡（**relentless pursuit by paparazzi**）が原因と言われる交通事故に巻き込まれ、帰らぬ人となってしまったイギリスの故ダイアナ元妃事件以来、米国ではブリトニー法（the Britney Law：有名人をパパラッチから保護する）が制定されるに至るほど、欧米では**マスコミ報道の過熱**

311

(frenzied media coverage）が問題視されています。そのような背景の中、現行法の強化や**不法侵入、暴行、交通違反**などに厳しい罰則を科す（impose severe punishment on **trespassing, assault and traffic violations**）ことで、有名人を十分に保護すべきだとする主張もあります。

「メディア倫理」問題を討論するための表現力 UP！

- メディア検閲　media censorship（「メディア弾圧［規制］」は media crackdown [control]）
- 新聞の報道停止　newspaper blackout（「言論統制法」は gag rule）
- 自主規制　self-regulation（「自主検閲」は self-censorship）
- 表現の自由　freedom of expression（「言論の自由」は freedom of speech、「報道の自由」は free press）
- やらせ　faking [staging, prearranged performances]
- ワイドショー　gossip show / tabloid show（「芸能ニュース」は celebrity gossip）
- 情報リテラシー　information literacy
- 著作権の侵害　infringement of copyright
- 海賊版　pirated copy [pirate edition]

論争度★★★★　　　　　　　　　　　　　　　　CD-63

著作権　**6. Prohibition of downloading music and films**
（音楽や映画のダウンロードの禁止について）

「音楽や映画のダウンロード禁止」に関しては、国によって、また、アイテムごとに対応が異なっており、欧米でも意見が大きく分かれています。英検では頻出のトピックですので、賛成・反対双方の意見を参考にエッセイやスピーチができるようにしておきましょう。

PROS（賛成側の主張）	
1. 他の製品と同じように**制作に時間、労力や費用がかかっている**ので、消費者は音楽や映画に対価を支払うべきである。	Just like any other products that **require time, money, and energy for production,** consumers should pay for music and films.
2. **著作権を保護すること**によっ	**Protecting copyright** promotes the movie

て、映画・音楽産業が促進され、**経済が活性化される**。	and music industry, thus **boosting the economy**.
3. 著作権の保護により、**芸術的創造性のレベルが高められる**。	Protecting intellectual property rights will **enhance the level of artistic creativity**.
CONS（反対側の主張）	
1. 公共図書館で最新の音楽や映画を楽しむ機会が平等に与えられているように、音楽や映画のダウンロードやファイルの共有も「フェアユース」としてとらえるべきである。	As people have equal opportunities to enjoy up-to-date music and films at public libraries, downloading and file sharing of music and movies should be considered as **"fair use."**.
2. これ以上の規制は、闇市場を活性化し海賊版が出回るのを促しかねないので、**デジタル化された音楽や映画の広範囲にわたる共有を管理する**ことは、事実上、不可能かつ非生産的である。	It is virtually impossible and unproductive to **keep control over widely sharing digitized music and movies,** as further restrictions will more likely encourage black markets and Internet piracy.

強いアーギュメントをするためのロジカル・シンキング力 UP！

1999 年に**音声ファイルデータの共有（music file sharing）**を目的とした Napster（ナップスター）の公開後、2002 年には、通信の**暗号化（encoding）**や**転送（data transmission）**機能を備えた日本製の **Winny（ウィニー）**が登場し、音楽・映画・ゲームソフト・電子書籍などの**デジタル化された著作物（digital copyrighted content）**が**無償ダウンロード（free download）**やファイル共有などを通じて、大量に流通するようになりました。**国境を越えたコンピュータネットワーク上（borderless computer network）**における著作物の権利をめぐっては、多くの国で何らかの著作権法による保護を受けていますが、万国著作権条約やベルヌ条約などの**多国間条約による著作権法（copyright law based on the multinational treaties）**の国際的統一は不完全であり、**条約の加盟国（member nations）**であっても、細かな保護の対象は、国とアイテムによって見解も対応も異なっています。例えば、映画の**海賊版（pirate edition）**のコピーに関しては、ほとんどの欧米諸国で違法としていますが、MP3 と呼ばれるデジタル音楽ファイルの**個人使用（personal use）**を目的とするダウンロードやコピーに関しては、同じ条約の加盟国の中でも違法・合法が分かれています。

> **Notes**
> フェアユース **"fair use"** とは、主にアメリカ合衆国の著作権法の中で、公正な利用（フェアユース）に該当する使用と評価されれば、著作権者の許諾がなくとも著作物を使用できること。

「メディア」問題を発信するための背景知識力 UP⑤

The roles of advertisement in modern society
（現代社会における広告の役割とは？）

　携帯電話やスマートフォン（smart phone）の画面は各種サービスや商品の広告バナーやリンクであふれています。ワンクリックで、商品の基本的な情報はもちろんのこと、**商品をさまざまな角度から映した鮮明な映像（clear images of products from different angles）** で確認することができ、実際に手に取らずとも**触感（texture of products）** さえ伝わってくるほどです。さらに、他の購入者のコメント（other customers' comments on the product）、商品の詳細な使用方法（detailed instructions）からメリット・デメリットまで細かく記載されており、商品の購入前にも購入後も役立つ情報を気軽に手に入れることができます。

	消費者側	広告企業側
メリット	・商品を購入する前に、商品やサービスを比較検討する（comparison-shop）ことができる。 ・購入後に**アフィリエイト広告（affiliate advertising（成功報酬型広告））** を利用して、広告収入（advertising revenue）を得ることができる。	・消費者の物欲を刺激し（stimulate consumption）、顧客層を拡大する（expand their customer base）。 ・企業イメージをUP（boost the corporate image）させ、商品をブランド化させることができる。
デメリット	・消費者を衝動買い（impulse buying）に走らせる。 ・夢のようなことが簡単に実現するかのように消費者の誤解を招くような情報で（misleading information）商品を購入させる。	・広告効果の正確な評価をすること（accurate evaluation of advertising effects）が難しい。 ・イメージキャラクターが不祥事を起こすと、広告採用企業のイメージ（degrade the company image）まで悪くなる。

また、多忙な現代の消費者には、そのように多くの商品情報を**短時間で効率よく比較検討する**（**make a comparative evaluation of products and services efficiently**）ことができる**ランキングや口コミサイト**（**websites that offer product ratings and testimonials**）も人気があります。口コミやブログを通して情報発信者（information provider）にもなった現代の消費者の中には、商品を購入するだけではなく、**アフィリエイト（成功報酬型広告）**（affiliate marketing [performance-based marketing]）などを利用して、自分の気に入った商品をネット上で他の消費者に紹介することで**広告収入**（**advertising revenue**）を得る人もいます。今や広告は、消費者が一方的に受けるだけのものではなく、消費者自らが集め比較検討し、さらには**収入を得るためのツール**（**effective tools to earn extra income**）としての役割を果たすまでになりました。

「広告」問題を討論するための表現力 UP !

- 広告収入　advertising revenue
- 誇大広告　bait-and-switch advertising [hype, misleading advertisement, fraudulent advertising]
- 電子看板　electronic billboard [signboard]
- 全面広告　full-page advertisement
- 大々的な宣伝キャンペーン　media blitz

「メディア」問題を発信するための背景知識力UP⑥

融合する広告・マーケティング手法

インターネットを中心として複数のメディアを組み合わせることで**より高い広告宣伝効果（effective advertising）**を得る**マーケティング手法（marketing strategy）**、**「クロスメディア（the cross-media）」**に企業からの注目が集まっています。**インターネット上のバナー広告（banner advertising on the Internet）**、SNSのブログでの商品紹介、Email、オンラインショッピングや**ネットオークション（net auction）**などによる**電子商取引（E-commerce）**を組み合わせて消費者を取り込むこの手法を、いち早く取り入れた**通販業界（the mail-order industry）**では、すでに定着しています。また、JR東日本の車両内小型ディスプレイ**「トレインチャンネル（train channel）」**などの例に見られる、ネットワーク化によって複数の端末に一斉に情報を流したり、一瞬にして情報を変更できたり、設置場所・時間に合わせた情報を映し出すことができる**デジタルサイネージ／電子看板（digital signage）**もますます普及していく傾向にあります。

皆さん、いかがでしたか？ では、ここで **Borderless English 言い換えトレーニング**にトライしていただきましょう。平易な構文や語彙を使い、世界のノンネイティブが理解しやすい Borderless English で表現してみましょう。

3. Borderless Englishで言うとこうなる！〜メディア編〜

1. Concern about the health risks such as eye strain and stiff shoulders will **discourage people from using** electronic media.（目の疲れや肩こりを嫌い、電子メディアの使用を敬遠する人もいる）

Borderless English If people are concerned about the health risks such as stiff shoulders and harm to the eyes, **they will hesitate to use** electronic media.

解説 **Concern** で始まる主語は if 節を使って簡単な表現に言い換えています。また、**discourage**（思いとどまらせる、やめさせる）という動詞を使わずに、if 節に続けて **they will hesitate** … という表現に言い換えることができます。

2. Excessive exposure to media violence will **paralyze young viewers' sense of morality**.（メディアの暴力シーンに過度に接すると、若い視聴者のモラルは麻痺する）

Borderless English If young people are exposed to media violence too much, **they will think that violence is acceptable**.

解説 **Exposure** で始まる主語は if 節を使って平易な表現に言い換え、**paralyze young viewers' sense of morality**（若い視聴者のモラルを麻痺させる）を **they will think that violence is acceptable**（暴力は受け入れられるものだと考える）とわかりやすく言い換えています。

3. **Prolonged exposure to violence** can **stimulate susceptible young audiences' aggression**, thus leading to an increase in their violent behavior.（長時間暴力シーンに接触すると、影響を受けやすい低年齢層視聴者の攻撃性が刺激され、暴力行動の増加につながる）

Borderless English **If young viewers are exposed to violence for a long period of time,** it can **make easily influenced young audiences aggressive** and drive them into violent behavior.

解説 **Prolonged exposure to violence**（長時間にわたる暴力シーンへの接触）という表現は if 節を使って、**If young viewers are exposed to violence for a long period of time** に言い換えると平易になります。**stimulate** *sb's* aggression（〜の攻撃性を刺激する）を **make** *sb* **aggressive** に、**susceptible young audiences**（影響を受けやすい低年齢層視聴者）を **easily influenced young audiences** という簡単な表現に言い換えています。

4. Paparazzi's **relentless pursuit** of photographing famous people will **jeopardize** the lives of celebrities and people around them.（有名人の写真を撮ろうとするパパラッチによる**執拗な追跡**は、有名人とその場に居合わせた一般人の生命を危険にさらす）

> **Borderless English** Paparazzi's **determined attempt** to take photographs of famous people will **threaten** the lives of celebrities and people around them.
>
> 解説 relentless pursuit（執拗な追跡）を determined attempt（必死の試み）という平易な表現に言い換えています。また jeopardize（危険にさらす）を threaten（脅かす）にすると平易になります。

　皆さん、いかがでしたか？　では、「メディア」のその他の重要例文にまいりましょう。

4.「メディア」問題を討論するためのその他の重要例文集

論争度★★

7. Should the names or photos of juvenile criminals be made public?
（青少年犯罪者の名前・写真を公開すべきか？）

YES（賛成側の主張）

1. 類似した犯罪を**効果的に抑止する**ために、重犯罪者の身元は、公開されるべきである。	Serious juvenile offenders' identities should be made public, as it will **serve as an effective deterrent** to similar crimes.
2. 公共の安全のため、**殺人・放火・レイプなどの重罪**を犯した青少年犯罪者の名前や写真の公表は正当である。	For the sake of public safety, it is legitimate to publicize the names and photos of the juvenile criminals who have committed **felonies such as murder, arson and rape**.

NO（反対側の主張）

1. 青少年犯罪者の名前や写真を公開しても**犯罪防止や撲滅**に効果はなく、むしろ、目立ちたいという理由だけの**模倣犯**を生み出しかねない。	It won't make any difference in **crime prevention and eradication**, but it's more likely to produce those **copycats** who just want to be in the spotlight.
2. 青少年犯罪者が更生し、法を守る善良な市民へと成長する意欲をそいでしまう。	It will discourage juvenile criminals from **reforming and growing into law-abiding good citizens**.

論争度★★

8. The pros and cons of ban on cigarette advertisements
（たばこ広告禁止の是非）

PROS（賛成側の主張）

1. たばこ広告の存在自体が喫煙による**健康被害に対する人々の懸念**を弱めさせている。	The existence of cigarette advertisements **makes people less concerned about health risks** posed by smoking.

2. 喫煙の健康への有害性は、科学的に証明されてきている。	Harmful effects of cigarettes on the public health have **been scientifically proved**.

CONS（反対側の主張）	
1. 政府公認でたばこは売買されているのだから、その広告を禁ずることは**表現の自由の精神に反し、個人の選択の自由を危機に曝す**。	Since cigarettes are legally bought and sold, banning cigarette ads **goes against the spirit of freedom of expression and restricts freedom of choice**.
2. たばこのすべての広告に健康被害に関する警告が目立つように貼られているので、禁止は必要ない。	**Health risk warnings against smoking prominently stamped** on cigarettes rule out the need for the proposed ban.

論争度★★

9. The pros and cons of regulations on the Internet
（インターネット規制の是非）

PROS（賛成側の主張）	
1. 自殺や違法ドラッグをすすめる有害なサイトから無防備な子供たちを守るために規制は必要である。	It is necessary to prevent vulnerable children from viewing **harmful websites that encourage suicide and illegal drug use**.
2. インターネット上の誹謗中傷、人種差別などの過激で扇動的な表現を抑止する。	It will prevent **inflammatory comments such as racially offensive terms and defamation of others** from being posted on the Internet.
3. 個人情報や機密情報の漏えいに対する有効な対抗措置となる。	It will serve as effective countermeasures against **the leakage of individual and confidential information**.
4. 自主規制では違法・有害コンテンツを完全に排除するのに十分ではない。	**Self-regulation** is not enough to eliminate **illegal and harmful contents** on the Internet.

CONS（反対側の主張）	
1. 政府による規制は、意見の交換を促すインターネットの最大の利点の一つである**表現の自由を損なう**ことになる。	Governmental regulations will **undermine freedom of expression**, one of the greatest benefits of the Internet that promotes exchange of opinions.
2. 自由国家に住むわれわれには、すでにある一定の規制が施行されている中、**情報にアクセスする権利**があるので、後は**個人の思慮分別**にゆだねられるべきである。	Since people living in free countries have **the right to access information** with certain regulations already implemented, the rest should be left to **individual users' discretion**.
3. 子供が**違法でわいせつなインターネットサイトを閲覧するのを制限**し、彼らを有害な情報から保護するのは親の責任である。	Parents should be responsible for **restricting their children's access to illegal and obscene sites** and protecting them from harmful information.
4. 政府の規制により、**少ない初期投資で事業の立ち上げ**を可能にするインターネットで活気づいた**経済活動が損なわれる**。	Government control will **undermine economic activities** stimulated by the Internet that allows people to **start business with low initial investment**.
5. ネット規制は、**法律の抜け穴**を見つけたり、闇市場を生み出す人々が巧みに**逃れる**ために効果がない。	Regulations on the Internet are ineffective as they will **be circumvented by** people who **find loopholes** or create a black market.

5.「メディア」問題を発信するための必須表現クイズにチャレンジ

本章で取り上げた表現の中から厳選した20の表現を英語で説明してみましょう。

1	受信料	11	著作権の侵害
2	地上波デジタル放送	12	海賊版
3	世論調査	13	広告収入
4	ビデオ映像	14	誇大広告
5	情報格差	15	大々的な宣伝キャンペーン
6	独占インタビュー	16	携帯電話加入者
7	メディア検閲	17	データ転送
8	有名税	18	着メロ
9	言論の自由	19	個人情報漏えい
10	やらせ	20	インターネット普及率

解答例 即答できるまで繰り返し音読して覚えましょう！

1	reception fee	11	infringement of copyright
2	ground-wave digital broadcasting	12	pirated copy [pirate edition]
3	public opinion survey	13	advertising revenue
4	video footage	14	misleading [deceptive] advertising
5	digital divide	15	media blitz
6	exclusive interview	16	cellular phone subscriber
7	media censorship	17	data transmission
8	price of fame / price of being a celebrity	18	ring tone
9	freedom of speech	19	leakage of personal information
10	faking, staging, prearranged performance	20	Internet penetration rate

6.「メディア」問題を討論するための最重要サイトTOP10

- **World Association of Newspapers and News Publishers [WAN-IFRA]**（世界新聞協会） http://www.wan-ifra.org/
  全世界における報道の自由の保護・促進への取り組み、メディアの動向、技術革新、新たなるビジネスモデルなどの最新情報を入手できる。
- **World Intellectual Property Organization [WIPO]**（世界知的所有権機関） http://www.wipo.int/portal/index.html.en
  知的財産権保護の国際的な推進のための活動や条約についての情報を掲載。
- **Centers for Disease Control and Prevention [CDC]**（アメリカ疾病管理予防センター） http://www.cdc.gov/
  メディアバイオレンスや広告が子供に与える影響に関するデータの最新情報、グローバルスタンダードと見なされる勧告文書を入手できる。
- **World Federation of Advertisers [WFA]**（世界広告主連盟） http://www.wfanet.org/en
  世界の広告主による健全な広告のあり方に関する最新情報を参照できる。
- **UNESCO (Communication and Information)**（ユネスコ） http://www.unesco.org/new/en/communication-and-information/
  ユネスコによるメディア・リテラシー教育に関する情報を掲載。
- 総務省 http://www.soumu.go.jp/
  メディア・リテラシー向上への取り組みに関する情報を参照できる。
- 厚生労働省 http://www.mhlw.go.jp/
  子供を対象とした広告・その他の広告規制に関する情報を入手できる。
- 経済産業省 http://www.meti.go.jp/
  広告規制や模倣品・海賊版拡散防止条約（ACTA）に関する最新情報を掲載。
- 文化庁 http://www.bunka.go.jp/
  著作権制度に関する情報や海賊版対策についての情報を掲載。
- 消費者庁 http://www.caa.go.jp/
  悪質インターネット商法・ステルスマーケティング・個人情報保護対策に関する情報を入手できる。

第9章

「レジャー」問題を英語で討論するための技術と表現力UP

Leisure Activities

1.「レジャー」問題の最重要トピックはこれだ！

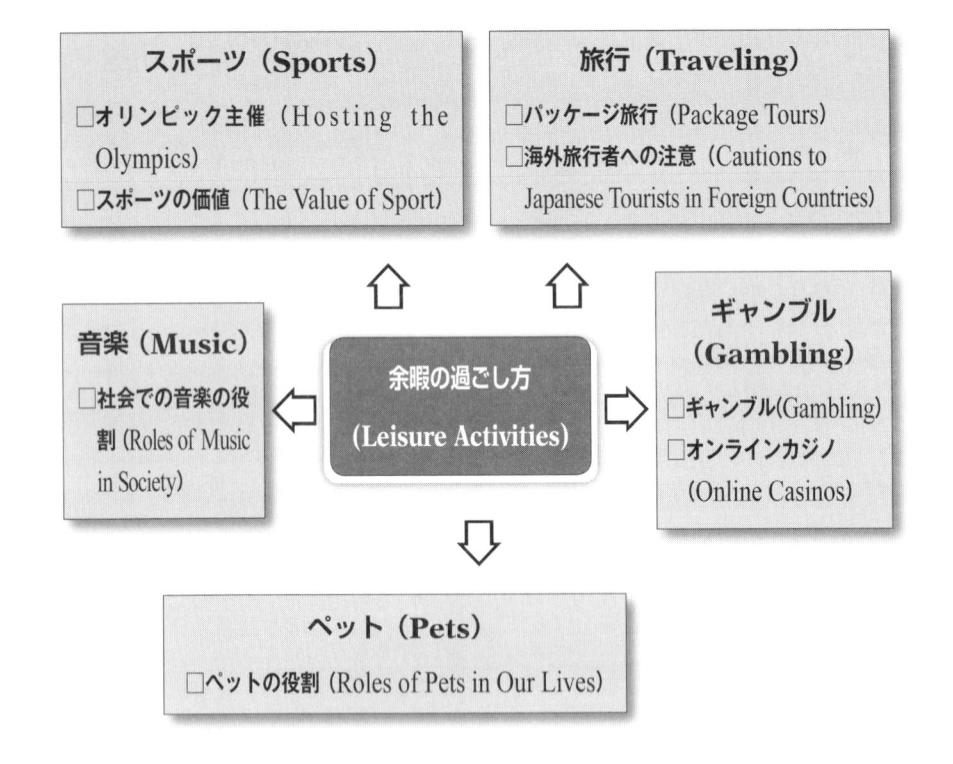

スポーツ（Sports）
- □オリンピック主催（Hosting the Olympics）
- □スポーツの価値（The Value of Sport）

旅行（Traveling）
- □パッケージ旅行（Package Tours）
- □海外旅行者への注意（Cautions to Japanese Tourists in Foreign Countries）

音楽（Music）
- □社会での音楽の役割（Roles of Music in Society）

余暇の過ごし方 (Leisure Activities)

ギャンブル（Gambling）
- □ギャンブル(Gambling)
- □オンラインカジノ（Online Casinos）

ペット（Pets）
- □ペットの役割（Roles of Pets in Our Lives）

　レジャー関係の討論の内容は、「**余暇の過ごし方**」を中心にして、「**スポーツ**」、「**旅行**」、「**音楽**」、「**ペット**」、「**ギャンブル**」など多岐にわたります。「スポーツ」についてはその「価値」や「オリンピック」、「旅行」については「旅行者への注意」、「音楽」や「ペット」については「役割」、ギャンブルについてはその「是非」など、さまざまな余暇関連のトピックについて考えてみましょう。

この分野の重要トピックであるスポーツ、トラベル、音楽、ギャンブル、ペットは、どれも私たちの生活と大きなかかわりを持っており、TOEFL や IELTS など、英検以外の各種資格検定試験のスピーキング問題でも頻繁に出題されています。

　「レジャー」全般では、**個人の余暇の過ごし方（how to spend one's leisure）** や**余暇の変遷（changing patterns of leisure activities）** が重要です。頻出の分野は「スポーツ」で、**好きなスポーツ（my favorite sports）** といった個人の話題から、**オリピックの主催や商業主義の是非（the pros and cons of hosting the Olympics / the commercialization of the Olympics）、プロ選手（professional athletes）** 参加の是非、**スポーツの国際関係への貢献（contribution of sports to international relations）、子供にとってのスポーツの価値（value of sports for children）、運動能力向上薬使用（use of performance-enhancing drugs）** などについて世界中で議論されています。

　「トラベル」では、**行きたい国（countries I would like to visit）** や**心に残る旅行経験（unforgettable travel experiences）** といった個人の話題から、**パッケージツアーの是非（the pros and cons of package tours）** や、**海外旅行者への注意（cautions to tourists in foreign countries）** などについて英語で表現できるようにしておきましょう。その他、**音楽の役割や重要性（roles of music / importance of music in life）、ギャンブルの是非（the pros and cons of gambling）、ペットの役割（roles of pets）** や**ペットを飼うメリット（advantages of having a pet）** などのトピックが重要です。

▶国内外で最も議論されているトピック「レジャー」ベスト５

1	The advantages and disadvantages of hosting the Olympic Games （オリンピック開催地となるメリット・デメリット）
2	The value of sports for children （子供にとってのスポーツの価値）
3	The pros and cons of gambling （ギャンブルの是非）
4	The roles of music in society （社会での音楽の役割）
5	The roles that pets play in our lives （日常生活におけるペットの役割）

2.「レジャー」問題を討論するためのアーギュメント＆表現力UP

論争度★★★★　　　　　　　　　　　　　　　　　　　　CD-64

| オリンピック | 1. The advantages and disadvantages of hosting the Olympics（オリンピック開催地となるメリット・デメリット） |

　近代オリンピックの始まりは1896年にギリシャのアテネで開催された、第1回オリンピック大会に遡ります。オリンピックは、**オリンピズム（Olympism）**の理念に基づき、心身を鍛えて**調和の取れた人間を形成し（well-balanced human development）**、スポーツを通じて**友情、連帯、フェアプレーの精神を養い（fostering friendship, solidarity and fair play）**、国際理解の精神に基づく差別と戦争のない平和な社会を実現（**creation of peaceful world free from discrimination and war by promoting international friendship**）することを目的としています。

　人種、宗教、政治を超えた**平和の祭典（peaceful festivities）**として始められたオリンピックは、戦時中は開催されず、その後も**国際政治情勢（world affairs）**の影響を受け、**国家の威信（national prestige）**を表す場として利用されたり、**ボイコット（boycott）**されたり、**テロの標的（targets of terrorists）**にもなっています。

　オリンピックは、元来、**報酬（remuneration）**を受けるべきではないという、**アマチュアリズム（amateurism）**が基本でしたが、近年はメダリストに**賞金（prize money）**が払われるようになり、商業化の中で**プロの参加も認める（allow participation of professional athletes）**ようになりました。さらに、「勝つことではなく、参加することに意義がある」（**The most important thing is not winning but taking part.**）という理念で始まったのが、今では、メダルの数を重視し、**運動能力増強**のために薬物を使用する**ドーピング（doping）**問題が深刻化しています。では、オリンピックの開催地となるメリット・デメリットについて、以下のキーアイディアを見てみましょう。

Advantages（メリット）	
1. オリンピックを開催することによって、**観光産業が盛んとなり、建設事業への投資が増えて、国内の経済が活性化する。**	Hosting the Olympics can **boost the domestic economy through increased tourism and investment in infrastructure.** (**Q1** 経済効果はどのくらい？)
2. **インフラ整備により**開催都市は**恩恵を受け**、地域住民の**生活の質が高まる。**	The **improvement of infrastructure** will **bring benefits** to the host cities, thus **enhancing the quality of life** of the local people.
3. オリンピックを開催することは**文化を紹介する**機会を提供し、開催国の**国際的な評判を高める。**	Hosting the Olympics **raises the international stature** of the host country, providing an opportunity to **showcase its culture.**
4. オリンピック開催は**国民の誇りを高め、国の結束を強める。**	Hosting the Olympics can **boost national pride and promote national unity.**
Disadvantages（デメリット）	
1. 開催都市にとって、オリンピック会場を建設、維持するための**高い費用が大きな経済的負担となる。**	The **high construction and maintenance costs** for the Olympic venues can **be a great economic burden on the host cities.** (**Q2** コストが負担になった例は？)
2. オリンピック開催国は、**世界中の注目を集めるため、テロの標的になる危険性が高まる。**	Host countries **draw worldwide attention**, which can **increase the likelihood of becoming the target of terrorism.**
3. オリンピックを開催することにより、ゴミや公害が増えるために、**環境の悪化を引き起こす。**	Hosting the Olympics can **cause environmental degradation** through increased waste and pollution. (**Q3** 環境悪化の具体例は？)

強いアーギュメントをするためのロジカル・シンキング力UP！

メリット①（経済効果（**economic benefits**））についてはサポートとして、オリンピック開催により①競技施設および大会関連施設の建設費、②鉄道、道路など交通システムの整備費、③**チケット収入（revenue from ticket sales）**、**放映権料（broadcasting rights fee）**、スポンサー収入（**sponsorship** money）などで賄われる大会運営費、④大会関係者・観客の移動、宿泊、飲食や買い物などにかかわる消費支出などの需要が創出され、**開催地、開催国の経済は活性化（stimulate the economy of host cities and countries）**されると言えます。その額は 2004 年のアテネでは約 1 兆円、2012 年のロンドンは数千億円で、東京ならば数兆円とも言われています Q1。

一方、**デメリット①（経済負担）**のサポートとしては、肥大化するオリンピック（夏季五輪では参加国は 200 カ国を超え、競技・種目数も増え、選手は 1 万人を突破）に、**設備投資（facility investment）** や **警備費用（security costs）** がかかり過ぎること、開催後の競技施設の有効な後利用がなされず、維持費がかさむ**無用の長物（white elephants）** となり、財政を圧迫することなどが挙げられます。

> Q2 回答：1976 年のモントリオール大会で約 12 億ドル（3600 億円）の損失が出て、市が税金で穴埋めをしました。

デメリット②（テロの危険性）のサポートとしては、**1972 年のミュンヘン大会**での、アラブゲリラによる選手殺人事件などが挙げられます。ちなみに、国際情勢の影響を受けた例としては、1980 年に、**ソ連のアフガニスタン侵攻（the Soviet invasion of Afghanistan）** に対する**制裁措置（sanctions）** として、西側諸国がモスクワ大会をボイコットし、その報復として、ソ連や東欧圏諸国が 1984 年のロサンゼルス大会をボイコットしたことが挙げられます。

デメリット③（環境への悪影響（environmental damage）） に関しては、**温室効果ガス排出（greenhouse gas emissions）の増加** Q3 をはじめとする**自然環境破壊（environmental degradation）** の問題が報告されています。これに対して、オリンピック委員会は**植林（afforestation）** や**二酸化炭素排出の削減（reduction in CO_2 emissions）** や**代替エネルギー源の使用（use of alternative energy）** などの対策を実施すると同時に、スポーツ界における**環境保全の啓発を進めています（promoting environmental awareness）**。

「レジャー」問題を発信するための背景知識力UP①

2012ロンドン五輪の予算・経済効果・雇用促進はどれくらいか？

　2012年開催のロンドンオリンピックの**予算（Olympic budget）**は、約1兆160億円（93億ポンド）で、財源内訳は67％が中央政府、23％が宝くじ、10％が地方自治体政府（政府7800億円、宝くじ2700億円、ロンドン市1100億円）となっています。予算の使途には、インフラ整備、五輪競技施設の建設、警備費、交通費、公園設置などが含まれます。経済効果は、200億ポンド（約2.8兆円）で、大会準備および閉会後の建設工事などが82％、五輪に絡んだ観光業が12％、大会運営および開催費が6％となっています。**雇用創出（job creation）**については、イギリス全体で約16万人分と言われています。

論争度★★★★
CD-65

| 子供とスポーツ | **2. The value of sports for children**（子供にとってのスポーツの持つ意義とは？） |

　「スポーツの意義」はTOEFLやIELTSで頻出のトピックです。以下のキーアイディアを参考にして、エッセイやスピーチの練習をしておきましょう。

1. スポーツは、子供たちの**成長を促進し**、体力を養う。	Sports can **stimulate** children's **physical growth** and build up their physical strength.
2. **スポーツは、子供に喜びをもたらし、ストレスを発散させ、心の安定をもたらす**。	Sports **contribute to children's mental well-being** by bringing joy to them and relieving their stress.
3. スポーツは、子供が**チームスピリットや社会的スキルを身につけ**、精神的成長を遂げるのに役立つ。	Sports contribute to children's mental growth by **developing their team spirit and social skills**.
4. スポーツを通して、子供は**規律、忍耐力、自信**を身につけ、人格が形成される。	Sports can build character by instilling **discipline, perseverance, and confidence** in children's mind.

強いアーギュメントをするためのロジカル・シンキング力 UP！

　子供を取り巻く環境の変化（**change in the living environment for children**）に伴い、運動・スポーツをしない子供が増加しており、**体力（physical strength）**・**運動能力（athletic ability）**は昭和60年頃と比較すると、低い水準になっています。しかし、一方ではスポーツをやり過ぎる子供も増えており、**運動を積極的にする子とそうでない子の二極化（polarization between children actively playing sports and those who don't）**が問題となっています。

「スポーツ」問題を討論するための表現力 UP！

□オリンピック開催地　**venue for the Olympic Games**
□オリンピック招致　**Olympics bidding**
□聖火台　**Olympic cauldron**
□パラリンピック　**the Paralympic Games [Paralympics]**
□開催都市［国］を紹介する　**showcase the host city [country]**
□国際的な評判の向上　**rise in international stature**
□国民の誇りを高める　**boost national pride**（「国の結束を強める」は **promote national unity**）
□銅メダル　**bronze medal**（「表彰式」は victory ceremony、「胴上げ」は victory toss）
□フェアプレーの感覚を養う　**develop a sense of fair play**
□運動能力向上薬　**performance-enhancing drug**（「ドーピング検査」 doping test）
□オープン戦　**exhibition game**
□高校野球　**National High School Baseball Championship**

論争度★★★★　　　　　　　　　　　　　　　　CD-66

| ギャンブル | **3. The pros and cons of gambling**
（ギャンブルの是非） |

　日本では、余暇活動の一つとして、**競馬（horse race）**や**競輪（bicycle**

race)、競艇（**motor-boat race**)、オートレース（**motorcycle race**）などの競技や**宝くじ**（**lottery**）や**サッカーくじ**（**soccer lottery**）のように地方自治体などが主催する**公営ギャンブル**（**public gambling**）と、パチンコ、パチスロなどのギャンブル的な遊技が行われています。**参加率**（**participation rate**）は年々減少傾向にありますが、レジャー産業約70兆円のうち、ギャンブルは3分の1以上を占めており、日本は世界でも有数のギャンブル大国だと言えます。では、ギャンブル賛成・反対双方の主張を見ていきましょう。

PROS（賛成側の主張）	
1. 政府はギャンブルから税収を得、それは教育施設、インフラ整備などの公共事業に割り当てられる。	Government gains tax revenue from gambling, which is allocated to public services including infrastructure building and education.
2. ギャンブルは、地元の人に**雇用の機会を提供し、地域経済の発展に貢献する**。	Gambling can **provide employment opportunities** to local people, thus **contributing to the development of the local economy**.
3. ギャンブルは、ほどほどにするならば**健全な娯楽**で、人に希望、興奮、時には賞金をもたらす。	Gambling in moderation, can be a **healthy pastime,** giving people hope, excitement, and even occasional monetary gains.

CONS（反対側の主張）	
1. ギャンブルは**病みつきになりやすく、心身の健康に有害で、**うつや健康問題を引き起こす。	Gambling can **be addictive and harmful to people's mental and physical health,** causing depression and health problems.
2. **中毒になると**、仕事や家庭の人間関係を失い、自分や家族の**人生を台無しにする**。	**Addiction can wreak havoc on the lives** of gamblers and their families, costing them jobs and family relationships.
3. 賭け事をする人には、**借金返済やギャンブルをしたいという強い欲望を満たす**ために犯罪に走る人もいて、社会の犯罪が増加する。	Some gamblers commit crime to **pay their debts** and try to **fulfill their compulsive desire for** gambling, thus leading to increased crime rates in society.

333

強いアーギュメントをするためのロジカル・シンキング力 UP！

　反対派①のサポートとして挙げられる**ギャンブル依存症（gambling addiction）**は、ギャンブへの**衝動を抑えられない病気（impulse control disorder）**で、①いつもギャンブルのことばかり考え（preoccupied with gambling）、②機会を見つけてはギャンブルをしようとし、③**負けを取り戻そうとし（try to win back gambling losses）**、④**興奮を求めてエスカレートし（try to get more kicks out of it）**、⑤**罪の意識を感じて（feeling guilty）**、⑥**やめようとしてもやめられず（cannot stop gambling）**、⑦家族や職場の人間関係や仕事を犠牲にし、⑧うそをついたり隠れてギャンブルをし続け、⑨借金し、果ては**盗みや横領（stealing or embezzlement）**など、**違法行為（illegal activities）**に至ることもあります。依存症になる割合は、カジノの場合は、海外では約1～3%。日本では、パチンコ業界のアンケートによると、約3割が依存症を自覚しています。カジノの近くに住む人に依存症が多いように、日本にはギャンブルができる場所が身近にあるために、依存症の人口が多いようです。

「レジャー」問題を発信するための背景知識力 UP②

ギャンブルの還元率を比較してみよう！

　ギャンブルの**還元率（payout rate）**は、**オンラインカジノ（online casino）**が一番高くなっています。

ギャンブル	宝くじ	競馬・競輪競艇	パチンコ・パチスロ	カジノ	オンラインカジノ
還元率	40～50%	75%	80～90%	80～95%	95～99%

「レジャー」問題を発信するための背景知識力 UP③

ギャンブルの人気ランキングと収益ランキングは？

　ギャンブルの人気 No.1 は宝くじ、収益ランキング1位はパチンコ・パチスロとなっています。

人気ランキング	
1	宝くじ
2	パチンコ・パチスロ
3	競馬（中央・地方）
4	サッカーくじ（toto）
5	競艇

収益ランキング	
1	パチンコ・パチスロ
2	競馬（中央・地方）
3	宝くじ
4	競艇
5	競輪

論争度★★★★

CD-67

音楽

4. The roles of music in society
（社会における音楽の役割とは!?）

「社会における音楽の役割」はTOEFLやIELTSで頻出のトピックです。以下のキーアイディアを参考にして、エッセイやスピーチの練習をしておきましょう。

1. 音楽は、ストレス軽減などの癒しの効果があり、人の健康を増進する。	Music can **promote human health,** because of its **therapeutic effects** including stress reduction.
2. 音楽は**人々をおおいに鼓舞し、心を豊かにし、生活に幸福をもたらす**。	Music can **greatly inspire people and enrich our spirits, thus bringing happiness to our lives**.
3. 音楽は、普遍的影響力を持ち、**人々に共感を呼び起こすため**、国籍や文化の違いを越えて**人々を結びつける**。	Music, with its universal appeal, can **evoke sympathy, and thus unite people** beyond national and cultural differences.
4. 音楽は職場での**生産性を高め**、お店やレストランの**客を増やす**。	Music can **improve productivity** in the workplace and **attract more customers** to stores and restaurants. (**Q1** 実際どれくらい増えるのか？)
5. 音楽は**メッセージを伝える効果的な手段**で、社会の向上に貢	Music is **an effective medium for conveying messages,** which can contribute

献することができる。	toward the betterment of society. (**Q2**具体的にどんな曲があるのか？)
6. 音楽は、**知性や創造性を高め、個人の成長に良い影響を及ぼす**。	Music **has positive effects on** personal development, **enhancing intelligence and creativity**.

> 強いアーギュメントをするためのロジカル・シンキング力 UP！

　音楽は人類に欠かせないものですが、**脳のさまざまな領域を活性化し (stimulate various regions of the brain)**、人の精神や身体に影響を与え、人間形成に重要な役割を果たすと言われています。音楽は、①**空間認識能力を高める (enhance spatial intelligence)**、②**創造力や想像力を育てる (develop creativity and imagination)**、③**記憶力を高める (enhance memory)**、④**不安や痛みを軽減する (alleviate stress and pain)**、⑤**心拍数、血圧を下げる (reduce heart rate and blood pressure)**、⑥**免疫力を高める (boost the immune function)** などの効果があると言われています。

> **Q1** 回答：音楽は疲労感・退屈感を軽減し、士気を向上し、生産性を高めると言われ、ある工場では、作業中に音楽を聞かせることにより、生産が5％程度向上しました。また、レストランでの実験によると、昼の時間帯にテンポの速い曲を流すことにより客の回転が速くなり、売り上げが約12％増え、夜にはテンポの遅い曲を流すことにより、客の滞在時間が長くなり、売り上げが約16％増えたということです。

> **Q2** 回答：アフリカ飢餓救済のために行われたチャリティコンサートの曲、*We Are The World* や、平和のメッセージを伝える **John Lennon** の *Imagine* が代表的な例と言えます。

社会問題を討論するためのテクニック⑬

「機能を果たす」serve as ～と
「手本・流行・目標・基準を示す」set an example
[a trend, a goal, a standard] をマスター！

serve as ～（～としての機能を果たす）は、社会問題を討論する際によく使われる表現です。以下の動詞を使いこなせるようになりましょう。

- The UN standing army can **serve as a deterrent to** warfare.（国連常備軍は、戦争に対する抑止力として機能する）
- Regulations on the Internet will **serve as effective countermeasures against** the leakage of confidential information.（インターネットの規制は、機密情報の漏えいに対する有効な対抗措置となる）
- Parents should **serve as role models, setting a good example for** their children to follow.（親は子供に手本を示し、模範となるべきである）

また、**set an example [a trend, a goal, a standard]**（手本 [流行、目標、基準] を示す）も教育・家庭・経済・環境分野などで頻出の表現です。

- They can **set a good example for** children by juggling housework and paid work.（家事と仕事を両立し、子供に良い手本を示すことができる）
- The media greatly help **set a new trend and a new fashion**.（メディアは、新しい流行を作り出すことに大いに貢献する）
- EPA was required to **set an emission standard**.（米国環境保護庁は排出量の基準を設定するよう求められた）

論争度★★★★　　　　　　　　　　　　　　　　CD-68

ペット　5. The roles that pets play in our lives
（日常生活におけるペットの役割）

　従来ペットは、**所有物（possession）** と見なされ、**番犬（watchdog）** やネズミ駆除（**rat control**）をする猫のように人間に役立つことが重視されていましたが、近年では、ともに暮らす家族・友達と見なす**コンパニオンアニマル（companion animal）** ととらえられるようになってきています。**ペットとの共生（companionship with one's pet）** や**ペットの室内飼育（having a pet inside one's house）** の増大、高齢化、**健康志向の高まり（growing health-consciousness）** などの要因により、**ペット産業（the pet industry）** は好調で、ペットフード、**ドッグカフェ（dog-friendly cafe）**、**理容（pet grooming salon）**、**保険（insurance）** から、**葬儀（funeral）**、**お墓（tomb）** まで多様なサービスが提供されています。では、ペットの役割についてキーアイディアを見てみましょう。

1. 犬などのペットは人に、無条件の愛を与えてくれ、**友人や家族の役割を担う**。	Pets like dogs **play the role of a friend or a family member**, providing people with unconditional affection. (**Q1** ペットを飼っている比率とその内訳は？)
2. ペットの世話をすることは、寂しさを紛らわし、養育本能を満足させ、飼い主に**安らぎを与える**。	Caring for pets **provide comfort** to their owners by **relieving their loneliness and satisfying their nurturing instinct**.
3. ペットの世話をすることにより、**生き物を愛する気持ちや責任感が養われ**、子供に命の大切さを教える。	Caring for pets **cultivates a love of living creatures and a sense of responsibility**, enlightening children about the value of life.
4. ペットは人に**生きがいを与え**、生活の質を高める。	Pets give people **something to live for**, thus **enhancing the quality of their lives**.

強いアーギュメントをするためのロジカル・シンキング力 UP！

　ペットは人を癒し（**provide comfort**）、生きがい（**reason for living**）を与え、ストレスを軽減し、**免疫力を高める**（**enhance the immune system**）など、**健康増進効果**（**health benefits**）があり、アニマルセラピー（**animal-assisted therapy**）などに応用されています。**ペットを家庭で飼育している人の割合**（**the percentage of pet-owning households**）は約3割で、その内訳は、1位－犬　約60％、2位－猫　約30％、3位－魚類　約20％、4位－鳥類　約6％、5位－昆虫類　約4％、6位－うさぎ　約3％、7位－ネズミ類（ハムスターなど）3％弱となっています **Q1**。

「ギャンブル・音楽・ペット」問題を討論するための表現力 UP！

- □一攫千金を得る　strike it rich
- □ギャンブル中毒者　compulsive gambler [gambling addict]
- □競馬　horse racing
- □なごませてくれ、癒し効果がある　create a congenial atmosphere and have therapeutic [healing] effects
- □ジャズの即興演奏　jazz improvisation
- □雰囲気を作りだす　create ambiance [atmosphere]
- □人を鼓舞する　lift up *sb's* spirit
- □介助動物　service animal（「盲導犬」は guide dog [seeing-eye dog]、「介助犬」は assistance dog）

英検準1級2次試験出題トピックランキング

英検準1級2次試験出題トピックの分野別ランキング**第1位**は「**経済・ビジネス**」で、全体の約2割を占め、「経済危機にある企業への政府支援」、「アウトソーシングの日本経済への影響」、「能力主義の是非」、「労働力不足解消法」などが出題されています。

第2位「**政治・法律・国際**」は全体の2割弱を占め、「民主主義は最良の制度か?」、「国家のテロ対策」、「国際政治における国連の役割」、「貧困対策は一番の犯罪対策か?」、「日本はアジア諸国との関係を強化すべきか?」などが出題されています。

第3位「**文化・レジャー**」も頻出分野で、全体の約1割5分を占めており、「オリンピックの商業化」、「社会における音楽の役割」、「ペットにお金をかけすぎか?」、「海外旅行へ行く理由」などが問われています。

第4位「**教育**」「**メディア**」「**家庭・高齢化**」はそれぞれ全体の1割ずつを占めており、「**教育**」では、「生徒による教師評価の是非」、「大学教育の質低下について」、「大学生のバイトの是非」などが、「**メディア**」では「企業の広告規制」、「有名人のプライバシー」、「メディアの国民への影響」などが、「**家庭・高齢化**」では「成功する子育て法」、「日本の少子化対策」、「高齢者の経験の有効活用法」などが特に重要です。

第7位「**環境**」は全体の1割弱を占め、「エコツーリズムの是非」、「動物実験は正当化されるか?」、「環境保護のために暮らしを変えるべきか?」、「政府の環境対策」、「温暖化対策」などが出題されています。

その他、**第8位**「**医療**」では「喫煙の有害性」、「生活習慣病」、「日本の病院の質低下」などが、**9位**「**科学技術**」では「日本が石油依存を減らす方法とは?」、「幹細胞研究の是非」などが問われていますので、日頃から背景知識を持ち、自分の意見を言えるように準備しておきましょう。

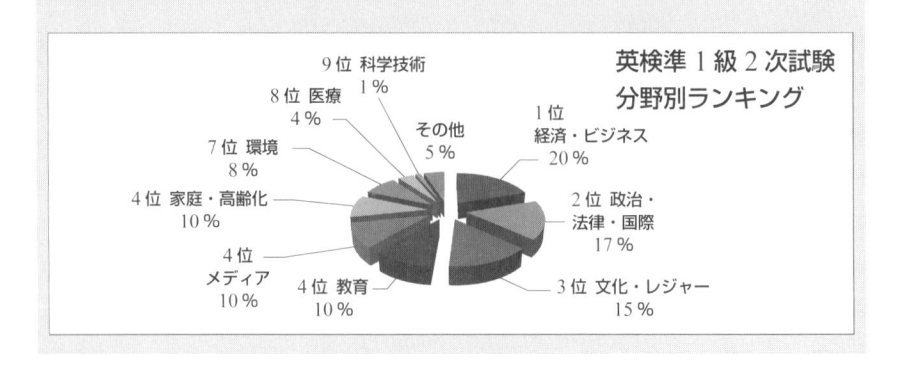

英検準1級2次試験 分野別ランキング

- 1位 経済・ビジネス 20%
- 2位 政治・法律・国際 17%
- 3位 文化・レジャー 15%
- 4位 教育 10%
- 4位 メディア 10%
- 4位 家庭・高齢化 10%
- 7位 環境 8%
- 8位 医療 4%
- 9位 科学技術 1%
- その他 5%

論争度★★★　　　　　　　　　　　　　　　　　　CD-69

ツアー　　6. The pros and cons of package tours
（パッケージツアーの是非）

　パッケージツアーは、旅行会社が**飛行機、現地での交通、宿泊、観光の旅程などを企画・運営する**（**arrange flight, local transportation, accommodation, and itinerary**）ため、効率よく、多くの**観光地**（**tourist spots**）を訪問することができます。また、**大量仕入れ**（**bulk purchase**）や、**団体料金**（**group rates**）の適用により**コストを抑える**（**minimize the costs**）ことができるので割安になります。さらに、旅程変更や事故に対して、旅行会社が**補償**（**compensation**）の**法的責任**（**legal liability**）を負うため、旅行者は安心できるというメリットもあります。それに対して、**旅行者が自由に旅程を組め**（**arrange an itinerary to suit one's taste**）、**訪問先**（**destination**）、食事、宿泊など、自分の好みに合わせることができる個人旅行は、旅程の企画、手配、現地での手続き、移動に時間や手間がかかり、トラブルがあった場合は、自分で交渉しなければならないので、英語や現地の言葉を話せる必要があります。皆さんは、パッケージ旅行派、個人旅行派のどちらでしょうか？それでは、パッケージツアー賛成・反対双方のキーアイディアを見てみましょう。

PROS（賛成側の主張）	
1. パック旅行では、**旅行者は**ホテルや飛行機の予約などの**手配をする手間がかからない。**	Package tours **save travelers the trouble of making travel arrangements** including hotel and flight reservations.
2. パック旅行は交通費、宿泊費、食費を含んでおり、個人旅行より**費用がかからない。**	Package tours **are less costly** than individual tours, with their prices including the cost for transportation, accommodations and meals.（**Q1**費用の差はどれくらい？）
3. パック旅行では、**現地の習慣に精通している**添乗員のおかげで、**旅行者は泥棒や詐欺から守られている。**	Guided by conductors **knowledgeable about local customs,** package tours can **protect travelers from theft and scams.**（**Q2**日本人の犯罪被害の多い地域は？）
4. パック旅行は、旅行者が**多く**	Package tours provide opportunities for

341

の観光地を効率的よく観光する機会を提供する。	travelers to **visit many scenic spots efficiently**.
CONS（反対側の主張）	
1. パック旅行では旅行者が**好みに合わせて旅程を組む**ことや、旅行中に**自由に変更**することができない。	Package tours do not allow travelers to **arrange an itinerary to suit their tastes** and to **alter it freely as they go along**.
2. パック旅行の旅程は、旅行者が**自分のペースで十分に観光を楽しむ**には**きつ過ぎる**。	Itineraries of package tours are **too tight** for travelers to **fully enjoy sightseeing at their own pace**.
3. パック旅行では**現地の人とふれ合う機会がなく**、旅行者は**土地の風習を垣間見るだけである**。	Package tours **give travelers only a glimpse of local customs, depriving them of a chance to interact with local people**.

> 強いアーギュメントをするためのロジカル・シンキング力 **UP**！

　パッケージツアー賛成派②（価格の安さ）のサポートとして、例えば、イギリス6日間（**添乗員（tour conductor）、全食事付き（all meals included）**）のツアー約19万円の旅行を、同条件で個人旅行した場合、飛行機往復が約12万円、ホテル・食事が各約4万円、交通費約3万円として計算すると、**合計約23万円**かかることから、パック旅行の安さを証明することができます**Q1**。

　日本人の巻き込まれる犯罪の被害が多い地域（high-crime areas where Japanese nationals are often victimized）は、ワースト1が欧州で、件数の半分近くを占め、次にアジアが3割、次いで北米となっています**Q2**。ただし、ヨハネスブルグなど、**外務省（the Ministry of Foreign Affairs of Japan）**から**渡航警告（travel warning）**や**渡航規制（travel restriction）**が出ている治安の悪い地域は旅行者が少ないため、**被害件数（the number of victims）**が**治安（public safety）**と結びつくとは限りません。

　ところで、**海外旅行に求めるもの（what people expect from overseas trips）**としては主に次の5つが挙げられます。

①自己啓発 (cultural enrichment) －見聞を広める (broaden one's horizons)、異文化体験 (cross-cultural experience)
②解放 (escape) －日常生活からの逃避 (get away from the daily routine)
③リフレッシュ－心身のリラクゼーション (physical and mental relaxation)、健康増進 (health promotion)
④楽しみ (fun) －ショッピング、食事
⑤人間関係構築 (development of human relationships) －新たな人との出会い (meet new people)、家族や友人との絆を強める (strengthen family bonds and friendship)

論争度★★★　　　　　　　　　　　　　　　　　　　　　CD-70

海外旅行　**7. Cautions to Japanese tourists in foreign countries**（日本人海外旅行者への注意）

　日本の海外旅行者数は1964年の日本人**海外渡航自由化 (liberalization of overseas travel)** 以降、1975年には、約100万人、1990年には1000万人を超え、2001年の**米国同時多発テロ事件 (the September 11th terrorist attacks)**、2003年のイラク戦争、SARSなどの時期を除いて、年々増加しています。**人気の旅行先 (popular travel destinations)** 上位国は、中国、韓国、アメリカ (ハワイを含む)、香港、台湾、タイで、**海外滞在日数 (length of stay)** の平均は8日前後となっています。「安・近・短」が人気で、アジア地域への旅行者が増加の傾向にあります。海外からの訪問者数も年々増加しており、1978年には100万人、2010年には861万人に達しています。上位国は韓国、中国、台湾、アメリカ、香港となっています。それでは、海外旅行者への注意を喚起するキーアイディアを見てみましょう。

1. 混雑した地域、人気の観光地を訪れる時は、**詐欺・スリに警戒しましょう。**	**Beware of pickpockets and frauds** when visiting **crowded areas or popular tourist destinations**.
2. 泥棒に盗まれないために、バ	Keep your bags close to your body and

第9章　「レジャー」問題を英語で討論するための技術と表現力UP

ッグは体につけて持ち、決して放置してはいけません。	never leave them unattended to prevent thieves from stealing them.
3. ホテルの部屋のドアは常にカギを掛け、防犯チェーンを使用し、のぞき穴から見て相手を確認しましょう。	Keep your hotel door locked at all times, use a safety chain, and identify visitors through the peephole.
4. 安全だと確認されるまでは水道水や氷が入った飲み物は避けましょう。	Avoid drinking local tap water and iced drinks unless you're sure of their safety. (**Q1** 水道水が飲める国は？)
5. 夜間やひと気のない場所への一人歩きは避け、常に周囲に注意を向けましょう。	Avoid walking alone at night or in isolated areas, and always be aware of your surroundings.

強いアーギュメントをするためのロジカル・シンキング力 UP！

外務省の統計によると、日本人が海外で巻き込まれたトラブルの中で多いのは**窃盗（theft）**、**詐欺（fraud）**、**強盗（mugging）** などの犯罪被害で、全体の約 3 分の 1 を占めています。日本人観光客は、金品をたくさん所持しているという印象を持たれており、**ターゲットにされやすい傾向があります（tend to become *an easy target [fair game]*）**。海外では、**置き引き（luggage lifting）**、**ひったくり（snatcher）**、**スリ（pickpocket）** などの窃盗、ガイドや警官を装う詐欺、飲食物に睡眠薬を入れ金品を奪う**睡眠薬強盗（drug-assisted robbery）** や、タクシー運転手による強盗の被害に遭ったり、現地の法律・規則・習慣を理解していなかったためにトラブルに巻き込まれたりすることもあるので、事前に現地の**情報を収集し（gather information）**、**慎重に行動する（act cautiously）** ことが大切です。

Q1 水道水が飲める国は？
水道水が飲める国は、イギリス、フランス、スイス、スウェーデン、イタリア、デンマーク、ベルギー、アメリカ、シンガポール、スペイン、日本の 11 カ国と言われています

論争度★★★　　　　　　　　　　　　　　　　　　CD-71

余暇　**8. How are Japanese leisure preferences changing?**
（日本人の好きな余暇の過ごし方はどのように変化しているか？）

　日本では余暇は、1960年代前半までは、単なる**休養・気晴らし（relaxation and diversion）**の時間ととらえられていましたが、**経済成長に伴う所得水準の向上（rising incomes due to economic growth）**、**週休2日制の普及（spread of the five-day work week system）**、**家事の減少（decreasing housework）**などによる**自由時間の増大（increasing free time）**に伴い、**積極的・活動的な余暇を過ごす（actively enjoy leisure-time activities）**人が増えてきました。では、日本人の余暇の過ごし方についてのキーアイディアを見てみましょう。

1. 日本では、パソコンや携帯の**インターネット利用**が、ますます**人気ある余暇活動**になってきている。	**Internet use** on computers and cell phones has become increasingly **popular leisure activities** in Japan.
2. 所得が増え、休暇が長くなり、**余暇に国内や海外へ旅行に行く人が増えている。**	Increasing income and longer vacation have allowed **more people to travel both at home and abroad in their leisure time**.
3. 最近は、安くて便利なため、**国内や近場の国を旅行する**傾向がある。	Nowadays people tend to **travel within Japan or to neighboring foreign countries** because it is less expensive and more convenient.
4. 近年、**社会の公益のために余暇にボランティア活動をする日本人が増えている。**	In recent years, more Japanese people have participated in volunteer work in their leisure time **for the common good of society**. (**Q1** ボランティア活動の分野は？)

第9章 「レジャー」問題を英語で討論するための技術と表現力UP

強いアーギュメントをするためのロジカル・シンキング力 UP！

余暇に求めるものランキング！
1位　健康－**心身の安らぎ（mental and physical relaxation）、健康や体力の向上（promotion of one's health and physical strength）**
2位　交流－**友人や知人との交流（socializing with one's friends or acquaintances）、家族との時間（spending time with one's family）**
3位　解放－**日常生活から解放（escape from one's daily routine）、自然との触れ合い（communing with nature）、**
4位　教養－**知識や教養の向上（cultural enrichment）、興味や好奇心を満たすこと（satisfaction of one's interest or curiosity）**

　ここ10年上位を占めている人気の余暇活動は、ドライブ、**国内旅行(domestic travel)**、**外食（dining out）**で、この他、映画・ビデオ・音楽鑑賞、動物園・植物園・水族館・博物館、**遊園地（amusement park）**、カラオケなども人気があります。スポーツ、娯楽、観光などの余暇関連産業の**市場規模（market size）**は、1996年に91兆円だったのが、2010年には約70兆円と減少しています。レジャー白書によると、余暇活動に使った年間費用上位種目の第1位は海外旅行で約30万円、2位のゴルフがその半分で、ヨット・モーターボート、スキンダイビング・スキューバダイビング、国内観光旅行はそれぞれ約10万円となっています。また、**社会貢献（social contribution）**をし、生きがいにつながるような余暇を過ごしたいと思う人が近年増えており、**ボランティア活動（volunteer activities）**が注目されていますが、その活動分野には次のようなものがあります。

【ボランティア活動分野】Q1
①高齢者・児童・障害者への福祉活動（support for children, the elderly, and people with disabilities）、②**地域振興（local community development）**、③**文化活動（cultural enrichment）**、④**国際交流・協力（international exchange and cooperation）**、⑤環境保護に関する活動（environmental protection）、⑥**保健・医療（promotion of health and medicine）**、⑦**安全推進（crime prevention）**、⑧**災害援助（disaster relief）**など

「旅行その他の余暇」問題を討論するための表現力 UP！

- □観光地　**tourist destination [spot]**（「観光名所」**tourist attraction**、「景勝地」**scenic area [spot]**、「史跡」**historic site [spot]**）
- □渡航情報　**overseas travel information**（「渡航警告」は travel warning、「渡航禁止」は travel ban、「渡航規制」は travel restriction）
- □旅客数　**passenger volume**
- □出入国の持ち込み・持ち出しにかかわる規制　**import-export rules and regulations**
- □身の回り品　**personal effects [belongings]**（「貴重品」は **valuables**）
- □出張者　**business traveler**
- □旅程を作成する　**make [arrange] the itinerary**
- □格安航空券　**discount air ticket**（「格安航空会社」は low-cost [discount, budget] airline [carrier]）
- □エコノミークラス症候群　**economy class syndrome**
- □温泉地　**hot spring resort**（「旅館」は Japanese-style inn、「ビジネスホテル」は no-frills hotel）
- □森林浴　**forest bath**
- □時差ボケ　**jet lag**（「時差」は time difference）
- □入国審査　**passport control [immigration check]**
- □ビザ申請　**visa application**（「ビザ免除」は visa waiver、「ビザなし入国」は visa-free entry、「短期滞在ビザ」は short-stay visa）
- □頻繁に飛行機を利用する人　**frequent flyer**
- □空港の手荷物運搬コンベヤ　**baggage claim carousel**
- □緑の窓口　**reserved-ticket window**
- □健康ランド　**health spa [resort]**
- □グルメガイド　**culinary guide**

第9章　「レジャー」問題を英語で討論するための技術と表現力 UP

3. Borderless Englishで言うとこうなる！～レジャー編～

皆さん、いかがでしたか？　では、ここで **Borderless English 言い換えトレーニング**にトライしていただきましょう。平易な構文や語彙を使い、世界のノンネイティブが理解しやすい Borderless English で表現してみましょう。

---

1. The **improvement of infrastructure** will bring benefits to the host cities, **enhancing the quality of life of the local people**. (インフラ整備により開催都市は恩恵を受け、**地域住民の生活の質が高まる**)

Borderless English The **construction of basic public facilities** will bring benefits to the host cities, **making the local people's life better**.

解説 improvement of infrastructure（インフラ整備）は construction of basic public facilities に、enhancing the quality of life of the local people（地元の人の生活の質を高める）は making the local people's life better という表現に言い換えます。

---

2. The high construction and maintenance **costs** for the Olympic **venues** can **be a great economic burden on** the host cities. (開催都市にとって、オリンピック**会場**を建設、維持するための高い**費用が大きな経済的負担となる**)

Borderless English The construction and maintenance of the Olympic **facilities cost a great deal of money for** the host cities.

解説 venues（開催地）を facilities にし、costs を名詞から動詞に変え、be a great economic burden on（～に大きな経済的負担となる）を cost a great deal of money for とすると、易しい表現になります。

---

3. Host countries **draw worldwide attention, which** can **increase the likelihood of becoming the target of terrorism**. (オリンピック開催国は、世界中の注目を集めるため、テロの標的になる危険性が高まる)

Borderless English The host country can **face a greater risk of**

348

being attacked by terrorists because the Olympic Games **attract a lot of attention from around the world**.

解説 **, which** の関係代名詞の代わりに、**because** を使った文章に変え、**draw worldwide attention**（世界の注目を引く）は **attract a lot of attention from around the world** に、**increase the likelihood of becoming the target of terrorism**（テロのターゲットになる可能性が増える）は **face a greater risk of being attacked by terrorists** に言い換えます。

---

4. **Guided by conductors knowledgeable about** local customs, package tours can protect travelers from **theft and scams**.（パック旅行では、現地の習慣に精通している添乗員のおかげで、旅行者は泥棒や詐欺から守られている）

Borderless English **Tour conductors familiar with** local customs can protect package travelers from **the crime of stealing and cheating them of money**.

解説 **Guided** で始まる分詞構文を **Tour conductors** を主語にした文にし、**knowledgeable about**（〜に詳しい）を **familiar with** を使って言い換え、**theft and scams**（泥棒や詐欺）を **the crime of stealing and cheating them of money** にすれば、易しい表現になります。

---

5. Package tours **give travelers only a glimpse** of local customs, **depriving them of a chance to interact** with local people.（パック旅行では、現地の人とふれ合う機会がなく、旅行者は土地の風習を垣間見るだけである）

Borderless English Through package tours, **travelers can only have a shallow understanding** of local customs **without having a chance to communicate** with local people.

解説 **travelers** を主語にした文にし、**give only a glimpse**（垣間見るだけである）を **can only have a shallow understanding** に、**depriving them of a chance**（彼らの機会を奪う）を **without having a chance** に言い換え、**interact**（ふれ合う）を **communicate** にすれば平易になります。

4.「レジャー」問題を討論するためのその他の重要例文集

論争度★★

9. How to prevent troubles when traveling overseas
（海外旅行でトラブルを避けるためのアドバイス）

1. 食べ物や飲み物は自分で買い、薬を盛られないために決して目を離さない。	You should **purchase your own food or drinks and never leave them unattended** to prevent them from being laced with drugs.
2. 軍などの治安関連施設の**写真撮影**で身柄を拘束されることがあるので**注意する**。	**Be careful when taking photographs** because you can be detained for photographing security-related facilites, such as military installations.
3. 旅行前に、医療費や持ち物の紛失、損害を保償する**海外旅行保険に必ず加入しておく**。	Before you leave, you should **get travel insurance** that covers medical costs, losses of and damage to your belongings.
4. 親しげに近づいてくる**知らない人に注意し、ついていかない**。	**Be wary of strangers** who approach you in a friendly manner and **don't go off with them**.

論争度★★

10. The pros and cons of online gambling
（オンラインギャンブルの是非）

PRO（賛成側の主張）	
ネットにアクセスできる人ならいつでも、どこでも遊べるので、オンラインギャンブルは大変**便利**である。	Online gambling is very convenient because people with Internet access can enjoy it **anytime, anywhere**.

CONS（反対側の主張）	
1. オンラインギャンブルは利用	The availability of online gambling can

しやすいので、社会に**ギャンブル中毒者が増える**。	**cause an increase in the number of problem gamblers** in society.
2. オンラインギャンブルは、ビジネスの実態がわかりにくいので、**コンピュータウイルスや不正行為の影響を受けやすい**。	Online gambling **is susceptible to computer viruses and fraudulent activities** because of the elusive nature of the business.

論争度 ★★

11. Should the use of performance-enhancing drugs be outlawed in sports?（スポーツにおいて、運動能力向上薬使用は非合法化されるべきか？）

YES（賛成側の主張）	
1. ステロイドのような**運動能力向上薬は健康に悪影響を及ぼす**。	Performance-enhancing drugs like steroids **have a damaging effect on health**.
2. ドーピングは、**技術の価値を減らし**、オリンピックは運動能力よりも、製薬技術の競争になる。	Doping **lowers the value of skills,** making the Olympics more of a competition of pharmaceutical technology than that of athletic prowess.

論争度 ★★

12. The pros and cons of the commercialization of the Olympics（オリンピックの商業主義化の是非）

PROS（賛成側の主張）	
1. 企業の金銭的サポートのおかげで、**選手は技術の向上を図るために練習に専念する**ことができる。	Financial support from companies enables athletes to **concentrate on their training to develop their skills**.
2. オリンピックの商業化により、**企業はイメージ、売り上げ増を図る**ことができ、経済の成長につながる。	The commercialization of the Olympics can **allow companies to promote their image and sales,** thus contributing to economic growth.

CONS（反対側の主張）	
1. 商業主義は参加よりも、勝つことに価値を置き、**オリンピックの理念に矛盾している。**	Commercialization places more value on winning rather than participation, which **goes against the ideals of the Olympics**.
2. 商業化により、**競技者は**メダルと賞金を得る可能性を高めたいと思い、**ドーピングの使用を促される。**	Commercialization **encourages doping among athletes** eager to improve their chances of winning medals and prize money.

論争度★★

13. The pros and cons of professional athletes' participation in the Olympics（プロ選手のオリンピックへの参加の是非）

PROS（賛成側の主張）	
1. プロであれ、アマチュアであれすべての優秀な選手はオリンピックに参加する機会が平等に与えられるべきである。	**Every talented athlete,** whether they are professionals or armatures, **should be given an equal opportunity to take part in the Olympics**.
2. プロ選手の参加により、**オリンピックのレベルが上がり、より面白くなる**ので、視聴者および収益が増える。	Participation of professional athletes **enhances the level and thrill of the Olympics Games,** thus increasing the viewership and revenues.
CON（反対側の主張）	
競技レベルが高いプロの選手は、**アマチュア選手がオリンピックに参加する機会を奪う。**	Professional athletes **take opportunities away from amateurs to participate in the Olympics** due to their higher levels of performance.

5.「レジャー」問題を発信するための必須表現クイズにチャレンジ

本章で取り上げた表現の中から厳選した20の表現を英語で説明してみましょう。

1	国内旅行	11	オープン戦
2	銅メダル	12	グルメガイド
3	介助動物	13	ジャズの即興演奏
4	旅行の手配	14	頻繁に飛行機を利用する人
5	空港の手荷物運搬コンベヤ	15	表彰式
6	運動能力向上薬	16	オリンピック招致
7	入国審査	17	時差ボケ
8	ビジネスホテル	18	癒しの効果
9	身の回り品	19	格安航空会社
10	景勝地	20	渡航警告

解答例 即答できるまで繰り返し音読して覚えましょう！

1	domestic travel	11	exhibition game
2	bronze medal	12	culinary guide
3	service animal	13	jazz improvisation
4	travel arrangement	14	frequent flyer
5	baggage claim carousel	15	victory ceremony
6	performance-enhancing drug	16	Olympics bidding
7	passport control	17	jet lag
8	no-frills hotel	18	therapeutic [healing] effects
9	personal effects [belongings]	19	low-cost [discount, budget] airline [carrier]
10	scenic area [spot]	20	travel warning

6.「レジャー」問題を討論するための最重要サイトTOP10

- **International Olympic Committee**（国際オリンピック委員会）
  http://www.olympic.org/　オリンピックの歴史・理念・招致、メダル情報、取り組みなど、オリンピックのすべてがわかる。
- **The Foreign & Commonwealth Office**（イギリス外務省）
  http://www.fco.gov.uk/en/　世界各国の安全・法律・習慣・入国に関する情報、アドバイスなどを入手できる。
- 日本外務省　http://www.mofa.go.jp/mofaj/　各国の危険情報、日本人が巻き込まれる犯罪と安全対策、援護統計など、海外渡航に必要な情報をGetできる。
- 文部科学省　http://www.mext.go.jp/　教育関係の情報や、子供の体力・運動能力、運動習慣などについての調査結果を知ることができる。
- 総務省　http://www.soumu.go.jp/　インターネットの普及による国民生活の変化など、情報に関する白書や、日本の国土・人口・経済・社会・文化などのさまざまな統計を参照することができる。
- 観光庁　http://www.mlit.go.jp/kankocho/index.html　通訳案内士試験の情報や、訪日外国人・日本人の国内旅行・観光の動向などを知ることができる。
- 日本政府観光局（Japan National Tourism Organization [JNTO]）
  http://www.jnto.go.jp/jpn/　通訳案内士に関する情報や、訪日外国人旅行者数・出国日本人数、国際観光の統計が入手できる。
- 観光白書　http://www.mlit.go.jp/statistics/file000008.html　国土交通省の情報統計・白書のサイトで、日本人の国内・海外旅行、外国人の訪日旅行の現状・動向、世界の観光の状況について知ることができる。
- レジャー白書　http://www.jpc-net.jp/index.html　日本人の余暇活動の現状、余暇産業・市場など、レジャーの動向について知ることができる。
- **Research on the Social Impacts of Gambling**（ギャンブルの社会に与える影響調査）　http://www.scotland.gov.uk/Resource/Doc/143770/0036514.pdf　ギャンブルやカジノが社会に与える影響、ギャンブル中毒などについて知ることができる。

社会問題を英語で何でも討論するための分野別最重要英字記事

　世界の有名英字誌から、各分野の背景知識を身につけるためにぜひ読んでほしい記事を厳選しました。

「経済」問題を深く知るための重要記事10

①**Summertime blues**　*The Economist*（Sep. 1, 2012）
　金融危機から抜け出す方法とは!?
②**Asia's next revolution**　*The Economist*（Sep. 8, 2012）
　雇用保障政策における東洋と西洋や他の地域との違いとは!?
③**How the Treasury is Turning a Profit on TARP**　*Newsweek*（Aug. 10, 2012）　公的資金投入によって政府は利益を生み出せるのか!?
④**Look to the States for Tax Policy That Boosts Growth**
　Forbes（Sep. 4, 2012）　経済を活性化させる税政策とは!?
⑤**For American Consumers, a Responsibility Revolution**
　TIME（Sep. 10, 2009）　なぜ大企業は社会的責任を負うのか!?
⑥**Asian Wisdom**　*Newsweek*（Nov. 29, 2009）
　西洋が東洋から学ぶべき経済政策の教訓とは？！

「科学技術」問題を深く知るための重要記事

①**The dream that failed**　*The Economist*（Mar. 10, 2012）
　原子力発電に対して日本、そして世界はどう対応するのか!?
②**Would Your Clone Have Its Own Soul, or Be a Soulless Version of You?**　*Scientific American*（Feb. 13, 2009）　クローン人間に感情や意思はあるのか？
③**Crops With Attitude**　*Newsweek*（Mar. 13, 2009）
　遺伝子組み換え食品でアフリカの飢餓を救えるのか!?
④**A Robot in Every Home**　*Scientific American*（Dec. 16, 2006）
　PC革命を起こしたビル・ゲイツ氏が、ロボット時代の到来を予言！
⑤**Power Politics: Competing Charging Standards Could Threaten Adoption of Electric Vehicles**　*Scientific American*（Jun. 5, 2011）　日本自動車メーカーが推進する電気自動車の充電システムは世界標準となるか!?
⑥**Science Fiction Is Barely Ahead of Space Exploration Reality**

Scientific American（May 22, 2012）　SF作家が描いた夢の世界が現実のものに変わっていく世の中！

「政治・国際関係」を深く知るための重要記事

①The Making of Modern Asia　*TIME*（Aug. 15, 2005）
世界の中での日本やアジア情勢を知る！

②America's Next 12 Terror Threats　*Newsweek*（Sep. 12, 2011）　テロは将来どんな脅威をもたらすのか!?

③A Famine We Made?　*TIME*（Sep. 5, 2011）　飢餓の現状はいかに!?

④Sentenced to Serving the Good Life in Norway　*TIME*（July 12, 2010）　懲罰よりも矯正を重視する刑務所の実態はいかに!?

「環境」問題を深く知るための重要記事

①The Great Climate Experiment: How Far Can We Push the Planet?　*Scientific American*（Sep. 2012）　地球温暖化の影響と実態はいかに!?

②How Much Does Animal Testing Tell Us?　*TIME*（Jun. 17, 2008）
動物実験の効果がわかる！

③Is Animal Testing Necessary to Advance Medical Research?　*NEW INTERNATIONALIST*（Jul./Aug. 2011）　動物実験をめぐるディベートはいかに!?

④Saving the World's Endangered Species　*TIME*（Apr. 2, 2009）
世界の絶滅危惧種救済の現状を知る！

⑤12 Things You Probably Didn't Know About Daylight Saving Time　*U.S. NEWS & WORLD REPORT*（Mar. 12, 2012）
サマータイムに関して意外に知らない事実とは?!

「教育」問題を深く知るための重要記事

①Why Spanking Doesn't Work　*TIME*（Feb. 6, 2012）
体罰の子供の将来に与える驚くべき悪影響とは?!

②How to Maximize an Online Education Program　*U.S. News & World Report*（Apr. 15, 2010）　Eラーニングを成功させる秘訣とは？

③Reboot the School　*TIME*（Jul. 9, 2012）
コンピューターを駆使する新時代の画期的教育法とは!?

④Are We Failing Our Geniuses?　*TIME*（Aug. 16, 2007）
飛び級を妨げる事情とは？

⑤Give Me Your Tired, Your Poor, Your Homeschoolers　*TIME*（Mar. 8, 2010）　ドイツは違法！ホームスクーリング事情の各国比較がここに！

⑥The Creativity Crisis　*Newsweek*（Jul. 10, 2010）
米国でのcreativity低下の原因と対策が明らかに！

「医療・健康」問題を深く知るための重要記事

①Recipe for Longevity: No Smoking, Lots of Friends *TIME* (Jul. 28, 2010)　長生きするための生活習慣とは!?　長寿の秘訣を伝授！

②How Smokers Think about Death *Scientific American* (Sep. 28, 2010)　喫煙者の心理を考慮すれば、たばこの有害さを訴える広告は無意味!?

③Assisted Suicide *TIME* (Mar. 3, 2009)
安楽死は是か非か、安楽死をめぐる世界の考え方はいかに!?

④Legalizing the Organ Trade? *TIME* (Aug. 19, 2008)
臓器が足りないから臓器売買!?　臓器移植医療の現状はいかに!?

⑤Squeezing out the doctor *The Economist* (Jun. 2, 2012)
世界の医療現場の問題点と改善策とは!?

⑥Making Sense of Alternative Medicine *Psychology Today* (Sep. 10, 2010)　代替医療は本当に効果があるのか？　その実態に迫る！

「結婚・家庭」問題を深く知るための重要記事

①Women Will Rule the World *Newsweek* (Jul. 12, 2010)
上昇する女性のパワーが世界をリードする！

②The Caregiving Boomerang *Newsweek* (Jul. 12, 2010)
アメリカ人の子育てと介護の実態はいかに!?

③American Women Have It Wrong *Newsweek* (Oct. 1, 2012)
アメリカ女性の社会進出の現状と苦悩はいかに!?

④Amortality: Why acting your age is a thing of the past *TIME* (Apr. 25, 2011)　生涯現役を目指す精力的なスーパーシニアの実態とは!?

⑤GETTING OUT *TIME* (Apr. 5, 2004)
アジア各国の増大する離婚の実態とは!?

「メディア」問題を深く知るための重要記事

①Farewell, Libraries? *Newsweek* (Aug.5, 2010)
印刷メディア vs. 電子メディアの将来とは!?

② 3 Ways Electronic Media Harm Kids' Health and 3 Ways They Can Help *U.S. NEWS & WORLD REPORT* (Mar. 1, 2010)
電子メディアを教育にうまく利用する方法とは!?

③Disney's Diet: No More Junk Food Ads on Kids Channels *TIME* (Jun. 6, 2012)　ジャンクフード広告がなくなる!?

④Australian court OKs logo ban on cigarette packs *Bloomberg Businessweek* (Aug. 15, 2012)　たばこ広告がなくなる!?

⑤Google Makes Searching for Illegal Content More Difficult After Pressure from Movie, Music Industry *U.S. NEWS & WORLD REPORT* (Aug. 10, 2012)　検索大手、違法コンテンツ規制強化!?

エピローグ

　皆さんいかがでしたか。本書を勉強することで英語の発信力がみるみる伸びて行っていることでしょう。しかし、もっと上のレベルまでスキルを UP させるための指針として、最後に「英語のプロ・達人への道」について述べたいと思います。

　まず、英語のプロ・達人になるためのスタートラインは、英検準 1 級合格・TOEIC730 点レベルで、英語を始めて毎日 3 時間勉強すれば、高校 2 年までにこの域に到達しますが、まだまだ英字誌も、英語放送も難しく、発信力も低いことはおわかりでしょう。しかし、さらに 2 年間研鑽を積んで、次の英検 1 級・TOEIC900 点レベルに達すれば、認識語彙も 1 万 5 千語、運用語彙も 5 千語になり、タイムなどの英字誌や英語放送などもエンジョイし始め、論理明快な文章を発信できるようになってくるので、英語の勉強が楽しくなってきます。とはいってもまだまだ受信・発信のレパートリーが狭いのが問題です。ただ、英語の勉強の勢いが残っている人が多く、英検 1 級に合格しても気を抜きさえしなければ、次のレベル 3 には上がりやすく、1 日 3 時間のインテンシブな勉強によって 1 年ぐらいで到達することができます。

　このいわゆる「資格三冠」は英語のプロや都会には多く、私の 30 年の教歴でも約 200 人育ててきましたが、次のレベル 4 の「資格五冠」レベルになると激減してきます。しかし、これは、斬れる英語の発信や日英翻訳をしたり、英字誌や英語放送を真にエンジョイするのに最低必要なスキルで、英語を真剣に 10 年（1 万時間のインテンシブトレーニング）やって到達するレベルです。これは弁護士や会計士のような知的専門職の資格にも相当するもので、英語のプロや使い手を目指す人はぜひこの域までは頑張って欲しいものです。

　英語の勉強もここまでやってくると習慣化し、英語を使った高度な仕事についている人が多いので、問題なさそうに見えますが、ネイティブの教養人にひけを取らない真の英語の使い手を目指すには、実はここからが正念場です。周りの日本人のレベルや資格試験の合否などにこだわらず、高い目標を持ってさらに精進を続ければ、達人の入り口である資格五冠レベル後もどんどん伸びて行きます。そのための facilitator、enhancer、catalyst（触媒）として、皆さんを inspire できれば教師冥利に尽きます。

それでは皆さん、明日に向かって英悟の道を
Let's enjoy the process！（陽は必ず昇る。）

植田一三

英語のプロ・達人への道

	レベル	到達年月	運用語彙力	リーディング力
①	英検準1級 TOEIC730点	5年	約2500語	英字誌読解速度100wpm 理解度　30～40%
②	英検1級 TOEIC900点	7年	5000～ 　　6000語	読解速度150～200wpm 理解度　60～70%
③	資格3冠（英検1級・ TOEIC980点・通訳案内士）	8年	6000～ 　　7000語	読解速度200～250wpm 理解度　70～75%
④	資格5冠（資格3冠+国連英検特A・工業英検1級）	10年	8000～ 　　9000語	読解速度250～300wpm 理解度　75～80%
⑤	資格7冠（資格5冠+ iBT TOEFL108点・ IELTS 8点）	12年	1万～ 　1万2000語	読解速度300～350wpm 理解度　80～85%
⑥	資格10冠（資格7冠+ MA・翻訳検定1級など）	15年	1万5000語 以上	読解速度350～400wpm 理解度　85～90%
⑦	準達人	20年	2万語以上	読解速度500wpm以上 理解度　90～95%
⑧	達人	25年	3万語以上	読解速度700wpm以上 理解度　95～100%
⑨	一流達人	30年	5万語以上	読解速度1000wpm以上
⑩	超人	50年	無限	読解速度2000wpm以上

＊英字誌はタイム、エコノミストなどの高度な時事情報誌
＊英語放送は洋画、トークショー、ニュースなどすべての英語番組
＊到達時間は3～4時間の学習

リスニング力	スピーキング力	ライティング力
英語放送理解度 25%	あらゆる話題の2〜3割ぐらいを大体通じる英語で話せる。	あらゆる話題の2〜3割ぐらいについて大体わかる英文を書ける。
50%	あらゆる話題の5割ぐらいを普通の英語で話せる。	あらゆる話題の5割ぐらいについてほぼ論理明快な英文を書ける。
55〜60%	あらゆる話題の6割ぐらいを普通の英語で話せる。	あらゆる話題の6割ぐらいについて論理明快な英文を書ける。
60〜65%	あらゆる話題の6割5分ぐらいを引き締まった英語で話せる。	あらゆる話題の6割5分ぐらいについて論理明快で引き締まった英文を書ける。
70〜75%	あらゆる話題の7割ぐらいを引き締まった英語で話せる。	あらゆる話題の7割ぐらいについて語彙豊富で引き締まった英文を書ける。
75〜80%	あらゆる話題の8割ぐらいを語彙豊富な引き締まった英語で話せる。	あらゆる話題の8割ぐらいについて語彙豊富で引き締まった英文を書ける。
80〜85%	ほぼどんな話題でも、語彙豊富な斬れる英語で、ネイティブの教養人のように話せる。	ほぼどんなトピックでも、語彙豊富な斬れる英語で、一流の英字誌のような文章が書ける。
90%以上	どんな話題でも、語彙豊富な斬れる英語で、ネイティブの教養人のように話せる。	どんなトピックでも、語彙豊富な斬れる英語で、一流の英字誌のような文章が書ける。
95%以上	どんな話題でも、語彙豊富な斬れる英語で、独創的かつネイティブの教養人のように話せる。	どんなトピックでも、語彙豊富な斬れる英語で、独創的かつ一流の英字誌のような文章が書ける。
100%	どんな話題でも、語彙豊富な斬れる英語で、独創的かつ歴史に残るような演説家のように話せる。	どんなトピックでも、語彙豊富な斬れる英語で、独創的かつ歴史に残るような文章が書ける。

主な参考文献

『Imidas SPECIAL 世界と日本の地勢を読み解く時事力』イミダス編集部
『がんの補完代替医療ガイドブック第 2 版』厚生労働省がん研究助成金「がんの代替療法の科学的検証と臨床応用に関する研究」班
『なるほど地図帳世界』昭文社
『ニューズウィーク日本版』阪急コミュニケーションズ
『ホスピス・緩和ケア白書』日本ホスピス・緩和ケア研究振興財団
『ホスピスってなあに？』日本ホスピス緩和ケア協会
『苦痛緩和のための鎮静に関するガイドライン』厚生労働省厚生科学研究「がん医療における緩和医療及び精神腫瘍学のあり方と普及に関する研究」班苦痛緩和のための鎮静に関するガイドライン作成委員会
『現代用語の基礎知識』自由国民社
『世界の宇宙技術力比較』独立行政法人科学技術振興機構 研究開発戦略センター海外動向ユニット
『日経エコロジー』日経 BP 社
『日本の論点』（2010、2011、2012）文藝春秋
『脳死・臓器移植 Q&A50』臓器移植法を問い直す市民ネットワーク
『平成 23 年度 資源・エネルギー関連予算案の概要』経済産業省
グレッグ・ウィルキンソン『よく分かるストレス―お医者さんに行く前にまず読む本―』一灯舎
レオン・R. カス『生命操作は人を幸せにするのか―蝕まれる人間の未来』日本教文社
玉井真理子、大谷いづみ 『はじめて出会う生命倫理』有斐閣アルマ
斎藤恒博『専門医が書いた「よい眠り」を取り戻す本』実務教育出版
清水雅博『現代社会の時事』学研教育出版
石井直明、桑平一郎『専門医がやさしく教える老化判定＆アンチエイジング』PHP 研究所
相川厚『日本の臓器移植 現役腎移植医のジハード』河出書房新社
村井邦彦、横山和明『がん疼痛緩和ハンドブック』中外医学社
大島堅一『再生可能エネルギーの政治経済学』東洋経済新報社
中島みち『「尊厳死」に尊厳はあるか―ある呼吸器外し事件から』岩波新書、岩波書店
嶋田洋徳、鈴木伸一『学校、職場、地域におけるストレスマネジメント実践マニュアル』北大路書房
【American Dietetic Association】http://www.eatright.org/default.aspx
【Better Business Bureau】http://www.bbb.org/us/
【Bloomberg Businessweek】http://www.businessweek.com/
【Council for International Organizations of Medical Sciences】http://www.cioms.ch/
【Debatepedia】http://debatepedia.idebate.org/en/index.php/Welcome_to_

Debatepedia%21
【Electric Vehicle Authority】http://evauthority.com/
【Everyday Health】www.everydayhealth.com/
【Federal Trade Commission】http://business.ftc.gov/advertising-and-marketing
【Forbes】http://www.forbes.com/
【Institute for Laboratory Animal Research】http://dels.nas.edu/ilar
【International Council for Laboratory Animal Science】http://www.iclas.org/
【JARO 日本広告審査機構】http://www.jaro.or.jp/
【LIVESTRONG.COM】www.livestrong.com/
【Mediaknowall】http://www.mediaknowall.com/as_alevel/alevel.php
【Methods of Healing】www.methodsofhealing.com/
【Music education online】http://www.essortment.com/importance-music-education-60670.html
【New Internationalist】http://www.newint.org/sections/argument/
【NEWSWEEK】http://www.thedailybeast.com/newsweek.html
【NHK 放送文化研究所】http://www.nhk.or.jp/bunken/
【NPO 法人女性医療ネットワーク】http://www.cnet.gr.jp/
【NPO 法人日本ベジタリアン協会】http://www.jpvs.org/
【ProCon.org】http://videogames.procon.org/
【Renewable Energy Policy Network for the 21st Century】http:www//ren21.net/
【Scientific American】http://www.scientificamerican.com/
【Space.com】http://www.space.com/
【Sustainable development Pros and Cons by Carole E. Scott】http://www.westga.edu/~bquest/2004/development.htm
【The economic impact of the Olympic Games】http://www.scotland.gov.uk/Resource/Doc/143770/0036514.pdf
【The Economist】http://www.economist.com/
【The Role of Pets 】http://www.deltasociety.org/document.doc?id=25
【TIME】http://www.time.com/time/magazine
【U.S. News & World Report】http://www.usnews.com/
【VEGETARIAN-NUTRITION. INFO】http://www.vegetarian-nutrition.info/index.php World
【Want to know it】http://wanttoknowit.com/pros-and-cons-of-video-games/
【Wikipedia】www.wikipedia.org/
【アンチエイジングネットワーク】http://www.anti-ageing.jp/
【メンタル・ヘルス研究所 公益財団法人日本生産性本部】http://www.js-mental.org/index.html
【レジャー白書】http://www.jpc-net.jp/index.html
【異文化教育学会】http://www.intercultural.jp/

363

【医療安全推進者ネットワーク】http://www.medsafe.net/
【医療経済研究機構（IHEP）】https://www.ihep.jp/
【海外邦人援護統計】http://www.anzen.mofa.go.jp/anzen_info/pdf/2010.pdf
【海洋エネルギー資源利用推進機構】http://www.oeaj.org/
【環境経済・政策学会】http://www.seeps.org/index.html
【国立がん研究センター】http://www.ncc.go.jp/jp/
【国立教育政策研究所】http://www.nier.go.jp/
【首相官邸　教育改革国民会議】http://www.kantei.go.jp/jp/kyouiku/index.html
【小学校英語教育学会】http://www.e-jes.org/
【少年犯罪データベース】http://kangaeru.s59.xrea.com/
【新エネルギー・産業技術総合開発機構】http://www.nedo.go.jp/
【人と防災未来センター】http://www.dri.ne.jp/
【全国英語教育学会】http://www.jasele.jp/
【全日本大学開放推進機構】http://www.uejp.jp/
【全日本病院協会】http://www.ajha.or.jp/
【大学英語教育学会】http://www.jacet.org/
【大学教育学会】http://www.daigakukyoiku-gakkai.org/
【大気環境学会】http://www.jsae-net.org/
【電子力発電環境整備機構】http://www.numo.or.jp/q_and_a/06/
【東京都教育委員会】http://www.kyoiku.metro.tokyo.jp/
【特定非営利活動法人　環境エネルギー政策研究所】http://www.isep.or.jp/
【独立行政法人　労働政策研究・研修機構】http://www.jil.go.jp/
【独立行政法人科学技術振興機構】http://www.jst.go.jp/
【内閣府　国民生活白書】http://www5.cao.go.jp/seikatsu/whitepaper/index.html
【内閣府　中央防災会議】http://www.bousai.go.jp/chubou/chubou.html
【日本エンジニアリングアウトソーシング協会】http://www.neoa.or.jp/
【日本ジェネリック製薬協会】http://www.jga.gr.jp/
【日本スポーツ振興センター】http://www.naash.go.jp/
【日本ホスピス緩和ケア協会】http://www.hpcj.org/
【日本経済新聞】http://www.nikkei.com/
【日本産業教育学会】http://www.jssvte.org/
【日本自然保護協会】http://www.nacsj.or.jp/
【日本実験動物学会】http://www.jalas.jp/
【日本心臓財団】　http://www.jhf.or.jp/index.html
【日本生涯教育学会】http://www.j-lifelong.org/
【日本地熱開発企業協議会】http://www.chikaikyo.com/
【日本動物実験代替法学会】http://www.asas.or.jp/jsaae/
【日本補完代替医療学会】www.jcam-net.jp/

著者略歴

植田 一三(うえだ いちぞう)

英語のプロ・達人養成教育研究機関Aquaries School of Communication学長。映画英語・翻訳研究会、時事英語研究会、通訳ガイド日本文化研究会主宰。ノースウェスタン大学院・テキサス大学院（コミュニケーション学部）修了後、同大学で異文化間コミュニケーション、パブリックスピーキングを指導。英語の百科事典を10回以上読破し、辞書数十冊を制覇し、洋画100本以上の全せりふをディクテーションするという「超人的」努力を果たす。Let's enjoy the process！（陽は必ず昇る！）をモットーに、過去30年の教歴において、英検1級合格者を1500人以上、TOEIC満点突破者を90人以上、資格3冠(英検1級・通訳案内士・TOEIC980点)突破者を200名以上、ハーバード大学、スタンフォード大学、UCバークレー、ロンドン大学などをはじめとする英米一流大学院合格者を80名以上育てる。過去25年以上の著述歴において、『発信型英語10000語レベルスーパーボキャブラリービルディング』『英語で意見を論理的に述べる技術とトレーニング』『英検1級100時間大特訓』(ベレ出版)、『TOEIC TESTこれ1冊で990点満点』(明日香出版社)、『英語で説明する日本の文化』(語研)、『Global Dynamics世界情勢を英語で読む』(CENGAGE Learning)などのベストセラーがあり、出版した著書（総計100万部突破）の10冊以上はアジア5カ国で翻訳されている。

上田 敏子(うえだ としこ)

英語のプロ・達人養成教育研究機関Aquaries School of Communication、同志社大学、大阪女学院で、英検1級一次二次・国連英検特A級・TOEIC満点突破&900点突破・TOEFL iBT・通訳案内士などの対策講座を指導。アクエアリーズ出版部代表。同志社大学卒、英国バーミンガム大学院修士課程（翻訳学）修了。英検1級、TOEIC満点、工業英検1級（文部科学大臣賞受賞）、国連英検特A級（2次試験満点）、通訳案内士、ミシガン工業英検1級、JTFほんやく検定日英2級、観光英検1級（優秀賞）取得。主な著書に『世界の歴史の知識と英語を身につける』『スーパーレベルパーフェクト英文法』(ベレ出版)、『英語で説明する日本の文化』『英語で説明する日本の文化 必須表現グルループ100』『英語で説明する日本の観光名所100選』(語研)、『Global Dynamics世界情勢を英語で読む』(CENGAGE Learning)などがある。

【CDについて】
CDのタイム：63分04秒
ナレーター ：Howard Colefield

CD BOOK 英語で経済・政治・社会を討論する技術と表現

2013年 2月25日	初版発行
2025年 7月 6日	第11刷発行
著者	植田 一三・上田 敏子
カバーデザイン	赤谷 直宣

© Ichizo Ueda & Toshiko Ueda 2013. Printed in Japan

発行者	内田 真介
発行・発売	ベレ出版
	〒162-0832 東京都新宿区岩戸町12 レベッカビル
	TEL (03) 5225-4790
	FAX (03) 5225-4795
	ホームページ http://www.beret.co.jp/
	振替 00180-7-104058
印刷	モリモト印刷株式会社
製本	根本製本株式会社

落丁本・乱丁本は小社編集部あてにお送りください。送料小社負担にてお取り替えします。
本書の無断複写は著作権法上での例外を除き禁じられています。
購入者以外の第三者による本書のいかなる電子複製も一切認められておりません。

ISBN978-4-86064-347-8 C2082　　　　　　　　編集担当　脇山和美

意見・考えを論理的に述べる英語表現集

CD BOOK 2枚付き

石井隆之 著

A5 並製／定価 2520 円（5% 税込） 本体 2400 円
ISBN978-4-86064-147-4 C2082 ■ 320 頁

英語で自分の意見や考えをしっかり伝えたい、という人にピッタリの一冊。ホンモノの英語力に近づくための例文集です。多彩なテーマの中から著者が実に興味深く そして楽しく意見 考えを述べていきます。情報を伝える基礎表現から自分らしい意見の表明、話題の社会問題についての考察・議論など、例文たっぷり英語表現のコツが身につきます

英語で意見を論理的に述べる技術とトレーニング

植田一三 著

A5 並製／定価 1995 円（5% 税込） 本体 1900 円
ISBN978-4-86064-048-4 C2082 ■ 312 頁

英語圏の人たちは、自分が話している相手に対して自分の意見がより強いことを示そうとします。わかりやすくて説得力のある英語のスピーキング力は英語圏の人たちとコミュニケーションするために必須のものです。本書はさまざまな社会情勢や事情に関する知識と、それらを英語で論理的に述べる表現力を養うトレーニングブックです。

国際会議・スピーチ・研究発表の英語表現

CD BOOK

石井隆之 著

A5 並製／定価 2835 円（5% 税込） 本体 2700 円
ISBN978-4-86064-111-5 C2082 ■ 328 頁

国際化と情報化の現代、英語による一歩進んだコミュニケーションをする機会が増えてきています。国内 国外を問わず、英語で会議、講演、研究発表をするという状況も珍しくなくなりました。本書は国際会議やセミナーの場で、英語で講演や研究発表をする研究者、学生、ビジネスマンのために有益な英語表現を、状況別 テーマ別にまとめた使える英語表現集です CD2 枚付き。

資格5冠（英検1級・TOEIC990点・通訳案内士・国連英検特A・工業英検1級）突破者全国第1位

英悟の超人 Ichy Ueda の Aquaries School of Communication

英検1級1次・2次試験突破＆TOEIC満点突破集中講座（通学・通信）

英検1級指導研究30年の実績！最強のカリキュラム教材＆講師陣で優秀合格者全国 No.1！

英検準1級1次・2次＆TOEIC 860点突破集中講座（通学・通信）

最短距離で準1級＆TOEIC 860点を GET し、英語の発信力＆キャリアワンランク UP！

TOEIC満点突破講座（通学・通信）

・満点が取れるテストテイキングスキルを伝授！
・TOEICで満点が取れるように真の英語の実力を身につける！
・問題対策を通して、英語の発信力がUP！

iBT TOEFL & IELTS スコアUP集中講座

個別の添削＆発信力UP指導でトップスクール合格に必要なスコアを最短距離で GET！

工業英検1級突破対策集中講座（通学・通信）

効果的スキル UP プログラム＆少人数制の添削指導によって、工業英検1級合格者数全国第1位！

通訳案内士試験合格集中対策講座（通学・通信）

少人数制＆添削指導＆カウンセリングによって確実に実力を UP させ合格まで徹底サポート！

最強の資格5冠突破本

☆詳しくはホームページをご覧下さい。
http://www.aquaries-school.com/　e-mail: info@aquaries-school.com
※お問い合わせ、お申し込みはフリーダイヤル　0120-858-994

Ichy Ueda 学長 Aquaries School of Communication

〒530-0014　大阪市北区鶴野町4　A-709　TEL 06-6371-3608
〒151-0053　東京都渋谷区代々木2-15-12　クランツ南新宿6階
〒604-8181　京都市中京区間之町御池下る綿屋町528　烏丸エルビル1002
　　　　　　TEL 075-741-6158